当代大学生
心理健康教育

主　编　薛正金
副主编　郭　姝　姜　旭　李双双

微信扫描
获取课件等资源

南京大学出版社

图书在版编目(CIP)数据

当代大学生心理健康教育 / 薛正金主编. — 南京 ：
南京大学出版社，2021.8(2022.9 重印)
ISBN 978 - 7 - 305 - 24600 - 5

Ⅰ. ①当… Ⅱ. ①薛… Ⅲ. ①大学生－心理健康－健
康教育－高等学校－教材 Ⅳ. ①G444

中国版本图书馆 CIP 数据核字(2021)第 126969 号

出版发行 南京大学出版社
社　　址 南京市汉口路 22 号　　邮　编　210093
出版人 金鑫荣

书　　名 **当代大学生心理健康教育**
主　　编 薛正金
责任编辑 武　坦　　　　　　　编辑热线　025 - 83592315

照　　排 南京开卷文化传媒有限公司
印　　刷 南京京新印刷有限公司
开　　本 787×1092　1/16　印张 14.75　字数 377 千
版　　次 2021 年 8 月第 1 版　2022 年 9 月第 2 次印刷
ISBN　978 - 7 - 305 - 24600 - 5
定　　价 42.00 元

网　　址:http://www.njupco.com
官方微博:http://weibo.com/njupco
微信服务号:njuyuexue
销售咨询热线:025 - 83594756

内容简介

　　本书从心理学的基本知识入手,结合当代大学生的心理发展特点和大学生关注的心理热点问题,针对在校大学生开展心理健康教育而编写。书中系统论述了青年大学生在心理健康发展过程中出现的普遍问题及其疏解方法,旨在引导和帮助大学生在掌握心理学基本知识的基础上,运用心理健康教育的知识和自我心理调适的方法,自主解决在学习过程、人际交往、自我意识发展、人格塑造、挫折应对以及恋爱等方面出现的心理问题,以便将来能更好更快地适应社会对人才的需求。

　　本书可作为高校大学生心理健康教育和心理辅导的教材,也可作为大学生进行自我心理调适、自学心理知识、提高个人身心修养的读物,还可作为高校教师和家长对青年学生进行心理辅导的参考书。

前　言

随着当代经济和科学技术的迅猛发展,社会对各类人才的需求也发生了深刻的变化,加之当代社会各行各业的合作与竞争已日趋常态化并不断深化,当代大学生仅仅具有突出的专业知识和专业技能已不能很好地适应激烈的人才市场竞争。为了将来能更好更快地适应社会对人才的需求,大学生还必须具备良好的心理素质和较强的适应能力。

大学生心理健康教育是高校德育工作的重要组成部分。大学生正处于青春期向成人期过渡的重要时期,也是形成世界观、人生观、价值观的重要阶段,因而加强大学生心理健康教育工作尤为重要。大学生在成长过程中难免会遇到挫折和困难,产生心理困扰,高校心理健康教育工作者既要对个别学生的问题进行个体咨询,也要针对学生中存在的普遍问题进行辅导,更要用积极心理学的理论对学生加强引导,努力培养学生自尊自信、积极向上的心态。

为了适应我国高等学校对大学生进行心理健康教育和心理辅导的需求,我们结合多年从事学生心理健康教育的经验以及学生中常见的心理问题编写了本书。

本书从大学生的实际状况出发,对大学生心理发展过程以及存在的问题进行了较为深入的探讨。本书包含大学生心理健康概述、常见心理障碍的防治、自我意识、环境适应、人格发展、人际交往、学习能力、恋爱心理、情绪管理、网络心理、职业规划、生命教育等12大主题,运用积极心理学和幸福心理学的指导思想,特设"案例导读""成长的烦恼""随堂演练"和"实践指导""思考与练习"模块,力求做到简约性、前沿性、趣味性和实用性。本书中既有理论方面的深入阐述,又有面向大学生成长困境的案例分析、心理障碍的应对和调适能力训练、实践指导等,能够帮助大学生认识心理健康的重要意义,掌握增进心理健康的方法和途径,消除心理困惑,增强其克服困难、承受挫折的能力。

本书是黑龙江生物科技职业技术学院多年来从事心理健康教育工作者集体智慧的结晶,全书由薛正金担任主编,郭姝、姜旭、李双双担任副主编。各章执笔人分工如下:薛正金编写第1章、第2章、第3章,郭姝编写第4章、第5章,姜旭编写第6章、第7章,李双双编写第 8 章、第 9 章、第 10 章、第 11 章、第 12 章。全书由薛正金定稿,郭姝、姜旭、李双双等为统稿和定稿做了大量具体的工作。

在本书的编写过程中,编者广泛阅读了国内外大量的文献资料,引用了有关研究成果,谨向这些文献资料的作者致以衷心的感谢。由于编者水平有限,书中难免有错漏之处,敬请读者批评指正!

编　者

2021 年 6 月

目　录

第一章
大学生心理健康导论

📖 **案例导读**

有了心理障碍要及时去看心理医生

江苏某大学会计系学生宋某某因故意杀人罪被判处死刑。2018年2月21日,在行刑前一个多小时,记者与他进行了对话。

记者问:"你希望家里人来看你吗?"

"不希望。"宋某某回答得很干脆。

"为什么?"

"家里人来了,他们会伤心。"

"听说你从小就是一个非常懂事的孩子。"

"对不起我妈妈……"

"爸爸呢?"

"爸爸不爱我,我和他没有共同语言。"

1994年9月20日,宋某某出生在安徽省S县的一个贫困农家。2014年,他考入江苏某大学会计系。在校期间,宋某某曾开了两家小店。

记者说:"听说你一上大学就开始做生意,你应该是一个很有前途的学生啊。"

宋某某说:"我大一就自己做生意,因为家里很穷,不想连累家里。"

"你做了哪些生意呢?"

"先开了一家珍珠奶茶店,后来又开了一家澳门云吞店。好的时候,每天进账几百元,甚至上千元。后来因为受同行嫉妒排挤,我才想改开无烟烧烤店。"

上学期间,宋某某租了一个房子,并认识了自称魏某的杨某,此后两人有过多次来往。某年9月5日凌晨5时许,宋某某在其租住处与杨某商议共同开办烧烤店。

据宋某某供述,有个同学从西北回来,想和他一起开一家无烟烧烤店,并叫杨某入股,但遭到杨的拒绝,两人因此发生争执。"开始时互相打对方耳光,后来杨大怒,称要叫人来干掉我。我一脚踢到她大腿上,她就摔下床了……我将她猛力一推,她头部撞到门框上,昏迷过去。我把手放在她鼻子上,觉得她没气了,但随后她又喘了一口气,我怕她活过来叫救命,就用洗脸的毛巾捂住她的嘴。后来我看她四肢僵硬,知道她已经死了,但仍怕她活过来,就在房间里找了十根一米长的红塑料绳,在她脖子上捆了一圈,把绳子两端交叉拉紧。"

"你认为自己为什么会走上这条路?"记者问。

宋某某说:"心理压力太大。我性格内向,压力大的时候,我不会找别人诉说,只能自己承受。"

"为何不去看心理医生呢?"

宋某某说:"我在监所里想得最多的就是这件事情。心理压力大的时候,我后悔没有去看心理医生,直到犯了罪。如果早去找心理医生化解一下心理压力,我不会有今天,可是太晚了。"

"你为什么不找心理医生?"

"怕别人笑话我,怕人说我有(精神)病。"沉默良久,宋某某说,"我这个年龄最容易出事,希望同龄人千万调整好自己的心态,不要走我的路。"

记者说:"老师和同学对你评价不错,据此来看,你不是一个容易犯罪的人啊。"

"我在学校里办了一个校刊,我是主编,当时学校没给一分钱,全是我拉的赞助。"宋某某说,"我在学校里一直很积极,开导别人,帮助别人,可我自己却没人开导。"

"你是怎样帮助别人的?"

"我自己是贫困生,所以很理解穷学生的苦,我自愿帮158名同学办了助学贷款。一个内蒙古的同学,家里遭了蝗灾,颗粒无收,他妈妈又出了车祸,2016年春节时,他都没钱回家,我就给他买了车票,结果我自己没能回家。"

宋某某告诉记者:"我小时候家里很穷,上学时住校,周六早上走四五个小时,才从学校走到家,周日中午,又这样去学校,很孤独。"

"你知道马加爵吗?"记者问。

"知道,马加爵出事后,我曾向学校建议,对大学生在校外租房的情况进行调查,并把他们召回来。我自己却在外面租房,而且一直没回学校。"

"你现在有什么愿望?"记者问。

"我希望把眼角膜等所有的器官都捐献出去。"宋某某说。

学习提示

上大学是一个积极的生活事件,它为青年人提高自身素质、走向成熟提供了新的发展契机。同时,它也是人生的一次重大转折,因为在生活环境、学习环境、人际环境等方面都发生了非常大的变化。面对这一变化,个体已经形成的切合中学环境的适应机制必然受到冲击和挑战。个体必须针对与中学环境迥异的大学环境,调整和改变旧的适应机制,形成一套切合新环境的机制。在这一过程中,个体可能会遇到很多困难,承受比较大的压力,并且伴随着焦虑、抑郁等负面的情绪反应。由于人的心理和生理是密切相关、互为影响的,心理不健康不仅会导致身体疾患,也影响人的生活质量。要提高大学生的整体素质,就必须关注大学生的心理健康。

本章的主要内容是结合大学生的实际,了解大学生的身心发展特点、大学生心理健康的标准及影响因素、大学生增进心理健康的途径和方法等。

第一节　大学生心理健康概述

一、心理健康的含义

人类对健康概念的认识是随着社会发展以及人类自身认识的深化而不断丰富的。在生产力低下时,人类只关注如何适应和征服自然,维护自身的生存。其后,随着生产力水平的提高,人类开始关心身体健康,防病、治病的医学科学应运而生。数百年来,生物医学的巨大成就为人类的健康做出了卓越的贡献,这种成就使人们对健康的认识局限于过分关注躯体的生物学变化,而忽视了人的心理活动及社会存在对健康的影响。长期以来,很多人认为"没病即健康",显然这种认识尚局限在生物医学的范畴。

现代科技的飞速发展与社会文化的迅猛变革,使生活在现代社会的人普遍面临着激烈的竞争,频繁的应对,快速的生活节奏,前所未有的巨大心理压力使人不堪重负,这对人们的健康产生了重大影响。人们逐渐认识到了心理、社会因素在健康与疾病及其相互转化中的不容忽视的重要作用,进而逐步确立了身心统一的健康观,从更全面的角度诠释健康概念。由此,生物—心理—社会三级医学模式应运而生。这种转变使得人们除了关心自己躯体健康状况以外,更加关注自身的心理因素及社会适应能力,这不仅是社会发展的要求,也是个体自身发展的需要。

1989 年世界卫生组织提出了 21 世纪健康新概念:"健康不仅是没有疾病,而且包括躯体健康、心理健康、社会适应良好和道德健康。"21 世纪人类的健康是生理的、心理的、社会适应与道德健康的完美结合。在这一新概念中,以生理健康为物质基础并发展心理健康与良好的社会适应,道德健康则是整体健康的统帅。此外,关于死亡的定义,几千年来的传统观念中,都将心跳和呼吸停止视作人的死亡。现代,随着心脏、肾等器官的功能可以靠机器维护,还可进行移植,于是提出了脑死亡的概念,才最后在逻辑上统一了对人体生命中枢问题的认识,而脑死亡的新概念也更强调了人格生命中的心理因素。这种认识是现代社会人们对健康概念的全面总结与更新,健康不再仅仅是躯体状况的反映,还必须是心理活动正常,社会适应良好的综合体现。要求人们不能仅以躯体状态来评判一个人的健康,而应从多个方面综合评判一个人的健康。

心理辞海

心理学 Psychology

心理学是一门古老又年轻的科学,以现代心理学的观点来看,心理学起源于西方哲学。而西方哲学则起源于两千多年前的古希腊。到 19 世纪末,生物科学的发展让心理学脱离了哲学,并逐渐发展为一门独立的科学。心理学开始被界定为科学的范畴。

心理学的英文"Psychology",由古希腊的"psyche"与"logos"两个词演变而来,意思分别为"灵魂""讲述",连在一起称为"心理阐述心灵"。1502 年,塞尔维亚人马如立克首次用这个词发表讲述大众心理的文章。这是有记载的心理学这一术语的最早用处。

最近,世界卫生组织又提出了人的身心健康的八大标准,即"五快""三良"。所谓"五快"指的是食得快、便得快、睡得快、说得快、走得快。食得快,说明胃口很好,对食物不挑剔,证明内脏功能正常;便得快,说明排泄轻松自如,证明胃肠功能良好;睡得快,说明中枢神经系统功能协调,且内脏无病理信息干扰;说得快,表明头脑清楚,思维敏捷,心肺功能正常;走得快,证明精力充沛、旺盛,无衰老之症。"三良"指良好的个性、良好的处世能力、良好的人际关系。良好的个性,即性格温和,意志坚强,经常保持乐观和幽默;良好的人际关系,即待人接物以"和为贵"为准则,遇事不斤斤计较,助人为乐,与人为善。

综上可知,心理健康是完整健康概念的组成部分。心理健康是良好心理素质的基本要求。从广义上讲,心理健康是指一种高效而满意的、持续的心理状态;从狭义上讲,心理健康是指生活在一定的社会环境中的个体,在高级神经功能正常的情况下,智力正常、情绪稳定、行为适度,具有协调关系和适应环境的能力及性格。当然,心理健康并不是一种固定的状态,而是一种不断发展的过程。心理健康也不是指对任何事物都能愉快地接受,而是指在对待环境和问题冲突的反应上,能更多地表现出积极的适应倾向。心理健康包含生理、心理、社会行为和道德四个方面的意义。

从生理上看,心理健康的个人其身体状况特别是中枢神经系统应当是没有疾病的,其功能应在正常范围之内,没有不健康的体质遗传。脑是心理的器官,心理是脑的机能。健康的身体特别是健全的大脑乃是健康心理的基础,只有具备健康的身体,个人的情感、意识、认知和行为才能正常运行。身体不健康特别是大脑出了毛病就会影响心理健康。

从心理上看,心理健康的个人对自我必然持肯定的态度,能自我认知,明确认识自己的潜能、优点和缺点,并发展自我;其认知系统和环境适应系统能保持正常、有效的运作;在发展自我的同时,融洽的人际关系也得到发展;现实中的自我既能顾及生理需求又能顾及社会道德的要求,能面对现实问题,积极调适,有良好的心理适应能力。

从社会行为上看,心理健康的个人能有效地适应社会环境,能妥善地处理人际关系,其行为符合生活环境中文化的常规而不离奇古怪,所扮演的角色符合社会要求,与社会保持良好的接触,并能为社会做出贡献。

从道德上看,健康的心理与人的思想品德的关系十分密切。这种关系集中体现在健康人格与思想品德的相互联系之中。人的思想品德结构中就包含着个性心理素质,如理想、信念和世界观,本身就是个性心理倾向中具有核心意义的内容。此外,如良好的道德品质、积极的人生态度、努力刻苦的学习精神等,也都离不开健康的心理素质做基础和中介。因此,思想道德修养离不开健康的个性心理的培育。具有完善健全的人格和良好的思想道德品质,是青年学生实现人生理想和成才目标的重要保障。

心 理 辞 海

心理学的研究范围

心理学除了研究人的内、外在心理活动,还研究心理活动的生理机制。心理学还研究动物的心理现象,这是为了能更深层次地了解以及预测人类心理的发展规律。作为一门科学,心理学在理论和实践上具有重要意义。研究心理学,科学地预测现象、解释现象,并有效地控制和改正现象,才能最终提高人的生活质量。

二、大学生心理健康的标准

身体是生命的物质载体,是生物学生命的具体体现,没有身体,生命就无法存在,包括心理也无法存在。心理是人脑对客观事物的主观映象,是生命的精神载体。人的生命力,不仅表现在身体上,而且表现在人们的活动与行为上。对人们来说,身体只是生命的工具,是人们活动与行为的工具,是完成人生事业的工具;而精神才是生命的主宰,真正体现了生命的价值。人真正的富有是精神的富有,人的真正的力量是精神的力量,人的价值是由其精神力量和精神深度决定的。正是从这个意义上讲,人发展的本质,是精神、心理的发展。人的身体潜能是有限的,而人的心理潜能是无限的。人的躯体健康是有客观标准的,只要医生用仪器进行内外各科的检查,就可以得出基本正确的结论。人的心理健康也是有标准的,一般可以根据心理测验、观察和个人主观体验等方面的材料进行综合分析,做出较明确可靠的判断。

关于心理健康的标准,著名心理学家马斯洛曾在和他人合著的《变态心理学》一书中列举了心理健康者的十条标准:① 充分的安全感;② 充分了解自己,并对自己的能力做适当的估计;③ 生活的目标切合实际;④ 与现实环境保持接触;⑤ 能保持人格的完整与和谐;⑥ 具有从经验中学习的能力;⑦ 能保持良好的人际关系;⑧ 适度的情绪表达及控制能力;⑨ 在不违背团体的要求下,能做有限的个性发展;⑩ 在不违背社会规范之下,对个人的基本需求能做恰如其分的满足。

我国台湾学者黄坚厚在其著作中强调过:"心理健康的人应有朋友,而且乐于和别人交往;对自己有适当的了解,而且颇能喜欢自己;能和环境有良好的接触,并能运用有效的方法解决他所遇到的问题。"

有些学者还把心理健康的标准概括为以下五个方面:明确的自我意识;良好的人际关系;能有效地工作、学习和生活;具有适应环境的能力;具有情绪自控的能力等。

从这些关于心理健康标准的见解和阐述中,我们可以得到两点启示:其一,心理健康的标准是相对的,而不是绝对的。这是因为人的心理健康的表现形式多种多样,人的社会生活和人的遗传素质也是多样的。另外,衡量人的心理状态,还应考虑到社会背景和个体差异等方面。其二,这些阐述也有趋向一致的地方,如他们均认为,心理健康的标准应包括情绪、智能、人际关系和社会适应等方面的内容等。

综上所述,根据大学生的心理特征和特定社会角色的要求以及心理健康学的基本理论,大学生心理健康的标准可以概括为七条:

第一,智力正常。智力是指一个人认识能力与活动能力所达到的水平。它是人们生活、学习工作的最基本的心理条件,是人与自然环境保持动态平衡的心理保证。

第二,情绪健康。情绪稳定与心情愉快是情绪健康的重要标准。情绪稳定表明一个人中枢神经系统处于平衡的状态,意味着机体功能协调。情绪经常大起大落、喜怒无常则是情绪健康不佳的表现。

第三,意志力强。意志是人在完成一种有目标的活动时所进行的选择、决定与执行的心理过程。表现为能保持正确的自我意识,接纳自我;能明确自己的行动目的并主动支配自己的行为去达到目的;能善于适时地做出决定并执行;能够长时间专注和控制行动去符合既定目标;能在行动中控制情绪和言行。

第四,人际关系协调。人际关系状况最能体现和反映人的心理健康状况。表现为乐于与他人交往,能有尊重、信任、友爱、宽容、理解的态度与人相处,能分享、接受和给予爱和友谊,并与集体保持协调关系。

第五,人格品质完整统一。人格在心理学上指个体比较稳定的心理特征的总和,人格品质完整统一指人格构成要素(即气质、能力、性格和理想、信念、人生观等)各方面平衡发展。

第六,社会适应能力良好。社会适应能力包括正确认识社会以及处理个人与社会关系的能力。表现为有积极的处世态度,对社会现状有较清晰而正确的认识,并能顺应社会进步和发展的趋势。

第七,心理行为符合年龄特征。年龄也是一种角色,在人的生命发展的不同年龄阶段,都有相应的心理行为特征。一个人在行为上如果经常偏离自己所属年龄的心理行为特点,则是心理不健康的标志。

三、大学生身心发展特点

(一) 大学生心理健康的特点

青年期是人生的黄金时代,是由未成年向成年的过渡阶段。处于青年期的大学生群体从生理上讲,身高、体重、肩宽等继续发育,内脏器官趋于成熟,精力旺盛,情感日益丰富,辩证思维能力和创造思维能力都得到了发展和提高,认识记忆能力进入最佳状态。除此以外,处于青年期的大学生群体在心理上也大致有以下若干共同的特点。

1. 独立意识明显增强

大学阶段正是人的自我意识和独立人格形成与发展的时期。自我意识的强化,标志着一个人开始走向成熟。与中学阶段相比,大学生思维的独立性大有提高,对事物有自己的独特见解;开始用批评的眼光看待周围事物;喜欢怀疑、争论和辩论,不盲从;能初步使用辩证唯物主义和历史唯物主义观点分析一些问题;思想活跃,敢于提出问题;注意力开始从对外部世界的认识转变为对自己内心世界的认识。

由于独立意识的增强,处于青年期的大学生们乐于独立处理自己的事情以显示自己的力量与才华。这本是一种进步,但是由于涉世不深,阅历浅薄,世界观还没有成熟,办事易主观武断,听不进别人的意见和忠告,有时还会干出自以为得意,实则幼稚荒唐的事情。

🔑 成长的烦恼

一位机械专业的男生,每天早晨六点起床,起床后按照自己的作息规律,先吃一个水果,然后吃早饭,再去教室进行早读。中午也不回宿舍睡觉。吃完中午饭之后就去教室上自习。晚饭之后就去教室学习,学习到宿舍快熄灯了才回去。等到宿舍熄灯了,才开始洗漱。一个学期下来,基本上如此,宿舍成员对他多多少少有点不满意。但是他却说他只是让自己独立一些,并没有妨碍到别人。

【案例分析】

独立意向是个体希望摆脱监督和管制的一种自我意识倾向,主要表现为经常向周围的人表明自己的要求;不喜欢别人过多指责,干扰自己的言行,喜欢独立观察事物,认识事物,独立思考,喜欢与同龄人一起探讨,是人自身发展的需要。但是这位男生没有把握好独立意向的尺度,表现为过分的独立意向。其实质是以自我为中心。过多地从自我角度去评价、认识事物和行为,很少站在别人的角度去思考问题。过分的独立意向会使自己变得脱离社会,容易产生与他人的隔阂与对立,很难让别人接受自己,不利于形成良好的人际关系。

2. 感情丰富,但波动性较大

由于身心都处于迅速发展时期,但生活经验不足,心理发育还不成熟,感情容易波动,而自我控制的能力不强。在学习、生活和工作中,急于求成,取得一点成绩便可能沾沾自喜,稍遇挫折就可能悲观失望。渴望别人的关怀理解,但由于青年时期特有的闭锁心理,又不肯主动打开心扉,主动与陌生人交往,所以热情奔放的大学生们又时有孤独感。在情感心理方面的特点具体表现为:① 爱国主义、集体主义、道德感、正义感、美感、同情感、友谊感等高级情感有了很大发展;② 容易兴奋、激动、热情,也容易发怒、怄气;③ 情感与青年的需要、愿望和动机联系密切。一旦需要、愿望得到满足,动机得以实现,常引发出高兴的情绪和表情;反之,则明显表露出挫折感。

3. 富有理想,但又有一定的盲目性

随着自我意识的逐渐强化,对人的价值的思考和追求,对社会问题的关注和参与,已成为大学生们相当强烈的心理欲望。但是,由于缺乏经验,不成熟,再加上思维方法偏激,求新心切而又急于表现自己,往往容易被各种思潮所诱惑,盲目随从和盲目反对的倾向时有表现;求知欲望强烈而又缺乏鉴别,有时会饥不择食、良莠不分,表现出一定的冲动性。

(二) 大学生的心理矛盾

大学生们在其成长过程中不可避免地会产生一些心理矛盾和冲突。常见的心理矛盾有以下五种。

1. 闭锁性与开放性的矛盾

心理闭锁性产生的原因是由于大学生们正处于以心理断乳为主要特点的时期。他们进入专业学习后,同学之间彼此不了解,他们也不愿意向他人(包括师长、同学)透露自己的思想感情,甚至对自己的父母也保持一定的心理距离。这种心理闭锁常使大学生们深感孤独。

然而由于大学生们正处于朝气蓬勃、精力充沛时期,内在潜力很大且一定要显露出来;另一方面,大学生要掌握更多的知识,要了解社会,要得到他人帮助,这一切都需要同他人加强信息交流、思想沟通和感情联络才能实现,因此,此阶段的大学生又有开放性的特点。

2. 独立性与依赖性的矛盾

进入大学后,大学生们觉得自己已摆脱了家庭束缚,可以自由自在地处理各种问题。然而,在经济等方面还要依赖家庭,还得受到学校规章制度的约束,在学业方面还得接受教师的指导和教育,特别是今后的择业问题,更离不开学校和家庭的指导和安排,对此有些大学生常感到自己还不能实现"真正的独立"。这又凸显出此阶段心理的独立性和依赖性的矛盾。

3. 理想和现实的矛盾

当怀着"名牌的大学、一流的教师、高质量的教材、包罗万象的图书资料、丰富多彩的娱乐、舒适的宿舍、幽雅的校园、价廉物美又富有营养的饭菜"等美好的理想和要求走进高等学府后,却发现现实与理想有着很大的矛盾:大学和教师有些算不上一流、资料室太小、伙食太差、校园太小,课堂外面噪音太大……中学时代憧憬的天堂般美好的大学生活神话破灭了。

4. 求知欲与识别力的矛盾

大学生们的求知欲很强,他们不满足本专业知识的学习,乐于接受其他学科的新知识和新观点,有兴趣学习新兴学科、应用科学。然而,因为识别力尚待提高,对新兴的、国外的理论和著作,很多时候很难做出全面、恰当的评价,甚至把丑当作美,良莠不分,真伪不辨。这种求知欲和识别力的矛盾在不少大学生身上较为突出。

5. 性生理与性心理的矛盾

性生理已成熟,而性心理正趋向成熟。性心理成熟落后于性生理成熟的现实导致产生许多与性有关的心理矛盾。而处于青年期的大学生对这类矛盾往往极其敏感和多虑,这对大学生们的心理发展与成熟有着重要影响。

恋爱对青春期的学生来说是生理和心理发展的必然所致,关键是要处理好恋爱和学习、与他人的正常交往、集体活动等关系,否则就会陷入种种困惑而不能自拔。存在的问题如下:① 与异性交往困难而单相思,上课"走神儿",夜间失眠,萎靡不振,昏昏沉沉。② 多角恋爱。同时爱上了几个异性,对谁都爱恋不舍,不愿伤害其中任何一个人,于是奔忙于多角恋爱,难以顾及学习。③ 失恋。由于诸多原因而恋爱失败,这是一段很痛苦的经历,容易产生厌学、厌世等情绪。④ 被异性追逐而不得安宁。多为漂亮的男女生,主观上不想谈恋爱,但被多个异性追逐而苦恼。⑤ 性自慰的焦虑和自责。有的同学因为手淫习惯或因对性器官的某些自认为的缺陷而背上沉重的精神十字架,对生活失去了希望。也有的由于对异性的好奇而焦虑,难以克制窥视异性的欲望,事后常因一种罪恶感而自责和焦虑。还有同性恋、恋物癖等畸形"恋爱"心理,也是大学生健康成长和成才道路上的重要心理障碍表现。

🔑 成长的烦恼

大一新生晓丹说,她是"被管大的一代",在家父母管日常生活的方方面面,在学校一切都由老师安排好,除了学习什么事情都不需要自己考虑。可是上了大学后,什么事情都要自己想自己做,住集体宿舍,到食堂就餐,课余时间都要自己安排。晓丹经常不知道自己应该做什么、怎样做,这让她很不习惯,为此她感到很迷茫。

【案例分析】

晓丹应该重新认识自我,通过将自己与他人做比较、自己的现实与自己的历史做比较、自己的现实与自己的未来目标做比较,正确认识自己的长处和短处,正确认识自己和周边事物的关系,重新树立自我形象,逐步转变生活方式,适应崭新的大学生活。

第二节 大学生心理健康的现状及影响因素

一、大学生心理健康的现状

大学生群体的心理健康状况总的来说是好的,他们有较高的智力水平,有强烈的求知欲望,对学习有浓厚的兴趣;他们有较稳定的情绪,乐观自信,积极向上,富有朝气和活力;他们的情感健康,关心国家大事,关心人民的生活,对未来满怀憧憬;他们意志比较顽强,敢说敢干,不怕困难,追求理想;他们的人格比较完整,喜欢幻想,勇于创新,努力向上,积极进取;他们有较完善的自我意识,关心自我、接纳自我,也能主动展示自我;他们喜欢交往,追求友谊和爱情;他们关心社会,想更多地了解社会,不断调节自我,主动适应社会。

但大学生作为现代社会的重要组成部分,社会变革和时代变迁对他们心灵的冲击也是最明显、最强烈的。过高的精神需要与满足的相对不足、各种心理压力与排遣能力的相对不足、集中的心理刺激与转移空间的不足,使大学生成为心理病变的重灾群体。其心理健康问题,既有与其他社会群体相似的一面,又有大学生群体特有的内容。一般而言,凡是社会群体中已经和可能发生的心理健康问题,在大学生群体中也不可避免地会发生。事实上,各种心理障碍、神经症以及严重的精神疾病在大学生群体中都有一定的发病率。就大学生群体的特殊性而言,主要基于大学生特定的身心发育阶段、特定的社会、人生发展课题方面的问题。在一般心理问题领域,大学生的心理健康问题更复杂、更多变,具有一定的独特性。

一项以全国 12.6 万名大学生为对象的调查显示:20.23%的大学生存在不同程度的心理问题。其中,存在严重心理障碍的大学生约为 3%。2004 年 2 月发生在云南大学的"马加爵事件"便凸显出大学生心理危机的严重性和危害性。

心理学家曾用症状自评量表 SCL - 90 对 1 600 名大学生常见心理健康问题进行研究,发现 24.8%的大学生至少存在一类心理健康问题。大学生中常见的心理健康问题有强迫症、人际关系敏感、忧郁、偏执和敌对,并认为这些心理健康问题的发生可能同下列几类心理社会因素有关:人格缺陷,独立生活能力差,学习负担过重,人际沟通能力和技巧缺乏,在性生理和性心理发展与恋爱方面存在问题,家庭问题,学生宿舍、学校乃至社会大环境的不良刺激等。

综合各类分析结果来看,大学生心理健康状况不容乐观。大学生心理障碍的主要表现是神经症性的情绪、人际关系和强迫倾向等。心理障碍的发生在年级、专业之间存在差异,竞争压力大的专业发生心理障碍的人数多;从年级角度来看,大学二三年级的学生心理健康状况最差,一年级次之,四年级再次之;来自农村的大学生心理健康问题比来自城市的大学生多。尽管大学生中存在如此普遍的心理障碍,然而其中只有极少部分大学生接受心理咨询方面的专业帮助。

二、大学生中常见的心理问题

(一) 入学适应问题

大学生进入大学校园后,生活环境、生活条件、人际关系、学习方式与方法都不同了,这一系列的变化使他们原有的习惯、心理结构与心理定式被打破,他们渴望独立,自信心、自尊心增强,但心理上还存有依赖性、理想化、盲目自信等特征。他们往往留恋家庭、父母和中学环境、同学等,盲目地向往未来,容易随心所欲地把生活理想化。一旦遇到困难,就会引起复杂的心理矛盾,抱怨学校,抱怨同学,极度失落,甚至自我封闭。由于摆不正个人与社会、个人与集体的关系和位置,盲目自信,很可能走向自我膨胀或自暴自弃。当这种应激超过限度时,就会出现失眠、食欲不振、注意力不集中、环境适应困难以及烦躁、焦虑、头痛、神经衰弱等心理疾病。

(二) 学业问题

在影响大学生情绪波动的因素中,学习的因素排在第一位。随着高校就业制度的改革、竞争压力的增大,学业受到了当代大学生的重视,使其在学业上更具进取心。同时,学业也给大学生增加了心理压力。一般说来,大学生学习压力过大、学习负担过重,会导致智力活动能力受限制,学习效率下降,这不仅会降低大学生的学习兴趣,而且会使大学生对学习失去信心,精神上会感到压抑,焦虑不安,久而久之就会引起某种心理障碍。

成长的烦恼

王某是一名正在读大二的学生。最近这两个月,他感觉特别难受,也很郁闷,做什么事都提不起精神,情绪很低落,不想见任何人,寝室里同学的说笑声也令他烦躁不已。他想每天快乐地生活,高效率地投入学习,可是做不到,进而对生活产生消极情绪。辅导员与他谈心后,了解到他因考试不理想导致情绪低落,便对其进行开导。之后,他又热情地投入学习和生活当中。

【案例分析】

当客观事物或情景不符合个体需要和愿望时,就会产生消极、否定的情绪和情感困扰。消极的情绪是可以通过恰当的途径克服和解除的。当我们的心理处于一种不平衡的状态时,可以通过适当的调节回到健康、积极的状态上来。

(三) 交往的困惑

大学生活中最棘手的问题莫过于人际关系问题了。在大学阶段,个体独立地步入了社会群体交际圈,大学生们的交往触角大大延伸,他们积极主动地接触老师、校外及社会,渴望从这些"无字之书"中获得真正意义上的交往体验和真知灼见,以便为将来进入社会做准备。然而,一室难以交往,何谈走向社会呢?交往中语言艺术和技术技巧的缺乏、认知偏差等,带给他们更多的是打击和困惑,或表现为自我否定而陷入苦闷和焦虑,或企图对抗而陷入困境,从而产生心理问题。

(四) 网络中的心理问题

截至 2020 年 12 月,我国网民规模为 9.89 亿,互联网普及率达 70.4%,较 2020 年 3 月提升 5.9 个百分点。在我国网民群体中,学生最多,占比为 21.0%。网络在给大学生带来积极影响的同时,也给大学生的健康带来了许多负面影响,如网络成瘾、网恋、网上暴力等。大学生把大部分时间花在了上网上,不仅会导致视力下降、眼睛疼痛、手关节疼痛、身体疲乏无力、食欲不振等不良生理反应,而且严重地影响了大学生正常的学习、生活、交往,甚至导致人格异化、精神障碍或犯罪。

(五) 恋爱与性心理问题

处于青春中后期的大学生,由于性的发展成熟以及性意识的萌发,对异性产生了极大的好感和兴趣,并渴望与异性进行交往。但是,由于大学生的恋情幼稚,而特有的激情在给爱情蒙上一层神秘色彩的同时,也会酿成一杯爱的苦酒。另外,大学生是一个十分特殊的群体,他们在校学习时间的延长导致了他们社会化过程的延后。他们在经济上尚未独立,生活在半社会的校园中,还有比较艰巨的专业学习与专业训练的任务,未来还有许多不确定因素,这一切导致了他们性心理的成熟落后于性生理的成熟,使得他们处于早熟与难以自立的两难之中,由此而产生种种与性心理有关的心理冲突。大学生对这类冲突往往敏感而多虑,对其心理发展与成熟有着重要的影响。

(六) 就业的压力及择业中的问题

就业是人生的重要转折点,也是目前学子们最关心的问题。面对择业,大学生的心理是复杂而多变的,有些毕业生鉴于学习成绩不理想、年龄较大、家庭负担重或鉴于个人条件好、自我评价高,在择业中表现出急于求成、悲观失望、盲目攀高或消极依赖等情绪。大学生求职择业过程中产生的种种矛盾心态、迷茫和困惑干扰了他们正确的就业心态。什么单位才是自己应该去的,什么单位才是最适合自己发展的,什么工作才是最有前途的,这些都是摆在大学生面前的现实问题。

(七) 家庭贫困导致的心理问题

大学生中有这么一个特殊群体,他们因为窘迫的家庭状况而陷入常人难以忍受的生存困境。他们是否能成长为人格健全、成绩优秀的人才,非常需要社会以及周围善良的人们给予更多的关注。据某些高校对这方面的调查研究,不少大学生因为经济的贫困会产生诸多不利于其发展的心理特征,如自卑、敏感、抑郁、多疑、焦虑、孤僻等。这些心理问题如不及时解决,一系列心理疾病将会由此而生。

(八) 自杀问题

近年来出现的大学生自杀现象也有增加趋势,这与我国以及全球自杀率增加是相关的。整个社会的环境使竞争压力不断升级,人与人之间隔阂加大,生活节奏加快,用于交流沟通的时间大大缩短。另外,文化的转型、价值观念的变迁、社会失业现象的增加,也使大学生在伦理道德、价值观念、行为方式、人际交往、就业等领域内的冲突和压力增大了。这势必会使更多的大学生在"精神免疫力""心理抵抗力"及"社会适应力"等方面受到更加严酷的考验,出现自杀等严重的心理危机也就在所难免。

除了这些一般性的心理问题和心理困惑外,由于大学生心理发展尚未完全成熟,自我调节和自我控制能力不强,有些心理矛盾和心理困惑长期积累在内心世界,使其产生不适应感、焦虑感和压抑感,如果长期郁积而得不到缓解,就会产生心理疾病。

三、影响大学生心理健康的因素

大学生在生活、学习、工作中常常面临各种考验,如在生活中如何抵御消极情绪的干扰,把自己的感情引向正确的方向;如何正确地对待不幸和挫折;如何对自己的行为真正负责;如何对自己的前途抱有充分的信心。这些都与一个大学生良好的个人心理素质和健康的心理水平密切相关。哪些因素对大学生的心理健康有重要影响呢?影响大学生心理健康的因素是多方面的,归纳起来可以分为个人内在因素、外在环境因素。

(一) 个人内在因素

1. 个人生理方面的因素

人的生理特点,尤其是大脑与神经系统的解剖生理特点,是人心理活动的物质基础。如果大脑与神经系统有某些缺陷,人的某些心理活动就不能正常进行。例如,大脑中的听觉中枢不健全,人就不能获得正常的听觉,不仅难以欣赏音乐等,也难以与人进行正常的语言交流,这样就会对人的情绪、人际交往等方面带来直接影响。而且,大脑与神经系统的解剖生理特点,直接规定了人的气质类型,这些气质类型(如胆汁质、抑郁质)在情绪的表现方面尤其值得注意,如果不能恰当地予以教育、引导,就有可能导致某些心理异常。其他如自主神经系统、内分泌系统功能失调,也会引起人的情绪异常。例如,甲状腺功能过盛,会导致人出现神经过敏与情绪激动的现象;肾腺功能不足,则会使人情绪抑郁。大学生在成长过程中,父母的遗传、病菌病毒感染、大脑外伤或化学中毒及某些严重的躯体疾病都会对其心理健康发展造成极大的影响。

2. 个人心理方面的因素

个人心理活动过程中的冲突与挫折等,是影响心理健康的另一类个人因素。一方面,处于青年期的大学生,心理发展水平正处在迅速成熟但未完全成熟的阶段。他们有理想和追求,充满热情,但由于情况、条件以及个人能力的限制,在多种目标不能协调时,他们不得不放弃某些目标、忍痛割爱,这种被迫的取舍选择,若是涉及自己心爱的人、事与物,事后又觉得不妥、懊丧不已,那么久而久之就会产生忧郁感,甚至积忧成疾。另一方面,大学生活也不是一帆风顺的,所谓"人生逆境十之八九,顺境十之一二",大学生随时会在学习、生活、交友、恋爱、择业等方面遇到各种各样的困难,当他们遇到困难又无法克服时,就会产生挫折感,心情不愉快,甚至会感到痛苦。倘若他们不能正确地对待挫折,不能在遇到挫折后通过适当的心理防卫或适应机制去战胜挫折,就会经常感到自尊心的损伤与自信心的丧失,内心滋生失败感和愧疚感,形成一种由紧张、不安、忧虑、恐惧、抑郁等交织而成的复杂心境。这种焦虑的心态若长期持续下去,便会导致不健康的心理。

心理辞典

心理行为偏差

心理行为偏差是国内经常见于书面材料的名词,有时也写作"心理行为偏异",一般指个体及群体存在偏离大多数正常人所具有的心理行为的某些现象。

心理行为训练是一种应用行为心理学、认知心理学和咨询心理学等学科的基本原理,借助行为训练作为媒介手段,用以提高心理行为偏差者的基础心理品质和心理健康水平的训练方法。心理行为训练属于心理训练的范畴,心理学的方法和理论是心理行为训练的基础。在心理行为训练的过程中,行为形成及强化的理论、认知对行为的影响、情绪对行为的影响等这些心理学原理得到了充分的应用。在这些原理的作用下,心理行为训练培训师可以帮助受训者发现并矫正一些不良的行为习惯和心理状态,经过反复的训练,最终塑造并积淀成良好的心理品质,提高自身适应环境和自我发展的能力。

(二) 外在环境因素

1. 社会环境因素

大学生是时代的骄子,他们关注社会政治与经济的变化发展,社会物质、社会意识、社会风气、社会舆论四个方面对其心理影响较大。市场经济带来物质产品的巨大丰富、利益格局的重新调整及贫富差距的加大。在社会意识方面,社会主义市场经济体制的建立和发展,必然伴随着价值观念的转换。社会的变迁过程,实际上也是心理态度、人生价值观和思想行为等更新、定位和变革的过程。社会转型时期信仰的迷茫、价值的失落必然对大学生产生一定影响;与此同时,社会风气、社会舆论也会在成长期的大学生中留下深层的心理积淀。正确的舆论有利于大学生心理健康成长,不正确甚至错误的舆论则会对大学生心理的健康成长构成不良影响。

2. 家庭因素

家庭的影响也是环境因素的重要方面,如家长对子女的教育方法、父母本身的心理行为、父母关系、家庭氛围等都会给大学生带来影响。毋庸置疑,大学生世界观、人生观的形成是以其少儿时期的思想、观念为基础的。如果在少儿时期,父母的认知不统一,观念行为不一致,往往会使子女产生心理困惑。事实证明,父母感情和谐、兄弟姐妹相亲相爱的家庭氛围,往往会使个体形成谦虚、礼貌、随和、诚恳、乐观、大方等良好的人格特质。反之,家庭成员之间如果经常吵闹、打骂,则容易使个体形成粗暴、野蛮、孤僻、冷漠等不良的人格特质。有的大学生父母婚姻的不幸,也会给他们造成心理上的阴影,因为在单亲家庭中,婚姻的破裂会使父母将生活中的不满和愤恨转化为一种观念并加诸子女身上,这种有意无意的影响都会使子女形成错误的观念,导致他们产生怀疑、否定别人的心理和行为。

3. 教育方面的因素

教育层面的影响分两个方面:一是高等教育发展的变化。高等教育逐步适应市场,专业拓宽,重视学生的适应力与能力的培养,应试教育逐步弱化。二是高等教育招生、就业体制的改变。学生交费上学,在一定范围内自主择业,市场增加了对高校与学生的约束机制。这一切都直接冲击着当今大学生的心理,他们必须承担上学的部分教育成本,面对求学、择业过程中选择机会的增多,选择难度的增大,他们有着更多的焦虑、不安、失落甚至无所适从。而择业过程中,人才市场的不规范更深深刺激着当今大学生的心理。学生既希望参与竞争,又担心失利,既希望手中握有更多的机遇,又担心失却原有的保障。

第三节　大学生心理健康教育

一、加强大学生心理健康教育的重要意义

(一) 有助于大学生正确认识自我、规划自我

"认识你自己"是古希腊一句著名的格言,它体现了人类的最高智慧。大学生学习心理学,掌握人的心理过程与个性心理特征形成的规律,就能采取有效步骤发挥自己的优点和优势,矫正自己的缺点,弥补自己的不足。大学生掌握一定的心理学知识,就等于掌握了认识自我的钥匙,有利于找准自己的位置,达到理想自我与现实自我的统一,发挥自身的潜能,成为一名合格的社会成员。

心理辞典

苏东坡效应

古代有则笑话:一位解差押解一位和尚去府城。住店时和尚将他灌醉,并剃光他的头发后逃走。解差醒时发现少了一人,大吃一惊。继而一摸光头转惊为喜:"幸而和尚还在。"可随之又困惑不解:"我在哪里呢?"

这则笑话一定程度上印证了诗人苏东坡的两句诗:"不识庐山真面目,只缘身在此山中。"即人们对"自我"这个犹如自己手中的东西,往往难以正确认识;从某种意义讲,认识"自

我"比认识客观现实更为困难,而准确地认识自己的心理状态,并自发地进行调节,又比认识"自我"要难。

(二) 有助于大学生提高适应能力,形成良好心态

心理健康教育能使大学生积极适应自我、适应环境、适应社会的各种变化,学会调控学习、生活中的各种烦恼,通过有意识的训练,掌握排解心理困扰、减轻心理压力的方法,提高抗挫折的能力,保持心理健康。情绪是人在活动中对客观事物所持态度的体验,即主观对客观的一种感受。情绪状态会直接或间接地影响到人的其他心理活动和身体健康。大学生心理健康教育可以使大学生充分了解人的情绪的正常值及自身情绪变化的特点,通过有效的调控手段,使自己经常保持乐观、满意、愉悦的心态。

(三) 有助于大学生建立良好的人际关系

从中学升入大学,不同省市、不同习惯的同学相聚在一起,有一个相互适应、相互熟悉的过程。学习心理学知识,可以增进相互间的理解,促进人际关系的和谐。大学生的友谊往往是深刻而持久的,它可以成为大学生情感的寄托,可以增强归属感,满足被尊重与被爱以及自我实现的需要。与此同时,关心他人、理解他人,也能促使自己拥有博大的胸怀,从而大大增强生活、学习、工作的能力和力量,最大限度地减少心理应激和心理危机感,这是人们维护和保持心理健康最基本、最重要的因素之一。

(四) 有助于提升大学生的综合素质

健康的心理既是素质教育的重要组成部分,也是素质教育的基础和载体。20 世纪 90 年代以来,我国的教育思想突出强调素质教育,心理素质是人的素质中一个重要组成部分,同时也是各方面素质发展的重要基础。在大学生中有计划地进行心理知识教育与普及,对帮助大学生认识自己、完善自己,提高自身心理素质具有重要作用。通过系统的心理知识的学习和辅导训练,使大学生的心理素质得到整体优化,在培养科学精神和创新思维意识、培养坚忍不拔的意志、增强适应社会生活的能力、从容应对心理困扰、预防精神疾患、提升综合素质方面发挥积极作用。

拓展阅读

体验了飞翔的乐趣

有一块石头孤零零地躺在山上很长一段时间。它有一个梦想:有一天它会像鸟一样飞翔。当它告诉同伴时,立刻引起了它们的嘲笑:"什么叫心比天高,你就是啊!""这真是异想天开!"……这块石头没有理会同伴们的冷嘲热讽,仍然抱着理想,等待着机会。

一天,一个名叫庄子的人经过,这块石头知道这个人有非凡的智慧,就把自己的梦想告诉了他。庄子说:"我可以帮你实现这个目标,但是你必须先长成一座山,这需要承受很大的痛苦。"石头说:"我不怕。"

从此,石头尽力吸收天地的灵气,接受雨露的惠泽。不知道经历了多少风雨的洗礼,最后它变成了一座山。于是,庄子招来大鹏用它的翅膀去击山。这时候,一声巨响,这座山炸开了,无数的石头飞向天空。在飞的那一瞬间,石头会意地笑了。但很快它就从空中掉了下

来,落在原来的地方。庄子问:"你后悔吗?""不,我不后悔。我已经成长为一座山,并体验了飞翔的乐趣!"

启 示

人的一生就像这块石头一样,最初的开始和最终的结局都是一样的,但过程各不相同。一个人的目标定得高,他就必须付出更多的辛劳和汗水,即使经过全力打拼仍不得实现,但至少比他人走得远、实现得多。

二、大学生增进心理健康的途径与方法

总体上说,大学生具有良好的心理品质,只要他们树立科学的健康观,充分认识心理健康在全面提高自身素质和发挥自身潜能过程中的重要作用,积极寻求外界帮助,自觉维护和增进自身的心理健康,他们就有能力调节和处理成长过程中所遇到的各种压力和问题,成为社会和时代所需的复合型人才。

(一) 掌握一定的心理卫生知识

大学生要积极参加学校主办的心理健康知识讲座,通过报纸、板报、海报、广播、电视、网络等途径获得心理健康知识,选修有关心理健康教育的必修课或选修课,正确认识心理健康和心理问题,掌握心理问题的鉴别方法和常用的心理调适方法。

另外,大学生还要积极参加校内外各种心理健康方面的社团及实践活动,如心理沙龙、心理健康主题班会、心理剧表演、心理知识竞赛、心理健康教育活动周(月)等,丰富生活体验,增加社会阅历,以此提高大学生的心理自助及助人能力。

(二) 建立合理的生活秩序

1. 大学生要勤用脑和合理用脑

心理学的研究表明,勤用脑不但不会用坏脑子,反而会越用越灵。但用脑也须合理,如连续学习时间不宜过长,不要因持续用脑而经常引起大脑的疲劳。不同的学习内容宜合理安排,不要使大脑某一部分的细胞负担过重,比如在经过一番计算、分析、记忆等学习活动后,可安排听听音乐、欣赏图画,开展一些想象活动,或学习某些动作技能等,使大脑有关部位的活动得到适当的调节。要适时用脑,用脑要讲究最佳用脑时间,在人精力最充沛、大脑皮层处于高度兴奋与清醒状态时进行学习。大脑细胞在一天之内的活动是有一定节律的,这种节律既有共同的特点,又有个人的特征:就共同特征来说,早上 6~7 时、上午 8~11 时、下午 2~4 时和晚上 7~10 时是大脑皮层机能状态相对活跃的时段;而以个人特征来看,有的人清晨状态最佳,有的人则在晚上、深夜时精神最集中,思维最活跃。所以,大学生可根据个人大脑活动的节律,建立合理的生活秩序,做到学习负担适量,生活节奏合理,注意保护大脑。

2. 养成良好的生活习惯

大学生一定要养成良好的生活习惯,做到不吸烟、不酗酒、不赌博,也不要长时间沉溺于游戏机房,更不能对电子游戏成瘾。要严格遵守学校的作息制度,积极参加文体活动,加强体育锻炼。英国著名诗人拜伦说:"谁要想寿命和钱财两旺,请您从今天开始即早睡早起。"

(三) 保持健康的情绪

不良的情绪容易使人产生不健康的心理状态,而积极愉快的情绪正是心理健康的重要特征之一。

1. 培养乐观主义,保持良好情绪状态

记得大仲马曾经说过,人生是一串由无数小烦恼组成的念珠,达观的人是笑着数完这串念珠的。海伦·凯勒(Helen Keller)是个先天不足的人,她又聋又盲,却凭着非凡的乐观精神,欣赏着上帝给她的一切,最终成为美国著名的教育家。积极乐观的精神能促使人保持良好的情绪状态,从而轻松、从容地应对生活。

2. 学会合理宣泄

找到充分表达自己情绪的方法,既不要压抑自己,也不要放纵自己。每个大学生都应意识到,任何一种情绪都是由一定原因引起的,正视这种原因,接受这种情绪,并让它适当地表达出来,才会有益于健康。合理宣泄的方法有很多,如自言自语,这方面阿Q要算典型,他挨了打,骂一句"儿子打老子",心理就平衡了,高高兴兴地去摇船割麦;用文字宣泄,当你因某人某事生气时,不妨用你手中的笔,一写为快;找人倾诉,当你有一肚子的气感到无比压抑时,找一个亲近或理解的人,把肚子里的怨气全部倒出来,心情立即就会轻松许多;以创作宣泄,这是宣泄的最高境界,历史上有屈原被流放而作《离骚》,司马迁遭腐刑而著《史记》,曹雪芹贫困潦倒而写《红楼梦》。

对于消极情绪,要学会自我疏导、自我排遣,以使郁积于心的不良情绪得到释放,或者通过从理智上消除或转移注意力等方法予以控制与调节。

3. 学会自娱

一个人如果能注意培养和发展自己的业余爱好,进行多方面的自我娱乐活动,就可能在寂寞孤独或烦闷忧郁时,通过自我娱乐来缓解心境压抑,这对保持乐观的情绪、维护心理健康是极有好处的。每个大学生在大学阶段,都有必要依据自己的性格特点和条件,培养与发展一些兴趣和业余爱好,积极参与丰富多彩的活动,以扩大自己的生活领域,丰富精神生活,培养自己开阔的胸怀。

(四) 建立良好的人际关系

1. 培养优秀的个性品质是建立良好人际关系的前提和基础

不同性格类型的人其优点和缺点的表现是各有其特征的,比如性格外向的人喜欢交往,爱活动,比较乐观,但同时也容易激动,有时表现为暴躁;而性格内向的人安静、谨慎、细致,但容易产生悲观情绪。所以大学生应该深入了解自己,发展乐观、热情、诚实、宽容等良好的性格特征,努力克服和改造不良的性格特征。

2. 良好的人际关系是大学生心理健康的标准之一

很多大学生带着良好的人际关系期望与同学来往,但往往几个回合下来便失去了耐心和宽容,高傲、自卑、孤独、无聊、无望、恐惧等心理体验频频光顾,几乎都在历数与别人交往中的缺点与不是,感到大学的人际关系复杂。实际上,良好的人际关系应是个体在与人交往的过程中用诚实、宽容和谅解的原则,树立自我的良好形象,形成集体中融洽的人际关系,学会去爱。建立良好而真诚的人际关系,是非常重要的心理保健途径。健康的心理是需要丰富的营养的,而最重要的营养就是爱。

(五) 树立符合实际的奋斗目标

1. 大学生的目标价值

每个大学生都有自己的梦想,但若只有梦想而没有目标,梦想就会成为空想、幻想。梦想是远处一道美丽的风景,确立目标则是在自己与那道风景之间修筑一条路。有目标才会成功,它是你努力的依据,也是对你的鞭策。目标会使人生充实而有意义,一个人若无方向、无目标,则会被外界环境及压力牵着鼻子走,显得茫然无措,因为目标能赋予人行为的价值感和成就感。目标会引导大学生做出正确明智的决断,一个目标清晰的人,总是能够迅速地做出决断,他知道需要什么,该舍弃什么,先获得什么,后获得什么,这是一种生活的智慧。有目标才会有效率,一个人成功的尺度不是做了多少工作,而是做出多少成果。目标明确的人总是把时间投放在与目标有关的事情上。有目标才会发现机会,很多人往往认为,成功的人之所以成功,是因为他碰到了好的机会,自己之所以发展不好,是因为命运对自己不公,没有给自己机会。那么,机会为什么降到别人的头上而与你擦身而过呢? 这其中的机理自然十分玄妙,但有一点是肯定的,没有明确的目标,再好的机会到来你也不会发现,你也不会抓住和利用。

2. 大学生的目标特性

大学生要摆脱心理上的困惑,首先要为自己建立一个远大的目标,如周恩来在年少时就立下"为中华之崛起而读书"的宏大志向,最终成为伟大的革命领袖。大胆地设置目标,可使你的潜能不断发挥。当然目标并非越大越好,大到你做不到,目标本身就失去了价值和意义。因此,目标既要符合个人的实际,也要从国家和社会的利益出发,不对自己过分苛求,把奋斗目标确定在自己能力所及的范围以内,使自己通过艰苦努力,最终能实现自己的目标,从而获得成功的体验。力所能及的目标对于维持心理健康是极为重要的。其次,把长期目标、中期目标、短期目标结合起来。长期目标给你方向和美好的前景,它能激励你不断立志。中期目标能够让你的人生目标保持一种均衡,使你能尽量做到全面和谐、协调发展。短期目标能让你不断获得阶段性的成就感和成功感,不断强化你成功的信心和决心,让你始终沉浸在奋斗的充实和成功的喜悦中。

每位大学生应根据自己的实际情况选择竞争的领域。这样,一方面有利于充分发挥自己的优势,获得成功;另一方面,适合的目标也有助于身心健康发展。

🔑 成长的烦恼

大学生唐思茹向心理咨询师坦承:

我是一个性格软弱的女孩,曾经是一名优秀的学生。然而,我的学业受到了身体疾病的影响,自信受挫,导致强烈的自卑感。为了吸引其他学生的注意力,我经常和同学一起打闹,做一些让人不可接受的事情。我越是这样,我的同学就越讨厌我,不理我,甚至嘲笑我,说我"有毛病"。我似乎是个无用的人。我感到孤独甚至绝望。我真的很想摆脱这个困境,但我很无助,希望老师能帮助我。

【案例分析】

人的身体健康与心理健康是相互联系、相互依存的。唐思茹由于身体疾病而影响学习,造成心理压力和自卑感,又逐渐出现个性行为异常,在孤立无援的情况下,最终导致比较严

重的抑郁。针对这种情况,咨询老师提出自己的几点建议:

第一,消除自卑,树立自信心。如果在自我认识中老是夸大自己的弱点,就会丧失自信心。要接纳自己,确立自强、自信、自立的心态,在承认差距的基础上正视差距,通过自己的不懈努力,迎头赶上,努力去缩小与别人的差距。

第二,要不断磨炼意志,提高战胜挫折的心理承受能力和把握自己命运、行为的能力。生病已成过去,成绩下降可以通过努力提高,轻生是一种懦弱的表现。如果一个人连死都不怕,生活中还有什么困难克服不了,还有什么"沟坎"跨不过去?只要敢于面对眼前的一切,把挫折当成锻炼自己意志的机会,勇敢地振作起来,相信你能走出困境。

第三,调整学习目标,发奋学习。在学习过程中,要克服被动思想,对自己要有一个全面的了解,根据实际情况制定切实可行的学习目标。

第四,要善于交际,矫正自己的个性行为,建立良好的人际关系。在交往中,人的个性行为应符合自己的年龄特征,若是为了故意引起他人注意,而退化为儿童行为或异常行为,喜怒无常,则会引起别人的反感。要注意锻炼自己的性格,说话做事和待人接物要有适有度;注意克服封闭思想,逐步融洽与同学的关系;对小事不必太敏感,看淡一点。总之,应保持乐观的心境。

第五,要多与父母和老师沟通,取得宽慰。父母在各方面经验都较多,应多和他们交流,获得他们的帮助和安慰,在心理上找到一个支点。俗话说:当局者迷,旁观者清。有些想不通的问题,可向老师诉说,通过心理咨询得到解决。

(六) 积极接受心理咨询

当你在生活中遇到困扰、挫折与打击,感到压抑、焦虑、绝望,又不想或不便向同学和亲人诉说时,你能否想到去找心理咨询师呢?心理咨询与心理治疗是保持和维护心理健康、预防和矫治心理异常的重要途径。特别是当心理压力过大、心理冲突激烈、自我调节无法奏效时,接受心理咨询和心理治疗是最好的选择。

1. 心理咨询的含义

心理咨询主要是由咨询师给来访者以心理健康的指导与帮助,帮助来访者缓解心理痛苦,解决心理上的困扰,鼓舞来访者树立信心,在学习、工作、生活中建立良好的行为习惯,消除行为的异常。心理咨询力图使个人将不愉快的经历当作自我成长的良机,竭力使人们积极地看待个人所经受的挫折与磨难,从危机中看到生机,从困难中看到希望。用马斯洛的话来讲就是:"心理咨询就是要使人获得顶峰的体会。"心理咨询的对象主要是正常人,着重处理的是学习和日常生活中的人际关系问题、职业选择问题、教育过程中的问题。

心理咨询有个体咨询和团体咨询。个体心理咨询指心理咨询师与个别来访者之间的相互作用,就咨询对象的心理方面存在的问题提供帮助,启发和指导咨询对象消除不良心理因素,产生认知、情感和态度上的变化,使之达到恢复心理平衡、增强心理素质、提高适应能力、增进身心健康的目的。团体心理咨询指由一位咨询员对数位来访者进行的咨询。团体心理咨询的目的主要是利用由众人形成的社会情境和团体成员的互动、互知、互信来增进咨询效果。团体咨询的优越性在于咨询团体作为一个微型的社会,为那些在现实生活中受挫而感到压抑的成员提供一个宽松的环境,在这个理解和支持的氛围中,参与者愿意尝试各种选择性的行为,探索自己与其他人相处的方式,学习有效的社会技巧;团体成员能讨论彼此之间的相互察觉,并获得其他成员在团体中对其察觉的反馈,使之经由别人的观点来审视自己。团体咨询可以设计用来满足各种特殊群体需要的内容,是当代发展最快的心理咨询形式之一。

2.心理咨询的作用

首先,心理咨询与治疗可以帮助大学生从不同的角度看待自己和社会,用新的方式去体验和表达他们的思想情感,并产生全新的思维方式。对于心理行为属于正常范围的大学生,咨询所提供的新经验可以使他们排除成长道路上的障碍,更好地发挥个人的才干;对于那些有心理障碍的大学生,心理治疗可以帮助他们改变不适应社会的思维和行为方式,学会新的适应环境的方式。其次,心理咨询的实践表明,高校心理咨询对于加强高校德育工作具有积极影响。这不仅表现在心理咨询为解决大学生心理思想和行为问题提供了行之有效的科学方法,减少和避免了不良行为和心理障碍的产生、恶化,也表现在心理咨询师的助人态度对于德育工作者的影响上。由于心理咨询十分强调对咨询对象的关注、尊重、信任、理解等,并将这种态度视为建立咨询关系和决定咨询效果的前提条件,因而,接受心理咨询培训的德育工作者,会把这种助人态度迁移到日常思想政治工作中,有效改善教育者与教育对象的关系,拉近彼此之间的心理距离,为教育和助人营造良好的氛围;更为重要的是,心理咨询与治疗中的科学内容、方法和技术也为德育工作提供了一种新视觉、新方法。

随堂演练

自我松弛训练

身体与心灵是紧密相关的,我们感到不安时,身体也会产生相应的反应,长此下去,我们的肢体就会被烙上印记,变得僵硬、不适。下面我们进行自我松弛的练习。

下面这种方法是要求被训练者记住指导语,或是把指导语做好录音。松弛时,找个舒适的姿势躺下或坐下,闭上双眼,不要动,让身心平静下来。把记住的指导语在心里默念,或者是放录音给自己听。松弛训练的指导语如下:

(1)我要休息。我摆脱了一切的紧张,我在放松。我感到轻松自如,我是平静的,我是平静的。我什么也不期待。我在摆脱压力和紧张,全身都轻松了。我感到轻松愉快。我在休息。

(2)腿脚的肌肉放松。腿脚的肌肉放松了,腿是轻松而自如的。左腿的肌肉放松了,右腿的肌肉放松了。腿是轻松自如的。我是安静的,我是安静的。我感到温暖。我很舒服。我已排除了一切紧张。我是非常安静的,是安静的。

(3)手臂的肌肉放松。手臂的肌肉都放松了。左手的肌肉放松了,左臂的肌肉放松了,肩部的肌肉也放松了:整个左手臂都放松了。右手的肌肉放松了,肩部的肌肉放松了:整个右手臂都放松了。

(4)躯体的肌肉放松。两臂是自然下垂的,背部的肌肉放松了,胸部的肌肉放松了,腹部的肌肉放松了,放松了,感到全身都放松了。

(5)头部的肌肉放松。头颈部的肌肉放松了,面部的肌肉放松了,双眉自如地分开了,面额是舒展的。眼皮下垂,柔和地闭住眼睛。鼻翼放松了。口部的肌肉放松。两唇微开,颈部的肌肉放松了,我感到颈部是凉爽的。

(6) 我已摆脱了紧张。我全身都放松了,感到轻松自如。我感到呼吸均匀而平衡,感到清爽的空气舒服地通过鼻孔,肺部感到舒服。我是安静的。我的心脏跳得很缓慢,我已感觉不到心脏在跳动。我感到轻松自如。我很舒服。人休息好了。

(7) 我已休息好。我感到爽快,感到浑身轻松、舒服,感到精神倍增。我在睁眼。我想起来并立即行动。我精力充沛了。起立!

实践指导

辨别自己的心理困扰程度

实践目的

帮助大学生了解自己的心理健康状况,学会辨别自己的心理困扰程度,并能恰当应对,形成正确合理的心理健康观。

实践准备

(1) 准备 10 cm×10 cm 纸片若干张(根据人数确定),大头针一盒,彩色笔一盒(36 色),双面胶一卷,B5 纸若干(根据人数确定)。把标有各组名称或标记的纸片别在学生衣服上,相同名称或标记的学生为一组,形成一个团队。

(2) 安排各组学生课前或即兴准备,将校园心理现象以各种形式在课堂上表现出来(如漫画、相声、心理剧、文学作品等)。

实践过程

(1) 各组学生将课前或即兴准备的校园心理现象在课堂上进行展示和表演,供全班分享。

(2) 指导教师提问:① 无病等于健康吗? ② 心理健康等于没有烦恼吗? ③ 你怎么判断自己的心理是否健康? ④ 哪些校园心理现象是正常的? 哪些是不正常的? 哪些心理现象给你带来了冲突? ⑤ 心理健康与不健康的区别是什么? ⑥ 心理健康就是要控制自己的情绪吗?

(3) 各组同学对指导教师提出的问题进行讨论辨析,并提出各自的理由。

体验活动

1. 实践目的

尝试摆脱"被动"的状态,发挥自己的主观能动性。解决学习、生活中遇到的难题。

2. 实践准备

一支笔,一张纸

3. 实践过程

(1) 写出几个你必须做但并不想做的事情,必须以"我不得不……"开始,如"我不得不早晨六点钟起床"。

(2) 把"我不得不……"改成"我选择……",如"我选择早晨六点钟起床"。

(3) 当把"我不得不"改成"我选择"时,体味并感受一下有哪些变化,可以自己完成,也可以和同学一起完成。

思考与练习

1. 什么是心理健康? 大学生心理健康的标准有哪些?

2. 大学生主要的心理问题是什么? 影响大学生心理健康的因素有哪些?

3. 大学生心理健康的标准有哪些?

4. 如何维护大学生的心理健康?

5. 简述大学生心理健康教育的意义、原则和途径。

第二章
大学生常见心理障碍及防治

案例导读

认为自己"看起来很丑"

肖琳，一个来自江南大城市的女大学生，身材匀称，五官端正，衣着整洁端庄。虽然不是百里挑一，但也让许多男孩喜欢，让女孩嫉妒。她特别注重自己的外表，但对自己外表的评价与外人大相径庭。她认为自己"看起来很丑"，原因是她的面部特征有缺陷。"我的眼睛一大一小。近年来，我一直为此烦恼，甚至痛苦。"

如果你仔细看她的眼睛，会发现大小略有不同，但差别很小。如果不仔细看，你就看不出区别。然而，她总是为此烦恼和痛苦。她去医院做了各种检查，结果正常。找医生并试图通过手术使她的眼睛大小相同，医生一再向她保证她的眼睛大小差异在正常范围内，根本不需要手术。但是无论如何，都没有办法让她放弃"眼睛一大一小，影响了美丽的外表，使别人看起来很丑"这个想法。她甚至不想抬头看人，以免别人发现她的眼睛大小不一，认为她很丑。她也知道她的眼睛应该没有问题，自己的想法是错误的，但她还是忍不住这样想："我的眼睛一大一小，这影响了我的外观，其他人会觉得很丑。"

学习提示

随着社会的发展，竞争日益激烈，生活节奏越来越快。青年大学生正处在学业、就业、恋爱、社会适应等重要人生选择时期，面对的矛盾多，内心冲突大，情绪易波动，同时他们的心理调节能力还不完善，容易产生心理障碍。大学生除重视自身的健康外，也需要重视心理健康问题，对心理障碍相关知识有基本的了解。

本章简要介绍大学生中常见的心理障碍，主要包括正常心理和异常心理的区分、大学生常见心理障碍的类型及表现、心理障碍的防治。

第一节　心理障碍概述

一、心理障碍的含义

在临床上，常采用"心理病理学"的概念，将范围广泛的心理异常或行为异常统称为"心理障碍"，或称为"异常行为"。这里"行为"一词泛指一切可观察的动作或活动，包含了人类功能的几乎所有方面。用社会学的方法来定义心理障碍,是指没有能力按社会认为适宜的方式做出合适的行为表现,它可以是生理性的(如脑损害),也可以是心理性的(如认知歪曲或动机缺乏),或者两者兼而有之。

由这些定义可以看出,心理障碍是与心理健康相对的概念,然而,两者之间并非是割裂的关系,而是存在一个渐进变化的连续过程。心理学家的研究表明,人群中心理障碍和心理健康的人数是符合正态分布曲线的规律的,如图 2-1 所示。

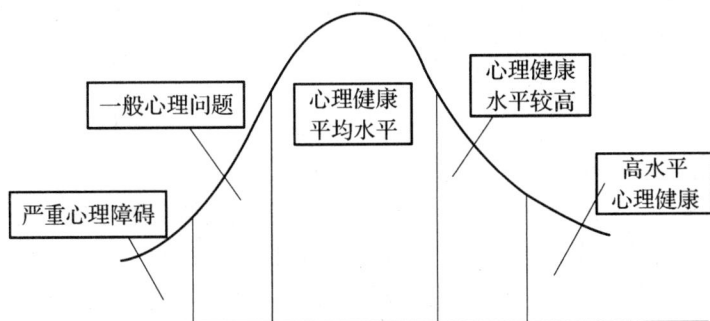

图 2-1 心理健康正态分布曲线

由上图我们可以发现,心理健康、一般心理问题和心理障碍具有渐进发展变化的关系。在普通人群中,大部分人属于心理健康的平均水平,小部分人心理健康水平较高,适应能力好,这类人往往是生活中的成功人士或幸福人士。另外一小部分人具有一般心理问题,但是通过疏导和自我调整,能够达到心理健康的正常水平;有心理问题也是属于心理正常的范畴,但是若一般心理问题没有得到很好的处理,就有可能转变为心理障碍。心理障碍是正态曲线的负极,人数不多,但他们的问题严重,影响了其社会功能,阻碍了人生的顺利发展,应给予足够的重视。

二、正常心理和异常心理的区分

在了解了心理健康、一般心理问题、心理障碍三者的关系之后,自然要区分正常心理和异常心理。

心理学从三个方面来区分正常和异常心理。一是看人的主观世界和客观世界是否统一。例如,如果一个人能感知到客观世界不存在的东西,那么说明他的统一性出了问题,属于心理异常的范畴。二是看人的心理活动是否内在协调一致。心理活动包括知、情、意三个部分,这三个部分协调一致是正常的,不一致则异常。例如,一个人用低沉悲哀的语调来说一件令人愉快的事情,这就说明他的心理过程的内部一致性出了问题,属于心理异常。三是看人的个性是否相对稳定。个性形成之后,除非遇到重大应激事件,否则不易发生改变,若人在没有明显外部原因的情况下做出与本人以往个性大相径庭的行为,则要考虑心理异常的可能。

总的说来,心理异常具有以下心理特征:

(1)痛苦感。除了以自我意识丧失为症状的重性精神病外,心理异常的人往往有明显的痛苦感觉和体验,如心情烦躁、情绪低落、焦虑等。

(2)心理—生理—社会机能紊乱。心理异常的人往往不能保持心理、生理和社会功能的平衡与协调,常常出现心因性的生理功能紊乱,如失眠、头疼、乏力等,同时也会出现社会功能受损,影响正常生活。

(3)异常心理固着。心理异常的人往往意识领域狭窄,看不到周围积极的事件,而仅将焦点固着在自己的"心理问题"上,为此倍感烦恼。

三、心理障碍的分类

在生活中,到底有哪些情况属于心理障碍呢?根据《中国精神障碍分类与诊断标准》(第三版),我们可以将心理障碍做以下分类:

(1)精神病性障碍。此类障碍属于严重的心理障碍,大多数患者在患病期间对自己的异常心理表现丧失自我辨认能力,不承认自己有病,一般不会主动求医。属于这类障碍的有精神分裂症、偏执性精神病、反应性精神病等。

(2)心境障碍。此类障碍又称情感障碍,表现为明显而持久的心境高涨或心境低落,并有相应的思维和行为的改变。属于这类障碍的有躁狂症、抑郁症等。

(3)神经症性障碍和癔症。此类障碍没有精神病性障碍,主要表现为烦恼、紧张、焦虑、恐惧、强迫、疑病、神经衰弱等症状,出现障碍前通常有一定的人格基础,起病常与心理社会因素有关。属于这类障碍的有恐怖症、焦虑症、强迫症、躯体形式障碍和神经衰弱等。

癔症又称歇斯底里症,是一种分离(转换)障碍,通常患者会将自己扮演成另一个想象中的角色,完全忘记自己原来的身份。

(4)反应性精神障碍。又称应激相关障碍,主要是由突发生活事件、剧烈精神创伤或者持续困难处境引起的,表现为巨大刺激后的心理失常。属于这类心理障碍的有急性应激障碍、创伤后应激障碍和适应障碍。

(5)人格障碍。人格障碍指人格特质明显偏离正常,使患者形成了一贯的反映个人生活风格和人际关系的异常行为模式,并引起社会功能和职业功能受损,造成适应不良,如反社会性人格障碍、偏执性人格障碍、强迫性人格障碍、分裂性人格障碍、戏剧性人格障碍等。

(6)心理生理障碍。又称与心理因素相关的生理障碍,指由某些心理原因导致的生理问题,如进食障碍、睡眠障碍、性功能障碍等。

🔑 成长的烦恼

大一新生李洪说:"从小学到高中,我所在的学校非常严格,每次作业、每月考试我稍有懈怠,都会受到惩罚。我们每天过着紧张的生活。我非常厌倦学习,但我宁愿回家扔东西发泄,也不愿放松我的学习。时间越来越少,任务越来越重,每次我学习的时候,我能想到的就是我今天能完成任务吗?我明天能通过考试吗?精神压力大,效率高,连续学习六七个小时也不累,无视自己对学习的厌恶。生活以如此紧张刺激而又充实的方式进行着。在高考之前,我的很大一部分动力来自老师越来越严厉的惩罚,而不是高考本身。"

"上大学了,本以为考上东南的一所重点大学一切都好。可是我们的课少得可怜,每天都有整块的时间自习,没有作业,不期中考试,期末考试老师明着说:'就是书上题!'也没什么压力。所以,每天9点多起床,吃饭后看小说。我明显感到自己生活节奏变慢了。为了充实自己,我每天规定学习多少小时,限制玩的时间;为了给自己动力,我订了好多考研、创业的杂志,用别人的成功与痛苦来激励自己。可我很快就发现效果不好,我虽然坐在教室,可总是心不在焉,以前无暇顾及的'厌学',此刻都表现出来了。虽然为自己规定了学习任务,可没有压力,总也完成不了。"

"每天我带着'厌烦、注意力不集中、低效率'学习,甚至在教室睡着(以前我只睡眠5小时,都不会在学习时睡着),学习收效甚微。至于那些杂志,几乎不起作用。我想是否非得躲不过(比如真的失业)我才会努力,就像当初面临老师的惩罚。妈妈又寄了鱼油,说可以补充脑力。可我知道自己要的不是这个。我要的是动力和学习的兴趣,至少不要再厌学。我该怎么办?"

本案例中,李洪处于怎样的一种心理状态?

第二节 大学生常见心理障碍的类型及表现

一、神经症

神经症主要是由心理因素造成的。对于处在青年期的大学生来说,这是一种最为常见的功能性疾病。不健全的个性特征是此类疾病的发病基础。在此基础上,如果遇到重大的心理创伤,便会导致神经症的发生。这里我们主要介绍的是焦虑症、强迫症、恐惧症、躯体形式障碍、神经衰弱、癔症。

🔑 成长的烦恼

许怡觉得她真的病了。在过去的一年里,她感到头痛、头晕、疲劳、失眠、多梦、食欲不振、体重减轻,学习起来整天昏昏沉沉,无法振作精神,无法集中注意力,记忆力减退,整个人似乎失去了动力。她的脾气变得非常坏,容易发怒。她对自己想做的事情感到吃力,但对不感兴趣的事情却想个不停,无法自控。她去了市内各大医院的内科和神经科,做了脑电图、CT 等检查,结果正常。医生诊断她为"神经衰弱"。她服用了谷维素、维生素和中药来健脑安神,但没有效果。渐渐地,她变得悲观和消极,不得不求助于心理专家。诊断后,医生告诉她,她患有"神经官能症",给她口服抗抑郁药,并教她做放松训练。两个星期后,许怡觉得她的症状明显改善,睡眠和食欲改善了很多,情绪也活跃起来。

(一)焦虑症

焦虑症是一种常见的神经症。大学生进入新的环境,各方面都要重新开始适应和调整。如果对自己期望过高,压力过大,凡事患得患失,时间长了,就会产生持续性的焦虑、不安、担心、恐慌,还伴有明显的运动性不安以及各种躯体上的不舒适感。患有焦虑症的人,其性格也有一定的特点,大多胆小,做事瞻前顾后,犹豫不决,对新事物、新环境适应能力差,遇上一定精神刺激,就很容易焦虑。很多大学生在应付各种考试时,会出现预期焦虑和期待不安等心理状态,有的甚至恐惧考试,以至于不能自制。

(二)强迫症

强迫症是指患者在主观上感到某种不可抗拒和被迫无奈的观念、情绪、意向或行为的存在。患有强迫症的人,明知某种行为或观念不合理,却无法摆脱,因而非常痛苦。这种症状大多是由强烈而持久的精神因素及情绪体验诱发而来的,与患者以往的生活经历、精神创伤或幼年时期的遭遇有一定的联系。患强迫症的大学生多与其性格缺陷有关,如缺乏自信、遇事过分谨慎、生活习惯呆板、墨守成规、常怕出现不幸、活动能力差、主动性不足。

(三) 恐惧症

恐惧症是一类违背患者意志的恐怖情绪。患者对常人习以为常的某一普通物品、环境或活动产生紧张恐惧的心情,自己明知这种恐惧过分、不正常并且无必要,但不能自制,无法摆脱。恐惧的对象很多,诸如怕脏,怕细菌感染,怕尖锐物件,怕空旷广场或拥挤的场所,怕高地和深渊,怕脸红,怕对视,怕得某种疾病,怕死亡等。这导致患者不得不回避某些场所、物品或人,如那些怕脸红、怕对视的患者常回避社交活动。大学生恐惧症主要表现为社交恐惧、考试恐惧等。

(四) 躯体形式障碍

躯体形式障碍包括躯体化障碍、未分化的躯体形式障碍、疑病障碍、躯体形式的自主功能紊乱、躯体形式的疼痛障碍等。大学生躯体形式障碍主要表现为疑病障碍,又称"疑病症",在神经症中相对少见,主要临床表现是担心或相信自己患有某种严重的躯体疾病。患者对自身的健康状况或身体的某一部分过分关注,其关注程度与实际健康状况很不相称,经常诉述不适并四处求医,但各种客观检查的结果和医师的解释均不能打消患者的疑虑。对身体畸形(虽然根据不足甚至毫无根据)的疑虑也属于本症。

(五) 神经衰弱

神经衰弱是大学生最常见的一种心理疾病。在休学、退学病因率统计中占23%～60%。一般开始于中学阶段,到大学阶段发病率增加。脑力劳动者发病居多,其中尤以青年学生最为常见。此病大多是由于某些长期存在的精神因素,引起脑机能活动过度紧张而致精神活动能力减弱。

神经衰弱患者的发病原因是多方面的,如学习负担过重、专业思想不稳定、对人生和社会思虑过度、家庭问题和个人情感上的挫折等。神经衰弱的症状在罹患学生身上会或多或少地表现出来,且程度有轻重差异。大多开始时较轻,病情反复波动,以后症状逐渐增多、加重。如果及时治疗,并且能正确对待,神经衰弱可以缓解或痊愈。

(六) 癔症

癔症又称歇斯底里症,系由于明显的心理因素如生活事件、内心冲突或强烈的情绪体验、暗示或自我暗示等作用于易感个体引起的一组病症。临床主要表现为感觉障碍、运动障碍或意识改变状态等,而缺乏相应的器质性基础。症状具有做作、夸大或富有情感色彩等特点,有时可由暗示诱发,也可由暗示而消失,有反复发作的倾向。多数突然发病,起病前多有心理或社会刺激,通常为人际关系的一般矛盾,强烈刺激则很少见,多见于女生。

二、抑郁症

抑郁症是大学生中常见的一种心理障碍,主要表现为情绪显著低落,非常悲伤、忧虑,感到自己没有价值、怨天尤人、自责自罪、不愿与人交往、丧失愉快感,有时还常常伴有睡眠障碍,出现无原因的持续性疲乏、思维迟滞、精神活动减少,在困难面前束手无策,一筹莫展;

还伴有食欲不振、身体消瘦等，甚至会出现死亡的念头或有自杀的行为。有的大学生对枯燥的专业学习不感兴趣，对刻板的生活方式感到厌烦，为自己学习或社交的不成功而灰心丧气，陷入抑郁悲观状态。长期的抑郁状态会导致思维迟钝、失眠、体力衰退等，对个体危害很大。

🔑 成长的烦恼

18岁的女大学生患上抑郁症，只因为她在参加班级集体活动时被同学拒绝。她怀疑自己，闭门不出，脾气不好，并因此沉迷于网络。

孙玲被四川一所大学录取后，由于缺乏信心，她在和同学打交道时总是谨小慎微。12月1日，全班将举行新年晚会。一场"女子三人篮球接力赛"吸引了孙玲的兴趣，她小声对班干部说她想参加。"我们已经收够了！"班干部一句不经意的回答就像一盆冷水浇在孙玲火热的心上。"他们看不起我，我无能为力。"从那以后，孙玲独来独往，和同学的关系变得越来越僵。为此，她开始通过互联网寻找自我价值和快乐。

【案例分析】

大一新生要从依赖阶段走向独立阶段，探索自己要走向何方的时候，会迷茫、会困惑。当面对挫折、失败等事件时，产生抑郁情绪是一种正常反应，经过一段时间的调整可以得以恢复。只有长时间（持续两周）、无缘由处于抑郁状态中，才可能是抑郁症。因此，有抑郁情绪不应紧张，有较长时间的抑郁体验则需要引起警惕，应该向专业人员求助。

三、精神分裂症

精神分裂症具体表现为四个方面。

（一）感知觉障碍

精神分裂症最突出的感知觉障碍是幻觉，以幻听最为常见。精神分裂症的幻听内容多半是争论性的，如有两个声音议论患者的好坏；或评论性的，不断地对患者的所作所为评头论足。精神分裂症的幻觉体验可以非常具体、生动，也可以朦胧模糊，但多会给患者的思维、行动带来显著的影响，患者会在幻觉的支配下做出违背本性、不合常理的举动。

（二）思维及思维联想障碍

（1）妄想。妄想的荒谬性往往显而易见。也许在发病的初期，患者对自己的某些明显不合常理的想法还持将信将疑的态度，但随着疾病的加重，患者逐渐与病态的信念融为一体。

（2）被动体验。患者丧失了支配感，感到自己的躯体运动、思维活动、情感活动、冲动都是受人控制的，有一种被强加的被动体验，常常描述自己的思考和行动身不由己。

（3）思维联想障碍。患者在交谈中忽视常规的修辞、逻辑法则，在言语的流畅性和叙事的完整性方面往往出现问题。患者在交谈时常常游离于主题之外，尤其在回答一些问题时句句说不到点子上，但句句似乎又沾点边，令听者抓不到要点。病情严重者言语支离破碎，根本无法交谈。

（4）思维贫乏。患者语量贫乏，缺乏主动言语，在回答问题时异常简短，多为"是"和"否"，很少加以发挥。在每次回答问题时总要延迟很长时间。

🔑 成长的烦恼

马福祥原本是一名学习成绩优异的大学生,但在过去的六个月里,他的行为一直有点诡秘。他经常半夜起床翻箱倒柜。白天,他经常一个人来去,很少和人说话,生活变得懒惰,学习成绩也大幅下降。有一次,他在食堂吃饭的时候突然出手打了一个男同学,理由是那个男同学抢了他的女朋友。其他学生感到困惑,每个人都知道那个男同学是那个女生的真正男友,她什么时候开始成为他的女朋友的?经过几次询问,老师们也介入调解和调查,马福祥清楚地表述,最近经常听到那个女孩要求他去约会的声音。

马福祥有明显的语言性幻听。与他交谈时,能感觉到他有点语无伦次,答非所问,偶尔还能看到他自笑。他诉说常常觉得有人跟踪他,想害死他,称有人用先进的仪器监视着他的一举一动,企图控制他,觉得街边的人都知道他的秘密,个个在含沙射影地议论他。

【案例分析】

马福祥有明显的被害妄想、关系妄想、被跟踪感、被洞悉感、被控制感,情感反应也不协调,没有自知力,是非常典型的精神分裂症。精神分裂症的显著症状是情绪紊乱,思维破裂,在感知、记忆、思维、情绪和人格等方面都有严重的障碍。这种精神障碍比例虽然不高,但危害性大,在高校中因精神病退学和死亡的学生中,以精神分裂症患者居多。

(三) 情感障碍

主要表现为情感迟钝或平淡。情感平淡并不仅仅以表情呆板、缺乏变化为表现,患者同时还有自发动作减少、缺乏肢体语言,在谈话中很少或几乎不使用任何辅助表达思想的手势和肢体姿势,讲话语调很单调,缺乏抑扬顿挫,同人交谈时很少与对方有眼神接触,多茫然凝视前方;患者丧失了幽默感及对幽默的反应,他人的诙谐很难引起患者会心的微笑;患者对亲人感情冷淡,亲人的伤病痛苦对患者来说无关痛痒。

(四) 意志与行为障碍

(1) 意志减退。患者在坚持工作、完成学业、料理家务方面有很大困难,往往对自己的前途毫不关心、没有任何打算,或者虽有计划却从不施行,活动减少,可以连坐几个小时而没有任何自发活动。

(2) 紧张综合征。以病人全身肌张力增高而得名,包括紧张性木僵和紧张性兴奋两种状态,两者可交替出现,是精神分裂症紧张型的典型表现。

📖 拓展阅读

森田疗法是一种人生哲学和人生态度

森田疗法源自日本精神病学家森田正马博士,他在总结国内外各种心理治疗方法和20世纪20年代临床治疗经验的基础上,创立了东方文化背景下独特的心理治疗理论和方法。一些西方心理学家称森田疗法为认知疗法,而另一些人称之为行为疗法。森田疗法主要适用于神经症的心理治疗。

森田认为,在某些情况下,任何人都可能有某些神经质的症状。例如,第一次在众人面前讲话时,人们通常会非常紧张。听说了一起煤气中毒事件,在反复检查自家的气阀后,仍然很担心。对大多数人来说,这种紧张不安的感觉是生活中的正常现象,症状会在之后消失。然而,某种性格类型的人会把这种正常的反应认为是不正常的和病态的,拼命地去克服它。

神经症患者的人格特质是:① 性格内向、内省、理性、追求完美;② 感情克制和非情绪化;③ 敏感、爱操心和焦虑;④ 好强、上进,不安于现状,容易发生内心冲突;⑤ 执着、固执,具有坚持性;⑥ 一定水平的智力。

森田疗法有三个基本原则。① 顺其自然:自然地结束症状或情绪,并忍受这些症状;② 忍受痛苦并采取行动:不要逃避痛苦,忍受痛苦,坚持积极和建设性的活动,体验自信和成功;③ 基于目的,基于行动:情感不受意志的影响,不能被控制,只有行为才能被控制,自然接受情感,并以行动来达到目的。森田疗法包括住院治疗、门诊服务和集体学习。

森田疗法不仅是一种心理疗法,更是一种人生哲学和人生态度。基于东方哲学的森田疗法不仅在日本流行,在美国和欧洲也受到关注。在中国,它亦逐渐被理解和应用。

四、人格障碍和性心理障碍

(一)人格障碍

所谓人格障碍,是指人格系统发展的不协调,主要表现为情感、意志和行为方面的障碍。人格障碍通常开始于童年、青少年或成人早期,并一直持续到成年以后甚至终生。有人格障碍的人,其行为模式异于常人,比如有的人格障碍患者,动辄为一点小事怒发冲冠、暴怒不已,对人残酷无情,以他人的痛苦为乐,对人毫无诚意、极不负责,做错事绝无悔恨及羞耻之心,极端自私,感情冷漠。他们对环境适应不良,缺乏朋友。这些也必然影响到他们的职业功能,常常是"到哪儿哪儿不要,到哪儿也待不长"。但他们对此却毫无自知,只是一味地怨天尤人,而绝不检查自己。人格障碍主要有偏执性人格障碍、分裂性人格障碍、反社会人格障碍、冲动性人格障碍、表演性人格障碍、强迫性人格障碍、焦虑性人格障碍等类型。

(1)偏执性人格障碍。这类人格障碍的特点是主观、固执、敏感多疑、心胸狭隘、报复心强。一方面,患者骄傲自大,自命不凡,总认为自己怀才不遇,自我评价甚高;另一方面,在遇到挫折失败时,又过分敏感,怪罪他人,推诿于客观因素,很容易与他人发生冲突与争执。这类人格障碍多见于男大学生。

(2)分裂性人格障碍。分裂,主要是指这类人的人格在情感、意志、行为上的不一致。患者主要表现为内倾、孤僻,言语怪异,不爱交往,不关心别人对自己的评价,常常处于幻想之中,也可能沉溺于某些纯理论性问题。他们回避竞争性情境,对他人漠不关心,独来独往。具有这种人格障碍的大学生,在孤独的环境中尚可适应,甚至可以在学业上取得突出成就,但在人多的场合,在带有合作性质的任务中,由于与其他人完全不能相容,往往很难适应,因而导致极度适应不良。

(3)反社会人格障碍。反社会人格障碍以行为不符合社会规范、经常违法乱纪、对人冷酷无情为特点,男性多于女性。这种人在需要、动机、兴趣、理想等个性倾向以及自我价值观念等方面均与正常人不同,他们往往缺乏正常的人间友爱、骨肉亲情,缺乏焦虑和罪恶感,常有冲动性行为,且不吸取教训,行为放荡,无法无天。大学生反社会人格障碍主要表现为经常说谎、逃学、吸烟、酗酒、外宿不归；经常偷窃、斗殴、赌博、故意破坏他人或公共财物；无视家教、校规、社会道德礼仪，甚至出现性犯罪行为；经常撒谎、欺骗，以此获取私利或取乐；易激惹，冲动，并有攻击行为；缺少道德观念，对善恶是非缺乏正确判断，且不吸取教训；极端自私与自我中心，以恶作剧为乐。

（4）冲动性人格障碍。以情感爆发伴有明显行为冲动为特征，男性显著多于女性。大学生中冲动性人格障碍患者常表现为：情绪不稳，易激怒，易与他人发生争执和冲突，冲动后对自己的行为虽懊恼，但不能防止再犯，间歇期正常；人际关系时好时坏，要么与人关系极好，要么极坏，几乎没有持久的朋友；情感爆发时，对他人可有暴力攻击，可有自杀、自伤行为；在日常生活和工作中同样表现冲动，缺乏目的性与计划性，做事虎头蛇尾，很难坚持需要长时间才能完成的事情。

（5）表演性（癔症性）人格障碍。大学生中表演性（癔症性）人格障碍患者的人格发展不成熟，情绪不稳定，暗示性、依赖性强，常故意用过分做作、夸张和戏剧性的行为引起别人的注意。

（6）强迫性人格障碍。强迫性人格障碍的表现主要是心理上时刻笼罩着不安全感，常处于莫名其妙的紧张状态和焦虑状态，如寄信时总是反复检查地址是否写对，邮票是否贴牢了；敏感多思，缺乏自信心，总担心自己做的事不会成功，该决断时常优柔寡断；刻板固执，喜欢墨守成规，不知变通；自己爱好不多，清规戒律却不少，过于自我克制与自我检点，处处谨小慎微，在遇到环境突然变化时常不知所措，难以适应。

（7）焦虑性人格障碍。这一人格障碍以一贯感到紧张、提心吊胆、不安全及自卑为特征，总是需要被人喜欢和接纳，对拒绝和批评过分敏感，因习惯性地夸大日常处境中的潜在危险而有回避某些活动的倾向。

（二）性心理障碍

性心理障碍以往称为性变态，指有异常性行为的心理障碍。性心理障碍临床上包括三种类型：性身份障碍如易性症，性偏好障碍如恋物症、异装症、露阴症、窥阴症、摩擦症、性施虐症与性受虐症，性指向障碍如同性恋等。

1. 性身份障碍

性身份障碍主要指易性症，患者对自身性别的认定与解剖生理上的性别特征呈持续厌恶的态度，并有改变自身性别的解剖生理特征以达到转换性别的强烈愿望（如使用手术或异性激素），其性爱倾向为纯粹同性恋，其中又以男性为多见。

性身份障碍者的解剖和生理完全正常，只是性心理不正常，如男患者具有不折不扣的女性性心理，强烈认定自己是女性，是投错了胎，非要请医生把他们改变为女性。他们都是在青春期后求医的，内心十分痛苦，如果不满足其性别转换的要求，常具有强烈的自杀或自残倾向，甚至自己动手割去阴茎和睾丸。

2. 性偏好障碍

性偏好障碍主要包括以下几种情况：

（1）恋物症。患者所眷恋的女性用品常有胸罩、内衣、内裤、手套、手绢、鞋袜、饰物等。恋物症患者接触所偏爱的物品时可导致性兴奋甚至达到性高潮，体验到性的快乐，因此他们采取各种手段甚至不惜冒险偷窃女性用品并收藏起来，作为兴奋的激发物。一般说来，他们对未曾使用过的物品兴趣不大,往往喜欢用过的甚至于是脏的东西,且一般并不试图接近物品的主人,对异性本身并无特殊的兴趣,一般不会出现攻击行为。

(2)异装症。这是恋物症的一种特殊形式,表现为对异性衣着特别喜爱,反复出现穿戴异性服饰的强烈欲望并付诸行动,并由此引起性兴奋。当这种行为受到抑制时,可引起明显的不安情绪。异装症患者并不要求改变自身性别的解剖生理特征,对自身性别的认同也无障碍。大多数患者有正常的异性恋关系,性爱指向是正常的。同性恋者中有些虽也喜穿异性服装,却是为了取悦性伙伴,增加自身的性吸引力,或者认为只有这样才符合他们的性取向和内在性格。而异装症患者以异装作为性唤起物并取得性满足,其内在动机和出发点不同于同性恋者。另一方面,同性恋者穿着异性服装是一种一贯倾向,而异装症患者一经性唤起达到高潮便脱去异性服装。

(3)露阴症。该症特点是反复多次在陌生异性毫无准备的情况下暴露自己的生殖器,以达到性兴奋的目的,有的继以手淫,但无进一步性侵犯行为施加于对方。该症几乎仅见于男性。患者个性多内倾,露阴之前有逐渐增强的焦虑紧张体验。时间多在傍晚,并与对方保持安全距离,以便逃脱。当对方感到震惊、恐惧或耻笑、辱骂时而感到性的满足。情景越惊险紧张,他们越感到刺激,性满足也越强烈。

(4)窥阴症。一种反复多次地窥视他人性活动、亲昵行为或异性裸体作为自己性兴奋的偏爱方式,有的在窥视当时手淫,或在事后通过回忆与手淫达到性的满足。他们往往非常小心,以防被"目标"发现。窥阴症以男性为多见,但他们并不企图与被窥视者性交,除了窥视行为本身之外,一般不会有进一步的攻击和伤害行为。他们并非胆大妄为之徒,多不愿与异性交往,有的甚至害怕女人、害怕性交,与性伴侣的活动难以获得成功,有些伴有阳痿。

(5)摩擦症。指男性在拥挤的场合或乘对方不备,以身体的某一部分(常为阴茎)摩擦和触摸女性身体的某一部分,以达到性兴奋之目的。摩擦症患者没有暴露生殖器的愿望,也没有与摩擦对象性交的要求。

(6)性施虐症与性受虐症。在性生活中,向性对象同时施加肉体上或精神上的痛苦,作为达到性满足的惯用和偏爱方式者为性施虐症;相反,在性生活的同时,要求对方施加肉体上或精神上的痛苦,作为达到性满足的惯用与偏爱方式者为性受虐症。

3. 性指向障碍

性指向障碍有多种表现形式,常见于同性恋。表现程度可有所不同,有些只是纯精神性的,主要是思想和情感上的依恋,并无肉体上的接触。

这类人从幼年起即出现一些迹象,如游戏时爱扮演异性角色,愿同异性玩耍,愿穿异性服饰等,这时他们的同性恋倾向是模糊的。到青春期后性爱倾向明朗化,他们对同性开始感兴趣,有爱慕之心,而对异性则否。

同性恋者对待同性恋伴侣情投意合,甚至欲建立"家庭",因此,一旦伴侣离开,会引起他们极大的悲哀和痛苦,有的因此产生抑郁反应,甚至自杀。

五、网络性心理障碍

近年来,大学生心理出现了一个新的发展趋势,即热衷于把网络当成排遣的对象,但这种虚拟的排遣方式同时也带来了包括情绪低落、思维迟钝、自我评价降低等种种副作用,医学诊断称之为"网络性心理障碍"。

网络性心理障碍是指患者往往没有一定的理由,无节制地花费大量时间和精力在互联网上持续聊天、浏览,以致损害身体健康,并在生活中出现各种行为异常、心理障碍、人格障碍,交感神经功能部分失调。该病的典型表现包括情绪低落,无愉快感或兴趣丧失,睡眠障碍,生物钟紊乱,食量下降和体重减轻,精力不足,精神运动性迟缓和激动,自我评价降低和能力下降,思维迟缓,有自杀意念和行为,社会活动减少,大量吸烟、饮酒和滥用药物等。

拓展阅读

神经病、神经症和精神病的区别

在日常生活中,人们开玩笑或者骂人时经常使用"神经病"这个词,其实,人们心里想表达的是"精神病"。一般人以为神经病、神经症、精神病三者是一回事。事实上,这三个概念的意思是不同的。

神经病指中枢神经系统和周围神经的器质性病变,并可以通过医疗仪器找到病变的位置。常见的神经病有脑炎、脑膜炎、脑出血、脑梗死、癫痫、脑肿瘤、重症肌无力、帕金森综合征等。患者应去综合医院神经科寻求诊治。

神经症,是一组轻性心理障碍的总称。神经症是由心理因素引起的,没有相应的器质性损害。当事人一般社会适应能力保持正常或影响不大,有良好的自知力,对自己的不适有充分的感受,一般能主动求治。

精神病是有明显幻觉、妄想等精神症状,心理功能严重受损,自知力缺失的严重心理障碍。患者的认识、情感、意志、行为等均可出现持久的明显的异常;不能正常地学习、工作、生活,言语、行为难以被一般人理解,显得古怪,与众不同;患者往往对自己的精神症状丧失判断力,认为自己的心理与行为是正常的,拒绝治疗。

第三节 大学生常见心理障碍的防治

心理健康是心理素质的集中体现,心理健康水平的高低直接反映了一个人心理素质的高低。本节主要介绍防治心理障碍的基本知识,帮助大学生掌握一些常用的心理调适和心理保健的方法。

一、促进大学生心理健康的基本原则

维护和增进心理健康,需要遵循一定的原则。依据不同专家的意见,本书大致将这些原则归纳如下。

(一) 遗传因素、教育因素与人治因素并重的原则

人的生长发育特别是大脑的细胞构筑和工作强度是由遗传基因决定的,但脑的功能特点和以脑功能为基础的认知策略与能力却是在一定生存环境(教育)中,与环境(教育)相互作用的过程中形成的。反过来,人的认知特征又制约着情绪和行为。为此,人要获得健康的心理,只能本着上述三种因素并重的原则行事。

（二）人与环境的协调原则

心理健康发展过程实质上就是人与自然环境和社会环境能否取得动态协调平衡的过程，因而，学会应对和协调人际关系，对心理健康有重要意义。人对环境的适应、协调，不只是简单的顺应，更是积极意义上的能动改造，使之更有利于自身的心理健康。

（三）身心统一的原则

由于心理健康和生理紧密相关，健康的心理寓于健康的身体，因此，通过积极的体育锻炼、卫生保健和构建良好的生活方式，以增强体质和生理功能，将有助于促进心理健康。

（四）个体和群体结合的原则

生活在群体之中的个体无时无刻不受到群体的影响，因此，个体心理健康的维护亦依赖于群体的心理健康水平。这就需要创建良好的群体心理卫生氛围，以促进个体的心理健康。同样，个体心理健康亦对群体产生着影响。

（五）知、情、行相对平衡的原则

心理健康的发展既依赖于相应的知识，更取决于把理论付诸实践的行动。理论是指导，而实践是归宿，离开了理论，行动就缺乏方向和方法；可没有行动，再好的理论也是纸上谈兵，无济于事。反过来，生活实践又将鉴别认知与行为的正确与否，能不能"吃一堑，长一智"，认识和总结经验教训，又是知与行能否达到平衡的关键。另外，在知与行的过程中必然伴有情绪和情感，它是知与行的动力，但若调节不好，又会成为阻力甚至是破坏力量。为此，将知、情、行调适平衡，是维护心理健康的重要原则。

二、大学生心理障碍防治的基本方法

大多数大学生具有良好的心理品质，他们有能力调节和处理成长过程中所遇到的各种压力和问题，但也确实存在一部分大学生，单单依靠自己的力量已不能有效地面对所遇到的压力和问题，需要外界的帮助和引导，否则，这些大学生的问题有可能进一步发展，甚至导致心理障碍。因此，大学生要树立科学的健康观，充分认识心理健康在全面提高自身素质和发挥自身潜能过程中的重要作用，自觉维护和增进自身的心理健康。大学生增进自身心理健康有如下常见方法：

第一，积极参加心理健康讲座等宣传教育活动，选修有关心理健康教育方面的课程，学习心理健康和心理问题方面的知识，正确认识心理健康和心理问题，树立科学的健康观，掌握一些心理问题的鉴别方法和常用的心理调适方法。

第二，积极参加心理健康方面的社团等组织的实践活动，丰富生活体验，增加社会阅历，从而不断增进人际关系，提高挫折承受力和社会适应力。

第三，以科学、理智的态度对待心理问题，积极参加心理普查，发现有心理困扰时，主动、积极、及时地到学校心理健康教育或心理咨询机构进行心理咨询或心理治疗。

三、常用的心理治疗方法

（一）心理分析治疗法

心理分析治疗法也称为精神分析疗法、心理动力学治疗法，是弗洛伊德根据心理动力学理论创立的。

心理分析疗法的基本观点是:病人的心理障碍是由于压抑在"潜意识"中某些幼年时期所受的精神创伤所致,因而要通过内省的方式,以自由联想、精神疏泄的方法,把痛苦的体验挖掘出来,从中发现心理障碍的根源;对病人所提供的情况进行分析解释,启发和帮助病人领悟并重新认识,从而改变原有病理行为模式,重建其人格,达到治疗的目的。

(1)经典心理分析疗法。经典心理分析疗法的技术包括自由联想、梦的分析、移情、解释。

心理分析的治疗过程是:在正式开始治疗前,还需进行两周左右的试验性分析和联想,进一步明确诊断并排除不适于做心理分析治疗的对象;其治疗过程一般分为四个阶段,即开放阶段、发展阶段、修通阶段和移情阶段。

经典心理分析的适应证主要是焦虑症、疑病症和抑郁性神经症等。

(2)认知领悟心理疗法。认知领悟心理疗法是从心理分析和心理动力学疗法中派生出来的,一方面它保留和继承了心理分析疗法的一些治疗原理,与其相联系;另一方面它结合中国人的生活经验提出了一些新的观点。认知领悟心理疗法认为,治疗的目的是消除病人的症状,而症状的消除需要病人对医生解释的领悟和重新认识,病人的领悟是在医生引导下达到的,因此疗效的取得不在于提示童年的精神创伤,而在于病人对医生解释的信任,这是领悟的本质。领悟的内容是医生灌输给病人的,使病人理解、认识并相信他的症状和病态行为的幼稚、荒谬性,抛弃原来的想法和行为,达到真正的领悟,从而使症状消失。

认知领悟心理疗法的适应证主要是强迫症、恐惧症和某些类型的性变态,如露阴症、窥阴症、摩擦症、异装症等。

(二) 行为疗法

行为疗法是根据心理学的学习理论,对个体进行训练,达到矫正适应性不良行为的一类心理治疗理论和技术。行为治疗的方法主要有以下几种。

1. 系统脱敏疗法

系统脱敏疗法是沃尔普(Wolpe)在 20 世纪 50 年代末期发展起来的一种以渐进方式克服或消除神经症性反应的治疗方法。这一疗法认为,人的肌肉放松状态与焦虑状态是对抗的过程,通过肌肉的放松而达到的生理上的放松能抑制焦虑情绪,病人处在放松状态时接近一个能引起微弱焦虑情绪的刺激,由于放松对焦虑的抑制作用,病人便能够忍受体验到的焦虑。经过几次反复,这个刺激就会失去作用,病人不会再因为它的出现而感到焦虑,然后逐渐增加刺激的强度,直到最强的刺激也不引发焦虑为止。

系统脱敏疗法适用于治疗神经症,尤其是许多与焦虑反应相联系的行为障碍等。

2. 满灌疗法

满灌疗法与系统脱敏疗法相反,采用对病人来说能引起最强烈焦虑反应的刺激"冲击"病人,从而克服对某些情境的焦虑反应。其基本原理是,病人的焦虑或恐惧的反应是过去习得的,那么让病人处在强烈焦虑和高度恐怖的事物面前或情境之中,如果没有真正地对病人的威胁和损害发生,病人的症状就会消退,从而学会新的适应的良性行为。

满灌疗法也适用于治疗神经症,尤其是许多与焦虑反应相联系的行为障碍等。

3. 厌恶疗法

厌恶疗法就是在不适应的行为与不愉快的刺激或者不愉快的后果之间形成联系,常采用引起痛苦反应的刺激与出现的不良行为相结合,使病人发生不良行为的同时就会感到痛苦的反应,从而对不良行为产生厌恶而使其逐渐消退。出现不良行为时就要受到恶性刺激而感到痛苦,要想避开恶性刺激和痛苦就不要出现不良行为。此疗法对矫正酒瘾、烟瘾、贪食肥胖、吸毒和性变态等效果好。

4. 生物反馈疗法

生物反馈疗法是在放松疗法的基础上,借助现代化电子仪器监视体内不易体验到的生理活动信息(如血压、心率、胃肠蠕动、生物电活动等),并及时将测得的信息转变成为易于理解的信号(如声、光、仪表指针等),显示给病人和第三者,让病人根据这一信息学习如何使生理活动朝着所期望的方向发展。把来自病人自身的生理活动信息显示给病人的过程叫反馈,由于这些信息是生物加工的,所以称生物反馈。应用生物反馈这一技术治疗疾病即生物反馈疗法。

生物反馈疗法在临床中多用于雷诺病、紧张性头痛、偏头痛、癫痫、焦虑症等疾病的治疗。

(三) 来访者中心疗法

来访者中心疗法是罗杰斯(Rogers)依据人本主义理论于 20 世纪 40 年代提出的。该疗法认为每个人都可以做出自己的决定,都有着实现的倾向,只要给病人提供适当的环境,他将有能力改变对自己和他人的看法,调整和控制自己的行为,从而达到良好的主观选择与适应。因此,治疗不要求病人回忆压抑在潜意识中的心理症结,而是帮助病人正确认识和处理当前环境的现状,体验当时的感受。治疗的目的就是让病人进行自我探索,了解与自我相一致的、恰当的情感,并以此来指导自己的行为,靠本身的力量来治疗自己存在的问题。

来访者中心疗法的适应证主要是神经症。

(四) 认知疗法

认知疗法就是通过改变人的认知过程以及在这一过程中所产生的认知观念来改变不良的情绪和行为,是 20 年纪 60 年代以来在美国心理治疗领域发展起来的一种新的理论和技术。认知理论的主要代表人物之一贝克认为,心理障碍主要是在错误的思维前提下,对现实误解的结果,是依据反面的或不正确信息做出错误的推论,使其不能适当地区分现实与想象之间的差别等。因此,只有通过理性分析和逻辑思辨,改变造成病人困扰的非理性观念,并建立起合理的、正确的逻辑思维,才能帮助病人解决情绪和行为上的问题。既然情绪困扰和行为障碍来源于个体的认知过程及产生的非理性、非逻辑的观念,那么对这些观念的表现和特征的分析与把握就很必要,治疗的重点也在于改变这些观念。

认知疗法有自己的适应证,一般来说适合治疗各类神经症,如抑郁性神经症、焦虑性神经症、恐惧性神经症、考试前紧张焦虑、情绪的激怒和慢性疼痛,神经性厌食及呕吐、性功能障碍及依赖等也可选用此疗法。

(五) 音乐疗法

一方面,音乐的频率和声压会引起生理上的反应;另一方面,音乐声波的频率和声压会引起心理上的反应。良性的音乐能提高大脑皮层的兴奋性,可以改善人们的情绪,激发人们的感情,陶冶人们的情操,振奋人们的精神;同时,它还有助于消除心理、社会因素所造成的焦虑、忧郁、恐惧等不良心理状态,提高应激能力。

音乐应根据病人的不同因人而异地有所选择。一般来说,要考虑病人的病情、民族、职业、地域、文化程度、爱好情趣、欣赏水平等因素。合适的音乐治疗常可取得很好的疗效。

(六) 其他心理治疗方法

除了上述的一些心理治疗方法,常用的心理治疗方法还有支持疗法、暗示疗法、娱乐疗法、气功疗法等,可根据实际情况灵活运用。

心理治疗方法根据其理论基础和应用形式常可分成上面这些,而且它们也有自己相应的适应证,但在实际的咨询和治疗过程中,常会根据来访者的情况和咨询者自身的知识特点,将上述方法结合起来使用,以取得更好的效果。

随堂演练

症状自评量表

症状自评量表(SCL－90)是由美国心理学家德若伽提斯于1975年编制的,用于评定个体在感觉、情绪、思维、行为直至生活习惯、人际关系、饮食睡眠等方面的心理健康症状,是个体心理健康检查的常用工具之一。

问卷列出了有些人可能有的病痛或问题。请仔细阅读每一条。然后根据最近一个星期以内下列问题影响你或使你感到苦恼的程度。选择相应的答案。具体说明如下:没有＝自觉并无该项问题/症状;很轻＝自觉有该问题,但并不频繁、严重;中等＝自觉有该项症状,严重程度为轻到中度;偏重＝自觉常有该项症状,程度为中到严重;严重＝自觉该症状的频度和强度都十分严重。

症状自评量表(SCL－90)

题　项	没　有	很　轻	中　等	偏　重	严　重
1. 头痛					
2. 神经过敏,心中不踏实					
3. 头脑中有不必要的想法或字句盘旋					
4. 头昏或昏倒					
5. 对异性的兴趣减退					
6. 对旁人责备求全					
7. 感到别人能控制你的思想					
8. 责怪别人制造麻烦					
9. 忘性大					
10. 担心自己的衣饰整齐及仪态的端正					
11. 容易烦恼和激动					
12. 胸痛					
13. 害怕空旷的场所或街道					

题　项	没　有	很　轻	中　等	偏　重	严　重
14. 感到自己的精力下降,活动减慢					
15. 想结束自己的生命					
16. 听到旁人听不到的声音					
17. 发抖					
18. 感到大多数人都不可信任					
19. 胃口不好					
20. 容易哭泣					
21. 同异性相处时感到害羞不自在					
22. 感到受骗中了圈套或有人想抓你					
23. 无缘无故地突然感到害怕					
24. 自己不能控制地大发脾气					
25. 怕单独出门					
26. 经常责怪自己					
27. 腰痛					
28. 感到难以完成任务					
29. 感到孤独					
30. 感到苦闷					
31. 过分担忧					
32. 对事物不感兴趣					
33. 感到害怕					
34. 自己的感情容易受到伤害					
35. 旁人能知道你的私下想法					
36. 感到别人不理解你,不同情你					
37. 感到人们对你不友好,不喜欢你					
38. 做事必须做得很慢以保证做得正确					
39. 心跳得很厉害					
40. 恶心或胃部不舒服					
41. 感到比不上他人					
42. 肌肉酸痛					
43. 感到有人在监视你、谈论你					
44. 难以入睡					
45. 做事必须反复检查					

题 项	没 有	很 轻	中 等	偏 重	严 重
46. 难以做出决定					
47. 怕乘电车、公共汽车、地铁或火车					
48. 呼吸有困难					
49. 一阵阵发冷或发热					
50. 因为感到害怕而避开某些东西、场合或活动					
51. 脑子变空了					
52. 身体发麻或刺痛					
53. 喉咙有梗塞感					
54. 感到对前途没有希望					
55. 不能集中注意力					
56. 感到身体的某一部分较弱无力					
57. 感到紧张或容易紧张					
58. 感到手或脚发沉					
59. 想到有关死亡的事					
60. 吃得太多					
61. 当别人看着你或谈论你时感到不自在					
62. 有一些不属于你自己的想法					
63. 有想打人或伤害他人的冲动					
64. 醒得太早					
65. 必须反复洗手、点数目或触摸某些东西					
66. 睡得不稳不深					
67. 有想摔坏或破坏东西的冲动					
68. 有一些别人没有的想法或念头					
69. 感到对别人神经过敏					
70. 在商店等人多的地方感到不自在					
71. 感到任何事情都很难做					
72. 一阵阵恐惧或惊恐					
73. 感到在公共场合吃东西很不舒服					
74. 经常与人争论					
75. 单独一人时神经很紧张					
76. 认为别人对你的成绩没有做出恰当的评价					
77. 即使和别人在一起也感到孤单					

续 表

题 项	没 有	很 轻	中 等	偏 重	严 重
78. 感到坐立不安心神不宁					
79. 感到自己没有什么价值					
80. 感到熟悉的东西变成陌生或不像是真的					
81. 大叫或摔东西					
82. 害怕会在公共场合昏倒					
83. 感到别人想占你的便宜					
84. 为一些有关"性"的想法而很苦恼					
85. 认为应该因为自己的过错而受到惩罚					
86. 感到要赶紧把事情做完					
87. 感到自己的身体有严重问题					
88. 从未感到和其他人很亲近					
89. 感到自己有罪					
90. 感到自己的脑子有严重问题					

【计分方法】

1. 采用 5 级评分制,即没有 0 分,很轻 1 分,中等 2 分,偏重 3 分,严重 4 分。

2. 各分量表包含的题项及分数统计:

躯体化(得分_____):1、4、12、27、40、42、48、49、52、53、56、58。

强迫症状(得分_____):3、9、10、28、38、45、46、51、55、65。

人际关系(得分_____):6、21、34、36、37、41、61、69、73。

抑郁(得分_____):5、14、15、20、22、26、29、30、31、32、54、71、79。

焦虑(得分_____):2、17、23、33、39、57、72、78、80、86。

敌对(得分_____):11、24、63、67、74、81。

恐怖(得分_____):13、25、47、50、70、75、82。

偏执(得分_____):8、18、43、68、76、83。

精神病性(得分_____):7、16、35、62、77、84、85、87、88、90。

其他(得分_____):19、44、59、60、64、66、89。

【得分详解】

1. 总分

总的来看,个体的自我症状评价介于"没有"到"严重"的哪一个水平。总分在 160 分及以上,说明个体需要对自身的心理健康状态加以重视和关注。

2. 因子分

(1) 躯体化:主要指身体不适感,包括心血管、胃肠道、呼吸和其他系统的不适,头痛、背痛、肌肉酸痛,以及焦虑等躯体不适表现。得分为 0~48 分。24 分以上,表明个体在身体上有较明显的不适感,并常伴有头痛、肌肉酸痛等症状。12 分以下,躯体症状表现不明显。得分越高,躯体的不适感越强。

(2) 强迫症状:主要指那些明知没有必要,但又无法摆脱的无意义的思想、冲动和行为。得分为0~40分。20分以上,强迫症状较明显。10分以下,强迫症状不明显。得分越高,表明个体越无法摆脱一些无意义的行为、思想和冲动,并可能表现出一些认知障碍的行为征兆。

(3) 人际关系敏感:主要指在人际交往中的不自在与自卑感,以及人际交流中的不良自我暗示、消极的期待等,特别是与其他人相比较时更加突出。得分为0~36分。18分以上,表明个体人际关系较为敏感,人际交往中自卑感较强,并伴有行为症状(如坐立不安、退缩等)。9分以下表明个体在人际关系上较为正常。得分越高,个体在人际交往中表现的问题就越多、越自卑,自我中心越突出并且已表现出消极的期待。

(4) 抑郁:主要指情感与心境苦闷、生活兴趣减退、动力缺乏、活力丧失、失望悲观等。得分为0~52分。26分以上表明个体的抑郁程度较强,生活缺乏足够的兴趣,缺乏运动活力,在极端情况下,可能会有想死亡的思想和自杀的观念。13分以下,表明个体抑郁程度较弱,生活态度乐观、积极、充满活力,心境愉快。得分越高,抑郁程度越明显。

(5) 焦虑:主要指烦躁、坐立不安、神经过敏、紧张以及由此产生的躯体征象。得分为0~40分。20分以上,表明个体较易焦虑,易表现出烦躁、不安静和神经过敏,极端时可能导致惊恐发作。10分以下,表明个体不易焦虑,易表现出安定的状态。得分越高,焦虑表现越明显。

(6) 敌对:主要指思想、感情及行为反映出的敌对表现,包括厌烦的感觉、摔物、争论直到不可控制的脾气爆发等各方面。得分为0~24分。12分以上,表明个体易表现出敌对的思想、情感和行为。6分以下,表明个体容易表现出友好的思想、情感和行为。得分越高,个体越容易敌对,好争论,脾气难以控制。

(7) 恐怖:恐惧的对象包括出门旅行、空旷场地、人群或公共场所和交通工具等,还包括社交恐怖。得分为0~28分。14分以上表明个体恐怖症状较为明显,常表现出社交、广场和人群恐惧。7分以下,表明个体的恐怖症状不明显。得分越高,个体越容易对一些场所和物体发生恐惧,并伴有明显的躯体症状。

(8) 偏执:主要指投射性思维、敌对、猜疑、妄想、被动体验和夸大等。得分为0~24分。12分以上,表明个体的偏执症状明显,较易猜疑和敌对。6分以下,表明个体的偏执症状不明显。得分越高,个体越易偏执,表现出投射性的思维和妄想。

(9) 精神病性:反映各式各样的急性症状和行为。得分为0~40分。20分以上,表明个体的精神病性症状较为明显。10分以下表明个体的精神病性症状不明显。得分越高,越多地表现出精神病性症状和行为。

(10) 其他项目:作为附加项目或其他作为第10个因子来处理以便使各因子分之和等于总分。

需要强调的是,自评量表是测量个体在一段时间内感觉到的症状的严重与否,所以并不是得分高就一定说明个体出现了很严重的心理问题,某些分量表上的得分较高有可能只是由于个体当时遇到了一些难题(如失恋、面临考试、生病等),因此还需要做进一步的了解。如果个体在多个维度上自觉这些症状较为严重,应加强心理健康的自省和觉察,到权威的心理咨询和治疗机构进行咨询、检查和诊断。

实践指导

甩掉烦恼

实践目的

(1) 培养遇到突发事件时的应变能力。

(2) 发挥集体的智慧和信任他人。

实践准备

A4 纸、签字笔。

实践过程

(1) 主持人向同学们宣布现在有一个机会来抛开自己的烦恼。

① 请每位同学写下各自的问题或烦恼,无须署名,然后把纸揉成一团,丢进一个纸箱中。

② 现场参与者随机或自由组合成三人小组。

③ 所有纸团丢进纸箱后,请每组同学(3人)的代表随机从中捡起一个纸团,并大声读出上面的问题。

④ 三人小组,用10分钟来讨论纸团上的问题,分析可能解决的方案,并将讨论结果记录下来。

⑤ 请三人小组说出他们的解决方案,再请其他可以提供帮助的同学进行补充。

⑥ 所有小组都提供解决方案后,重复上述步骤将剩下的纸团全部解决完毕。

(2) 主持人总结:

① 消除烦恼的方法有哪些? 哪些方法比较适合你?

② 为什么有些烦恼无法消除? 我们应如何面对这样的烦恼?

拍卖价值观

实践目的

(1) 激发学生思考自己的价值观念并予以引导和调整;帮助组员体验和澄清自己的人生态度,尽快地融入社会之中。

(2) 学会取舍、承担。引导学生学会对自己的取舍负责。

(3) 学会珍惜和感恩。对于我们生命中既有的或已经得到的东西应珍惜。

(4) 培养锲而不舍的奋斗、追求精神。

实践准备

足够的道具钱(代币券)、不同颜色的硬纸板、拍卖锤。

实践过程

(1) 事前准备。制作道具钱(最好设计成有花色图案的代币券,面值均为500元),以增加活动的真实感;将拍卖的东西写在硬纸板上(最好是不同的颜色,可以让学生再补充项目),以增加拍卖的趣味性,方便拍卖。

(2) 宣布游戏规则。每个组员手中有5 000元道具钱,它代表一个人一生的时间和精力。每个人可以根据自己对人生的理解慎重竞拍下面的东西。每样东西都有底价,每次出价都以 500 元为单位,价高者得到东西,有出价 5 000 元的可立即成交。

a. 爱情 500 元　　　b. 友情 500 元　　　c. 健康 1 000 元

d. 美貌 500 元　　　e. 亲情 1 000 元　　　f. 名望 500 元

g. 自由 500 元　　　h. 爱心 500 元　　　i. 权力 1 000 元

j. 运气 500 元　　　k. 聪明 1 000 元　　　l. 金钱 1 000 元

m. 欢乐 500 元　　　n. 长寿 500 元　　　o. 别墅 1 000 元

p. 美食 500 元　　　q. 良心 500 元　　　r. 孝心 1 000 元

s. 诚信 1 000 元　　　t. 智慧 1 000 元　　　u. 冒险 1 000 元

v. 成功 1 000 元　　　w. 豪车 500 元

(3) 举行拍卖会。发给每个组员 10 张代币券,共 5 000 元。由主持人主持拍卖。按拍卖方式进行,直到所有东西都拍卖完为止。注意拍卖过程中,纪律不能太乱。

(4) 主持人总结(指导小组讨论交流):

① 你竞拍到东西了吗?

② 你是否后悔你买了这个东西呢,为什么?

③ 你是否后悔自己刚才争取的东西太少?

④ 在拍卖的过程中,你争取过来的东西是否是你最想要的?

⑤ 在拍卖的过程中,你的心情如何?

⑥ 有没有组员什么都没有买?为什么不买?

⑦ 有没有一种东西让你付出了高昂的代价但你却依然很满足?

⑧ 假如现在已经是人生的尽头,请你看看你手上所有的东西,它们对你来说是否仍有意义?

⑨ 现在把你最想要的东西写下来,想想在现实生活中怎样才能得到它。

⑩ 想一想为了实现更好的人生目标,你在意志力方面还需要做哪些改变?

思考与练习

1. 如何辨别异常心理?

2. 我们应该如何预防心理疾病?

3. 面对心理问题、心理障碍,我们应该持什么样的态度,采取什么样的措施?

4. 简述常用的心理治疗方法。

第三章
大学生自我意识与心理健康

案例导读

长大，要先学会心理"独立"

小米是法学专业大三学生，父母都是公务员，家中还有一个正在读高中的弟弟。她给人的第一印象是小巧，衣着比较时尚，善谈，声音好听，举止大方。但只有小米自己知道，自己大学三年来一直过得比较纠结，尤其是对自己未来的发展感觉"乱"。本来一直以来喜欢新闻传播相关专业，未来想当主播，可是家里人，尤其是妈妈并不同意。因为从小妈妈就很强势，自己到目前为止大多数事情都是由妈妈做主，一直没有反抗过。所以上大学时也听从了妈妈的意见，选择了法学专业。可是经过一段时间的学习发现自己并不喜欢法学，甚至有点厌烦。自己想做决定将来考英语专业研究生，可是又担心自己做了选择考不上很丢人。目前感觉很纠结。有时候很讨厌自己，做事情总是反反复复，对自己没有信心，不敢做决定。最近很长时间没有和妈妈联系，因为妈妈总是干涉自己的生活。

小时候因为妈妈要生弟弟，小米从小跟爷爷奶奶生活，爷爷奶奶都是有文化的人，对小米特别宽容，照顾得很好。到上小学的时候，小米和爷爷奶奶一起回到妈妈身边，全家人生活在一起。但是因为家里弟弟还小，妈妈对小米的关注和关心比较少，小米感觉自己跟父母之间有莫名的疏远。小米自小就认为妈妈长得很漂亮，很有气质，对于妈妈做的文艺方面的工作也很喜欢。小米曾经跟妈妈说自己长大后想当主播，可是妈妈说"你长得不漂亮，不能做这方面的工作"，从那以后小米就总觉得自己不够好，不漂亮。

妈妈性格很强势，凡事都喜欢拿主意，再加上平时爸爸工作很忙，很少参与家里的生活，家里的大大小小的事都要听妈妈的。比如小升初的时候本来根据成绩小米可以去更好的中学，可妈妈说要照顾弟弟不能离家太远，她就听从了妈妈的意见。而且在此之前小米一直觉得听妈妈的话是对的，从来没有想过反抗。

上大学以后，小米发现身边的同学都很独立，很多事情都是自己决定，小米开始对自己有所怀疑，想独立，但是每次做决定的时候还是不自觉地就想听听妈妈的意见，当妈妈提出不同意见的时候又开始讨厌她。小米很想摆脱这种矛盾痛苦的处境，做一个独立又自信的女孩，但又不知道该如何做……

学习提示

人到了青年期，尤其是进入大学以后，可能都会不由自主地产生许多关于我们自身的问题，诸如"我是谁？""我为什么要上大学？""上完大学我能学到什么？""我的理想是什么？我适合做什么、我应该做什么"等许多形而上学的问题。这些在心理学中都属于自我意识的范畴。对处于青年时期的大学生来说,自我意识是他们人生的重要课题之一。正确自我意识的确立是大学生心理发展成熟的重要标志之一,对于大学生人格的形成、心理的健康发展起着重要作用。

通过本章的学习,大学生可以清楚地了解自我概念的含义和在个体生活中的意义、发展特点与矛盾,从而更全面地认识自我,发展自我,完善自我。

第一节　自我意识

一、自我意识的含义

(一) 自我意识的含义

自我意识是意识的核心部分,就是自己对自己所认识到的一切,其内容包括自己的生理状况(生理自我)、心理特征(心理自我)及自己与他人的关系(社会自我)。它包含自我认知、自我体验和自我调节。美国社会学家乔治·米德认为自我意识中的自我,包括主观的"我"和客观的"我",自我意识就是主我对客我的认识,它通常表现为三种形式——自我认知、自我体验和自我控制。

(二) 自我意识的结构

从内容上看,自我意识可分为生理自我、社会自我和心理自我。所谓生理自我,是指个体对自己的身体、生理状态(如身高、体重、容貌)的认识和体验。生理自我是与生俱来的,我们只能接受它不能改变,随着自我意识的成长,自身逐渐对生理自我有了一个明晰的看法和正确的认识,但由于青年时期的不确定性,有的学生对生理自我产生较高的心理关注,如女生关注自己是不是漂亮、有没有吸引力;男生关注自己的发型、身高、体重甚至生理器官等,这些都是因为大学生正处于青春期乃至青年初期,生理自我处于高度关注期。所谓社会自我,是指个人对自己与外界客观事物关系的认识、体验和愿望,包括对自己在各种社会关系中角色、地位、权利、责任、人际距离等方面的意识,青年男女常用"我已经长大了"来表达自己的社会自我,期望社会给予积极的认可。所谓心理自我,就是个体对自己心理属性的意识,包括个体对自己的人格特征、心理状态、心理过程及其行为表现等方面认识、体验和愿望。伴随着心理自我的成长,个体的情绪、能力、智力等也相应得到发展,我们学会体验心理自我,如成功与失败的体验、恋爱与失恋的体验等。

〖心理辞海〗

认　知

认知是指人们获得知识或应用知识的过程,或信息加工的过程。这是人最基本的心理过程。它包括感觉、知觉、记忆、想象、思维和语言等。人脑接受外界输入的信息,经过头脑的加工处理,转换成内在的心理活动,进而支配人的行为,这个过程就是信息加工的过程,也就是认知过程。

从形式上看,自我意识表现为认知、情感、意志三种形式,分别称为自我认知、自我体验、自我控制。

自我认知:认识自己不是一个简单的问题。自我认知是主观自我(I)对客观自我(me)的认知与评价,包括自我感觉、自我观察、自我印象、自我分析、自我评价等。自我认知回答的问题是:"我是谁?""我是个什么样的人?"

自我认知还包括理想自我与现实自我的冲突。希腊一座古老的神殿上,镌刻着这样一句话:"认识你自己。"中国古语也教导我们:"人贵有自知之明。"研究发现,对自我认识不清晰、不精确,自知力不强,易导致误判自我,或自负,或自卑,从而导致诸多心理问题或人格障碍。正确的自我认知,对人们的心理会产生重大影响。

自我体验是主观自我对客观自我产生的情绪体验,是在自我认知基础之上产生的。自我认知决定自我体验,而自我体验又强化着自我认知,要回答的问题是:"我是否接受自己","我是否满意自己"等,主要是一种自我的感受。自我体验的内容十分丰富,包括自尊心、自信心、义务感、责任感、优越感、荣誉感、羞耻感等。特别是自尊心、自信心,其对人的影响很大。有自尊心的人,总是不甘落后,力争上游,具有不达目的不罢休的好胜心。自信心是人们成长与成才不可缺少的重要心理品质。一个人如果总是自卑,看不到自己的力量,总认为自己不行,久而久之形成一种固定的信心定势,会对学习带来不良影响;如果一个人对自己有自信心,坚信自己能够成功,他就会积极努力,取得成功。自我体验对个体成长而言,具有不可替代的重要作用。同样的事件,他人的体验与自身的体验截然不同。很多从体验中获得的自我远远高于从理性获得的体验。

自我控制是自我意识的意志成分,是对自己行为和思想、言语的控制,以达到自我期望的目标。自我控制表现在两个方面:发动和制止,如几点钟起床,不随地吐痰。自我控制对个体的学习、工作具有推动作用,使个体为了获得优秀成绩,社会赞誉,达到自己的目标而做出不懈的努力。自我控制包括自我激励、自我暗示、自强自律。核心内容是"我将如何规划自己的人生"。"我应该做什么?""我应该成为什么样的人?""我可以选择如何做?"自我控制是自我意识的关键环节,"知"与"行"之间有很长的路,大学生常常"心动而不行动",事实上心动是一件容易的事,而真正历练意志则需要更多的自我控制。

我们不妨打一个比方:早晨起床,应当是一件最简单不过的事,但对懒惰者而言,也是需要意志的,特别是寒冷冬天的早晨,想想被窝里的温暖,再面对起床的痛苦,都要进行思想斗争;而当意志成为一种习惯时,自我控制便转变为"自动化"。成功的人都有较高的自我控制力。但并非所有的自我控制都是积极的。有的大学生对自己的要求非常高,自我控制力强,但在实际生活中却因为种种原因没有达到预期的目标,从而对自己产生怀疑和否定。

总之,自我意识是一种多维度、多层次的心理活动系统,这个心理活动系统表现为一个人对自己的思想、情感行为、个性特征以及人际关系各个方面的认识、情感和意志的统一。自我意识在人的个性形成过程中占有重要的地位,人的兴趣、能力、性格、情感、意志和道德行为无不受它的影响。

二、自我意识的心理功能

(一) 积极的自我意识是大学生成功的基础

自我意识与个人行为的关系极为密切,意识支配行为,行为反映意识,自我意识对个人行为具有极大的推动作用。每个人的心中都有一幅自我画像——"我属于哪种人"。你把自己想象成什么人,你就会按照那种人的行为行事。例如,有的同学把自己想象成不公正的牺牲品,认为"注定要失败"的人,就会不断地寻找各种环境来证实自己的观点。自我意识客观的人自我形象健康,对自己有合理的期望,处事积极,善于利用每一个成长的机会改进自己;与人交往能真情流露,展示自己的内心世界,容易与人建立深厚的情谊。对自己充满信心,能独立地处事,也能做出恰当的自我表达。因此,大学生要树立积极的自我意识,避免消极的自我意识,养成站在积极的角度看问题的习惯。

(二) 积极的自我意识是大学生心理健康的重要标志

心理学界在界定心理健康时,将良好的自我意识作为心理健康的重要标志。自我意识在个性结构中处于核心的地位,决定对现实的看法,对人们的心理活动和行为方式都起着制约的作用。只有客观、准确地认识和了解自我,才能充分发挥自己的潜能。积极的自我意识会增进心理健康,而消极的自我意识会诱发心理疾病。若一个人拥有积极的自我意识,对自己有客观认识,能够接纳自我,则意味着不仅能积极评价和接纳自我,而且在适应社会过程中,当面对困难和挫折时能以积极的态度去面对它,可以保持一种积极的心理状态,因而心理就越健康。

总之,积极的自我意识对个体的成长和发展有重要的意义,它是大学生人格成熟、心理健康的重要标志。因此,一定要重视大学生自我意识的培养和完善,使其真正成为大学生成长成才的基础,发挥其应有的作用。

第二节　大学生自我意识的发展

一、大学生自我意识的发展过程

青年期是个体自我意识迅速发展并趋向成熟的关键时期。当代大学生一般处于青年中期,他们的自我意识已发展到了新阶段,正经历着一个特别明显的、典型的分化、矛盾、统一和转化的过程。那种少年时代着重于认识外部世界的特点,这时已转向内部认识自己。当目光朝向自己内部时,原来完整的自我意识就一分为二:一个是处于观察地位的"我"(我希望成为怎样的人?)——理想的自我;一个是处于被观察地位的"我"(我现在是怎样的一个人?)——现实的自我。自我意识的分化是大学生自我意识开始走向成熟的标志,也是他们自我意识发展的最重要过程。正是这种分化过程,促进了大学生思维和行为主体性的形成,从而为客观地评价自己或他人、合理地调节自身的言行奠定了基础。当代大学生是富于理想的,自我期望值也较高。当他们在详细进行自我观察、自我分析、自我评价时,并不情愿看到理想自我与现实自我之间存在着较大差距,而这种差距又不是一时半刻能消除的,因而产生了自我意识的矛盾。他们常常感到焦虑、苦恼、失望或无能为力。处于这种矛盾状况的大学生,总是通过各种方法,力求获得自我意识的重新统一。为了实现这种统一,通常有以下三种途径:

(1) 坚持理想中的自我标准,努力改善现实的自我,使之与理想自我一致。

（2）一方面修正理想的自我，另一方面改善现实的自我，使两者相接近。

（3）放弃理想自我的标准，自暴自弃，以迁就现实的自我。

显然，第一种情况是积极的，而第三种是消极的、不可取的。

不论采取哪种途径，都会导致原有的自我意识的变化，从而形成新的自我意识。这样的过程不是一次完成的，而是循序渐进的，经过多次反复才能使自我意识渐趋稳定，达到新的发展水平。

总之，在自我意识发展过程中，出现分化、矛盾、统一、转化，是大学生自我意识发展的最重要的特征，它影响和制约着大学生心理品质形成与发展，是大学生形成良好个性特征的重要前提条件。因此，这一过程是大学生进行自我教育的有利时机，再经过社会实践活动的锻炼，他们将渐渐成熟起来，形成健康的自我意识和良好的心理品质。

二、大学生自我意识发展的特点

自我意识从童年期就开始产生并逐步发展，青少年时期是自我意识发展最快的时期。大学生是青少年中的一个特殊群体，社会要求高、家长期望高、个人成才欲望强烈。但是由于心理发展尚未成熟，缺乏社会经验，进入大学后，大学校园这种特殊的环境与以往中学的管理模式有很大的差别，是十分强调独立、注重自我确立的地方。同时，大学生处于独特的社会层次并具有较高的文化素质，其思想和观念与社会上一般人有许多差异。但大学生的实际生活阅历有限，与现实社会有一定的距离，社会实践能力不强，缺乏独立能力与情绪调节训练，心理比较脆弱，适应能力差，情绪不稳、心理失衡常常发生。总的来说，大学生自我意识的发展是随着年级的上升而发展的，并表现出以下几方面的主要特点。

（一）大学生自我认识方面的主要特点

1. 自我认识的广度和深度大大提高

大学这一特殊的学习、生活环境，为大学生提供了一个博览群书、自由发展、自我实现的新天地。这个新天地为他们的自我认识向广度和深度发展提供了有利条件。大学生的视野更开阔了，关心的社会问题也多了，社会对他们的期望也比较高。这时，他们的自我认识不只涉及自己的气质、风度和性格等一般问题，还涉及自己的社会地位、社会责任、自我的价值等问题。通过对这些问题的分析和思考，大学生自我意识达到新的广度和深度。

2. 自我认识的自觉性和主动性明显提高

大学是大学生走向社会前的最后学校学习阶段。学习期间，在他们面前摆着许多深刻的课题：我将来做个什么样的人，成就什么事业？我能为社会做些什么贡献？等等。求知欲强烈的大学生，总是十分感兴趣而又急切地思考着这些问题，强烈地期待着一个满意的答案。这种思考比少年时期更主动、更自觉，具有较高水平。

3. 自我评价能力提高

随着大学生活的继续，大学生的知识增加了，社会经验也丰富了，大多数人对自己的分析、评价逐渐变得全面、客观和主动，对自己的优缺点有了较正确的认识和评价，并能选择自己的优点进行发展，开始具备在自觉基础上的"自知之明"，但是大学生自我评价的能力有很大的个体差异。

心 理 辞 海

自我悦纳

自我悦纳是指个体能正确评价自己、接受自己,并在此基础上使自我得到良好的发展。自我悦纳不仅指接纳自己人格中的优点、长处,更要接受自己的缺点与不足。在接受不足这个情况的基础上,努力改进自己、完善自己,而不是妄自菲薄,失去信心。

悦纳自我是心理健康的表现。当你快乐地接受了自己,你的整个心胸便会舒展和开阔,同时你会发现,你也更加容易接受他人了。

良好的自我悦纳可以有效缓解发展中的矛盾冲突,使个体得到健康发展。马斯洛的需要理论认为,人有自尊的需要,这是仅次于自我实现需要的第二高层次的需要。自我悦纳即产生高自尊。

(二) 大学生自我控制方面的主要特点

1. 自我控制能力明显提高

在成年人眼中,青年人是精力旺盛、富有朝气的,但也是极为冲动、多变的。这是因为青年人的自我控制能力还较差。处于低年级的大学生,冲动性还较明显。进入中年级,特别是进入高年级后,随着知识积累、生活阅历的增加,大学生自我认识和自我评价水平增强,他们能够根据别人的评价和自己行动结果进行反省,及时调整自己的行为和目标。这说明大学生行为的自觉性和自我控制能力明显增强,而盲目性和冲动性则逐渐减少。

大学生自我控制能力的明显提高,还表现在他们的行为和目标能以社会期望和社会要求为转移。例如,在我国市场经济初步建立的今天,社会对大学生的要求越来越高,不单看文凭,更看重大学生的真才实学和竞争意识。面对社会的期望和要求,大学生能对自己的目标进行及时的调整,在掌握专业知识的同时,注重外语水平和计算机水平的提高,注重各种能力的培养,以便能更好地适应社会。

当然,大学生自我控制水平还缺乏一定的稳定性,还需进一步发展和完善。

2. 自我设计的愿望强烈

大学生有设计自我、完善自我的强烈愿望。他们根据自我设计的"最佳自我形象"而不断地充实自己的知识,培养自己的能力,形成自己良好的性格与品德。大学生的成就动机是最强的,他们不愿做一个碌碌无为的人,都想干出一番事业,能对社会、对祖国有所贡献,以实现自己人生的价值。但是大学生的自我设计常会产生与社会要求不一致的矛盾,主要表现在:一方面,大学生都支持改革开放,希望有一个公平、民主、自由的社会,强烈反对腐败行为;另一方面,在涉及自己的利益时,又对合理的利己主义、享乐主义、拜金主义等表示认同,甚至有人为了所谓的自我实现而损人害己。

不过,有人研究表明,我国大学生的自我设计、自我完善的基本倾向是奋发向上的、积极的。

3. 强烈的独立意识和自信心

独立意识,也叫独立感,是指个体力图摆脱监督和管教的一种自我意识倾向,是自我评价的一个重要标准。个体自我评价的发展大致经历两个阶段:第一阶段,开始摆脱对成人、权威的依赖,表现出反抗倾向;在评价标准上由儿童期的成人评价标准取向变为同龄团体评价标准取向,成为一种相对独立的自我评价与认识。第二阶段,自我评价,既摆脱了对成人的依赖,又逐渐克服了同龄团体的强烈影响,形成个体独特而鲜明的自我评价。大学生的自我认识随着年龄与环境的变化由以往依赖于成人和同龄群体逐渐发展为根据自己的价值标准取向进行自我评价及调整,表现出真正的独立性。

自信心是从独立感中派生出来的一种相信自己精力和能力的自我意识倾向。青年大学生有体力充沛、精力旺盛、思维灵活、记忆力最强等优越条件,这是他们产生自信心的生理及心理基础,而"天之骄子""时代宠儿"的优越感,则是大学生充满自信的社会基础。所以,大学生的自信心是十分强烈的,他们不仅对自己的才华、学识充满自信,而且对自己的风度、能力也充满自信。但由于知识、经验不足,他们易于产生过分的自信,而且容易因一时的挫折而降低自信。

大学生的独立意识和自信心十分宝贵,它是蓬勃向上、积极进取等优良品质的心理基础,因此要加以适当的保护和引导,而不要因为一时的偏差而冷眼待之。一般来说,随着自我评价能力的提高和知识经验的积累,大学生的独立意识和自信心会逐步表现得客观和稳定。

(三) 大学生自我体验方面的主要特点

大学生自我认识和自我控制能力的迅速发展使得他们自我体验的内容和形式发生了极大的变化。

1. 从自我体验的形式看

从自我体验的形式看,显示出以下几个方面的特点。

1) 丰富性

随着大学生知识经验的增长,人际交往范围的扩大,生理心理的进一步成熟,自我对内心活动的不断关注,以及校园内丰富多彩的学习生活,个体出现了许多以往少有的自我体验。例如,由于意识到自己的成熟就产生了成人感;由于意识到自己的能力和品德的高低而产生了自豪、自尊或自卑、自惭等体验;由于意识到自己的社会角色和社会地位而产生了社会责任感和义务感。一般来说,在自我体验方面,男生比女生更有自信心、更富于活力,但容易急躁;女生则更热情、内心舒畅感更明显,但容易多愁善感。大学生自我体验的情感基调是积极的、健康的。大学生要注意增强自我意志的指向能力,提高自我认识水平,这将有助于大学生自我体验的丰富性向健康方面发展。

2) 敏感性和波动性

大学生由于对自我的认识还在不断进行中,个性还不够成熟和稳定,也缺乏驾驭情感的意志力量,因此他们的情感体验表现出明显的敏感性和波动性。他们可能因一时的成功而产生积极的、愉快的情感体验,甚至骄傲自满、忘乎所以;也可能因一时的挫折、失败而低估自我或丧失自信心,甚至悲观失望。到了高年级,当大学生的自我认识和自我控制比较确定后,这种波动性才逐渐降低。

3) 深刻性

大学生的自我体验不仅丰富,其深度也不断发展。从自我体验的内容上来说,少年时期人们往往关注的是外貌长相并因之产生喜怒哀乐的情绪体验,青年期的个体则将注意力集中在能力、品行等内在的个性品质上。随着自我评价的社会性程度的提高,青年时期的自我体验更多的与自己的道德品质、社会价值、事业成就、地位等联系在一起;从自我体验的程度来说,大学生由于生活学习环境的特殊性,对于自己往往抱有更大的期望,这些问题所引起的自我体验尤其强烈深刻。

2. 从自我体验的内容看

从大学生自我体验的内容看,有以下几个方面的特点。

1) 自尊心和好胜心强烈

自尊心是指一个人悦纳并尊重自己,对自己抱肯定态度的情感体验,是一种希望别人尊重自己和自尊自爱的自我意识倾向。自尊心是一种内驱力(Drive,是指由内部或外部刺激所唤起的,并使个体指向于实现一定目标的某种内在倾向),它激励着自我不断奋发努力、创造佳绩,尽可能使自己的言行得到别人的尊重,以维护自己存在的价值,强烈地要求肯定自己和保护自己,因此他们的自尊心很强烈,对触及自尊心的刺激十分敏感。大学生的自尊心比较强,可以成为其成才的一种心理动力。在一项问卷调查中,回答"自己有强烈自尊心"的大学生达90%以上。

好胜心是一个人力求获得成功的一种自我意识倾向。好胜心往往与自信心有着密切联系,因为丧失了自信心,就不可能去争取成功。具有极强自信心的大学生,好胜心也是十分强烈的。他们争强好胜、不甘落后,希望能用行动表明自己是人生道路上的强者。例如,有的大学生有目的地参加各种有益的社会活动,从中锻炼和表现自己的才干;大多数学生则把好胜心用在学习上,勤奋努力,博览群书,提高自学能力,为将来事业上的成功打下良好的基础,这是大学生好胜心发展的正确方向。

大学生自尊心和好胜心都很强烈,但要适当。如果把握不当,就容易转化为自卑感或嫉妒心。

2) 自卑感和孤独感明显

大学生拥有比较强的自尊心,但是自尊心过强却会导致一种消极的心理品质,产生自卑感。自卑感是指一个人自己看轻自己,对自己的能力和品质评价过低,对自己持否定态度的情感体验,是一种消极的自我体验。过度的自卑可导致精力不集中、意志消沉、自信心极低,甚至自暴自弃,严重的可导致自杀。所以,大学生一定要及时克服自卑感,恢复自信,提高自尊,以顺利完成学业,早日成才。

孤独感,是指一种由于缺乏他人的理解,自己感到与世隔绝、内心充满孤单寂寞的情感体验。最近,在某高校的一项调查中发现54.4%的学生有不同程度的孤独感,尤其是在新生中比例更高,达81.5%。为什么在大学生中会有如此多的人感到孤独呢?研究表明,大学生产生孤独感的主要原因是青年期的闭锁性心理。大学生自尊心强、独立欲望强烈,但内心世界一般又不轻易向外人袒露,这就造成了一定时期的心理闭锁性。他们虽然生活在父母、师生之间,却感到缺少可以向其吐露心曲的人,因而常常有莫名的孤独感。孤独感不利于大学生心理平衡,影响他们之间正常友谊关系的建立。对于大学生来说,要减轻闭锁心理,就要积极参加班集体活动和社会活动,尽量多和别人交往,以扩大自己的人际交往范围,学习别人的长处,做到互相理解、互相学习,这样孤独感就自然可以消除了。

(四) 大学生自我意识发展的时代特点

我国不断深化的社会变革和社会主义市场经济的初步建立,影响和促进着大学生自我意识的迅速发展,并形成了当代大学生自我意识发展的时代特点。

1. 关心国家振兴,渴望改革成功

他们特别关心当前社会上正在进行的各项改革,常为改革发展的前途和出现的阻力等问题争论不休,对改革中出现的官僚主义、腐败现象极为不满,有时甚至采取过激行为。

2. 思维的独立性、批判性明显增强,强调民主、自由、信任和尊重个性

当代大学生最少保守思想,不囿于成见,不轻信盲从,喜欢独立思考人生和社会问题;特别关心我国民主、自由和法制建设;他们要求别人尊重自己,对那种简单生硬的教育方法极为反感。

3. 探求知识,渴望成才

大学生强烈的成才意识表现出如下特点:一是在成才动力上,由以内在压力为主,转变为以外在压力为主。二是在成才途径上,由过去单纯追求分数转变为注重知识水平和创造能力的提高,努力向多途径成才方向发展。三是在成才模式上,由过去只重智力因素发展到现在向德才兼备、学有所长的求全责备新复合型人才的方向发展。

总之,大学生自我意识的时代特点是丰富多彩的,它从总体上反映了大学生在处理与社会、时代关系时的心态走向。同时掌握当代大学生自我意识发展的时代特点,也是了解和研究当代大学生精神面貌的关键。

第三节 大学生自我意识发展的冲突及成因

一、大学生自我意识发展的冲突

(一) 主观我与客观我的矛盾

大学生的主观我与客观我的矛盾相对突出。一方面,作为同龄人中能够接受高等教育的人,大学生对自我有较高的积极评价,但由于他们远离社会缺乏社会经验,在校园浓郁的学术与文化氛围中生存成长,对社会的了解缺乏切肤的实际与客观的目光。另一方面,社会上对当今大学生"重理论轻实践、重专业轻基础,重科学轻人文"的评价及"本科生不专,硕士不研,博士不博"的看法,特别是随着高等教育大众化进程的推进,适龄青年接受高等教育机会的增加,社会对大学生的评价更趋客观。大学生回归本位,身上光环的消失使他们产生失落感。

(二) 理想我与现实我的矛盾

理想我是指个人想要达到的完美的形象,是个人追求的目标,它引导个体实现理想中的个人自我。现实我是个人从自己的立场出发,对现实中自我的各种特征的认识。大学生对未来充满信心,成就欲望很强,但由于他们生活范围相对狭窄,社会交往比较单一,从而使"理想自我"与"现实自我"之间产生了较大的差距。这种差距在给大学生带来苦恼和不满的同时也会激发大学生奋发进取的积极性,但如果这种矛盾与冲突不能及时加以化解,则会导致自我的分裂,会产生各种各样心理不适甚至自暴自弃,变得平庸无为,变得无所事事,变得没有动力,导致一系列心理问题。

心理辞海

习得性无助

习得性无助效应最早由奥弗米尔和西里格曼发现,后来在动物和人类研究中被广泛探讨。简单地说,很多实验表明,经过训练,狗可以越过屏障或通过其他的行为来逃避实验者加于它的电击。但是,如果狗以前受到不可预期(不知道什么时候到来)且不可控制的电击(如电击的中断与否不依赖于狗的行为),当后来有机会逃离电击时,它们也变得无力逃离。而且,狗还表现出其他方面的缺陷,如感到沮丧和压抑,主动性降低等。

狗之所以表现出这种状况,是由于在实验的早期产生了一种无助感。人如果产生了习得性无助,就会形成一种深深的绝望和悲哀。因此,我们在学习和生活中应把自己的眼界再开阔一点,看到事件背后的真正的决定因素,不要使我们自己陷入绝望。

(三) 独立与依附的矛盾

大学生正处在一个特殊的阶段——人生中第二次飞跃的"心理断乳期"。大学生生理与心理成熟,独立意识强烈,希望按照自己的意志行事,迫切希望摆脱对成年人的依附,以成人自居。尤其是自认为已经成人的学生,希望自立自强,成为一个有独立见解、能决定自己命运的人,如表现出反抗权威,总想标新立异。但由于长期的校园生活使他们应有的社会阅历与经验相对匮乏,当应激事件出现时,却又盼望亲人、老师、同学能够替自己分忧,无法做到人格上的真正独立。同时,大学生心理上的独立与经济上的不独立也形成了明显的反差,这种心理矛盾的困扰使他们自叹自责、苦闷不安。事实上,过分的独立或依附都不利于大学生形成正确的自我意识,对自己进行正确的评价。任何心理成熟的、独立的现代人,都需要他人的帮助,广泛的社会支持是个体心理健康不可或缺的。因此,掌握好独立与依附的程度对于大学生形成正确的自我意识至关重要。

(四) 渴望交往与心灵闭锁的矛盾

没有哪个时期比青少年时期更加渴望友情与爱情的滋养,更加渴望同辈群体的认同与归属感。在这个时期,一方面,每个人都渴望着爱与友谊,渴望着交往与分享,渴望着自我价值得到实现,渴望着探讨人生的真谛,寻找人生的知己,希望成为群体中受尊敬与受欢迎的人;另一方面,大学生的自我表露又受着心灵闭锁的影响,总是不经意地将自己的心灵深藏起来,与同学有意无意地保持着一定的距离,存在着戒备心理,不能完全敞开心扉交流与沟通思想,感到没有人理解自己,缺乏知音。

(五) 自负与自卑的矛盾

进入青少年时期,随着对外界认识的提高,生活经验的不断积累,生活空间的不断扩大,大学生对未来充满憧憬。这时若不能很好地对自己及周围的事物做出恰当的评价,很容易在心理上出现问题,产生自负或自卑心理。自负和自卑都是不符合心理健康标准的。自负就是过高地评估自己的长处和优点的结果。自卑是一种自我否定,表现为对自己缺乏信心,对自己不满和否定,拥有这种心理的人总以为自己存在着缺乏、不足与失误,因而遇事总会胆怯、心虚、逃避、退缩,缺乏独立主见。自卑的人对别人的评价特别敏感,胆小怕事,把自己封闭起来,这种人由于瞧不起自己,也必然会引起别人的轻视,让人瞧不起。

自负与自卑总是紧密相连的,自负表现强烈的人往往也是极度自卑的人。大学生体现出较高的自尊与自信,他们渴望成功,不甘落后,对成功的渴望与预期高,特别是当小小的成就来到身边时,很容易表现出骄傲自大、唯我独尊、自我中心,相当自负。当遭遇失败与挫折时,有时甚至是小小的失利(如考试失败、恋爱失败等),他们便开始怀疑自己的能力,进而产生自我否定、自我怀疑甚至自暴自弃,陷入强烈的自卑之中,有时会引发过激行为和反社会行为。这些都与大学生自我认知不良、自我定位不准确有关。自我意识良好的核心是自知与自爱,能了解自己的实际情况,意识到自己的优点和弱点,并且容忍并认可它们,这样心理才健康。

🔑 成长的烦恼

我是一名来自教师家庭的孩子,父母视我为"掌中宝",在父母关爱的目光中成长,我的心是自由而轻松的,重点小学、初中、高中就读的经历使我坚信我是属于全国一流大学的。然而,由于高考的失误,虽然我进入了全国重点大学读书,却不是我梦想中的学校。在接到通知的那一刻,我哭得天昏地暗,第一次遭此重创,让我几乎站不起来,我怕听到中学同学到名牌大学读书的消息,我担心自己的失败会成为同学的笑料。

当九月明媚的阳光照在开心的大学新生脸上时,我丝毫也高兴不起来。反正想既来之则安之,而心中的结并没有解开。由于盲目的自信,确信高考成绩超出其他同学80分,完全有能力胜任大学的学习,学习没有了动力,生活没有了目标,正如大海上漂浮的小舟,完全失却了原来的方向。

在茫然徘徊中迎来了期末考试,我意外地收获了不及格的结果。我并没有认真反思自己,而是将这一切归咎于我没有考取理想的大学,归咎于命运的不公平。第二学期,百无聊赖的我又在网上找到了久违的自信与上进心,我那颗不服输的心复苏了,但这次不是为学习而是为网络,我彻夜上网、聊天、打游戏,在游戏中体现虚拟世界的成功。可想而知,第二学期五门功课同时亮起了红灯,学位没有了,不用说梦想中的名牌大学,连大学生的资格也将丢失。谁把我的青春弄丢了?学校发出了回家的指令。此时,我真的非常懊悔,我深深自责,作为我们家庭的第一位大学生的我辜负了家长的厚望,作为重点高中的学生,我对不起培养我的老师,更重要的是我有负于自己的年华。此刻,我才发现大学的灯光是那么明亮,校园是那么美丽,而大学生活是如此让人难以割舍……

【案例分析】

这是一位即将告别学校生活的大学生的内心独白,个体的人生不可复制,而自我发展的不可逆转要求每一位大学生都要认真审视自我,并为自我发展留下空间。

(六) 理智与情感的矛盾

大学生的生理和心理发展特点决定了个体在情绪体验的过程中表现出的一个显著特点——容易两极分化,或高或低,波动性大,易冲动,不易控制。但随着身心的发展,认知水平的提高,大学生渐渐成熟,在遇到客观问题时,既想满足自己情感的要求,又想服从于社会及他人的需求。特别是当遇到失恋等人生打击时,尽管理智上能够理解,却在感情上难以接受。

二、大学生自我意识发展困扰的原因

自我意识作为意识的一部分,是在其发展过程中逐步形成和发展起来的,是主客观因素相互作用的结果。人首先是对外部世界、对他人的认识,然后才逐步认识自己。这个过程在我们一生中一直进行着。因此,探讨影响自我意识发展的因素,有利于促进当代大学生自我意识的健全发展。

在大学生身上出现自我意识困扰的心理现象是多种多样的,产生这种心理的原因也是多种多样的,是生理、学校、家庭、社会和个体倾向性等诸因素相互作用的结果。

(一)生理因素

人从小时候就有自我意识的萌芽,对于一个发育正常、健康的人来说,别人不会认为有什么特殊,他也不会发现自己与别人有什么不同,也就不会有积极或消极的评价和体验。而对于一个发育异常和有残疾的孩子来说,他会从自己与他人的比较中发现不同。有的学生觉得自己太胖,不愿参加文体活动;有的学生觉得自己长得太丑,不愿与同学交往。这都是生理因素的作用。

大学生一般都处在17~22岁的年龄阶段上,男生特别重视自己的身高,女生也更加重视自己的相貌。一位大学二年级学生在答卷中写道:"在许多场合下,我都不想出头露面,因为我的个子矮,我总是避免与高个子的同学在一起,以免衬托得我更矮。"女生有28%不满意自己的长相,希望自己再漂亮一点。一位女生说:"我每天都照镜子,我的第一个念头是'我能再漂亮一点就好了'。每当看到我那淡而短的眉和翘起的两颗黄牙,我总感到不是滋味,尤其是对我那漂亮(至少比我漂亮)的同桌,我更有一种难以言状的妒意。"生理因素对心理的影响是因人而异的。同是有生理缺陷的人,有的人消极地否定自己,产生自卑、孤独的情绪;有的人却能积极地面对,把生理上的缺陷转化为人生的动力,努力弥补缺陷。可见生理因素是影响大学生自我意识的最初因素,但作用只是一方面。

(二)学校因素

在高手云集的大学,中学时代学习优秀的优越感被成为芸芸众生的普通学生的感受所替代,比如生活方面,中学时父母照顾得多,而大学时期要培养自理能力;心理适应方面,中学时代的好学生周围充满了赞扬声,优越感强,但到大学,尖子荟萃,自己原有的优势不明显了,有的学生认为,"我不是老师和同学眼中拔尖的学生了","在这个地方,我得不到我原来所得到的特别的关注和爱护了"。有的学生因为种种原因,出现不及格现象,往往把原因归为"我不是学这个专业的材料","我的其他方面搞不好","我缺乏创造性",等等。

另外,由于大学生思想的不成熟,总觉得学校严格的管理制度,校规、校纪与他们所追求的个性的张扬相矛盾,从而在内心产生了激烈的冲突。对于自我意识发展良好的学生来说,这种矛盾冲突会随着自身的成熟逐渐化解,但对于自我意识发展不顺利的学生而言,这种矛盾会使他们很痛苦,感觉自身受到束缚,情绪压抑,严重的还可能出现伤害自己或他人的行为。

(三)社会因素

当代社会发生了巨大的改变,随着市场经济体制的确立,竞争机制的导入,新的社会刺激的冲击,当代大学生的人生观、价值观等发生了重大变化,这直接影响到大学生对自我的认知。即使在同一社会中，由于每个人所处的社会地位不同，所从事的社会实践不同，具体的社会关系不同，因而对自我的认识、评价也会有所差异。大学生在现实的社会实践中，从我与事的关系认识自我，即我从做事的经验中了解自己。任何一种活动都是一种学习，不经一事，不长一智，成败得失，其经验的价值也因人而异。

另外，随着科学技术的发展，大众传播手段越来越丰富。随着电视的普及、广播电视节目播放时间的延长、报纸杂志的增多、信息高速公路的建设、互联网的普遍应用，这些大学生不但受到教师、家庭的影响，受到电视、电影等单向传播的影响，而且受到电脑互联网络交流信息的影响。当操纵电脑，接收信息、处理信息和公布信息时，犹如"运筹帷幄之中"，发挥着自己的主动性和创造性，以一种前所未有的方式促进自我意识的发展。

(四) 家庭影响

现代心理学研究表明，无论是积极或消极的影响，一个人的早期经验对他的自我意识的形成有非常重要的意义。每个人来到这个世上都是一张干净的白纸，父母是子女的第一任老师，家庭是青年人成长的重要环境，家庭的氛围、父母的自我意识和教养方式等都影响着子女的自我意识。家长若自我认可、自我信任，温和地对待子女，子女就会得到更多的自我认可；家长若自我拒绝、忧虑不安，对子女冷酷，子女也会更多地自我拒绝。家长对子女的态度是影响子女自尊心的一个重要因素。若家长对子女珍惜、爱护，对其寄予厚望，在这样的家庭氛围中成长的青年，自尊心就会提高。反之，家长若对子女喜怒无常，致使子女无所适从，其自尊心往往降低。

现在随着独生子女的增多，越来越多的溺爱的家庭教养类型出现，这些家长的过分保护、过分顺从，使孩子过分依赖，而使自我意识长期处于幼稚水平。另外，社会经济地位高的家庭，子女容易产生优越感，家庭成员社会地位的急剧变化，易使自我意识的发展出现混乱。

(五) 个体倾向性

个体倾向性包括需要、动机、兴趣、理想、信念、世界观和人生观。青少年时期是一个人理想、信念和世界观从形成到成熟的时期。理想、信念和世界观一旦形成，决定了青少年成为怎样的人，自己如何实现自己的目标，从而及时调整自我理想，深化自我认识，实现和超越自我。

一个人年轻时候的自我要求将影响到他的一生。例如，雷锋，在他短暂而又光辉的生命历程中，处处严格要求自己，把自己比作一颗小小的螺丝钉，正确地解决了自己的世界观、人生观这个根本问题，用他自己的话说，就是懂得了"怎样做人，为谁活着"。几十年来，雷锋精神一直被人们传诵、学习，已经深深地镌刻在亿万人民的心碑上。所以，一个人要想以后有好的发展，从年轻时就应严于律己，从小事做起，从自我做起。

(六) 他人的影响

俗话说："当局者迷，旁观者清。"他人的评价是客观认识自己的一面镜子，可以帮助自己了解"现实自我"的形象和所处的状态，知道自己在别人心目中所处的地位。大学生可以通过竞赛评比、表扬与批评、学习成绩报告单等途径获得他人正式的评价，也可以通过相互交谈等获得别人非正式的评价，这些评价都可能对大学生的自我意识的形成产生积极或者消极的影响。

自我成为一个什么样的人，总是离不开社会生活中各种人物尤其是自己心目中榜样的影响。中国有句俗语："近朱者赤，近墨者黑。"中国古代十分重视树立良好的社会楷模，"孔融让梨"就是一个很好的例子。不同的时代有不同的楷模，通过学校教育或阅读文艺作品，知道历史上和现实生活中有各种各样的英雄模范人物。于是，在自我意识中便产生了"我要像他们一样"等观念。

应该看到，大学生在自我意识发展过程中出现的这样那样的困扰，是其心理发展还不成熟的表现，是由他们的身心发展状况、家庭、学校、社会等种种原因所决定的，这些因素既可以促进大学生心理迅速成熟，也可能成为自我健康发展的阻力。因此，应该对大学生的心理健康给予足够的重视、引导和调适，帮助大学生培养和形成正确的自我认识、自我体验、自我调控，树立积极的自我概念，只有这样，才能促进大学生心理的发展和成熟，达到自我的统一和发展。

第四节　大学生健康自我意识的培养

自我意识对人的心理健康起着重要作用，它制约着人格的形成与发展，在人格的优化中发挥着强大的动力功能。健全的自我意识是心理健康的重要标准，是人类自身内在的一种成功机制，在人才发展中发挥着重要的作用。但是认识自己并不容易，知人难，知己更难。但每个人又必须正确认识自己，否则，就无法很好地处理自己与他人、自己与现实之间的相互关系，不利于心理健康。

一、健康自我意识的标准

（1）自知之明：自我意识健全的人，应该是一个有自知之明的人，既知道自己的优势，也知道自己的劣势，能正确评价自我和自我发展。

（2）整合的自我意识：自我意识健全的人，应是自我认识、自我体验和自我控制协调一致的人。

（3）自我肯定：自我意识健全的人，应该是积极自我肯定的、独立的并与外界保持一致的人。

（4）理想我与现实我统一：自我意识健全的人，应该是理想自我与现实自我统一的人，有积极的目标意识和内省意识，积极进取、永无止境。

二、培养健康自我意识的方法

（一）树立正确的自我观

1. 正确认知自我

"人贵有自知之明"，全面而正确的自我认知是培养健全的自我意识的基础。只有正确认识自己，才能科学对待自己的过去，恰当地确立自我发展的方向，实实在在地把握现在；才能在社会情境中找到自己恰当的位置，才能理解他人，尊重他人，和谐相处，被社会所接纳。

心理辞典

软 糖 实 验

几位心理学家对几个 4 岁的孩子做了一项很有意义的追踪调查,他们发给孩子们一人一颗软糖,并告诉他们,若等他们的父母回来后再吃,便可以得到两颗糖。一些孩子经不住糖果的诱惑,忍不住自己想吃的情绪和欲望,拿到糖后马上就吃掉了;而另一些孩子则会设法转移自己的注意力,忍着口馋等待父母回来,最后终于得到两颗糖的奖励。

此项试验之后,专家们对这些孩子进行了追踪观察,一直到他们长大;结果发现,那些从小就能控制自己情绪的孩子,即"情绪和情感智力"较高的孩子,情绪更稳定,在忍耐性、坚持性、人际关系方面都比那些不能控制个性、控制自己情绪的孩子好,成功率也高;而不能有效控制自己情绪的孩子,长大后易受挫折、固执、孤僻、受不了压力、逃避挑战,当然多半就难以成功了。

2. 多角度评价自我

比较是大学生认识自我、了解自我和发展自我的重要方法。通常有两种途径,一是通过与他人进行客观比较来正确认识自己;二是通过别人的评价来正确认识自己。因此大学生在与周围的人相处的时候,要全方位地对自己进行"诊断",要对父母、长辈、教师和同学的评价给予足够的重视,不要因为忠言逆耳而充耳不闻、我行我素,相反,要接受别人评价中合理的成分,避免自我评价的偏差。

3. 经常自我反省

曾子说"吾日三省吾身",就是一种自我监督活动。没有自我反省,就无从实现自我完善。通过反省,分析自己成功或失败的原因,对自己做一分为二的分析,严于解剖自我,敢于批评自己,以调整自我评价,从而来定位自我,提高自我认识,作为自我调控的出发点。

(二) 积极地悦纳自我

自我悦纳是对自己的本来面目持肯定、认可的态度,自我悦纳是发展健康的自我体验的核心与关键。大学生怎么样才能形成悦纳自我的积极态度呢? 具体来讲,包括以下几个方面的内容。

1. 喜欢自己

悦纳自我首先要接纳自己,喜欢自己,欣赏自己,看到自己身上的闪光点和潜藏着的大量待挖掘的能量,相信自己具有存在的价值。天生我才必有用,因而不必苛求自己做个十全十美的人。体会自我的独特性,在此基础上体验价值感、幸福感、愉快感与满足感。

2. 保持乐观,性情开朗

进入大学后,大家经常面临各种生活、学习压力,经常遇到挫折和冲突。有的同学碰到挫折时,会把挫折当成笑话讲给他人听,使自己总保持一种愉快、充实的心境。其实,生活中谁没有烦恼,只要我们能换一个角度,乐观地去看待,那么我们一定会更快乐的。

3. 全面地看待自己的优缺点

每个人都既有长处又有弱点,接纳自己的不完美,树立正确的认知观念。人既不会事事行,也不会事事不行;一事行不能说事事行,一事不行也不说明事事不行,要善于克服自己的缺点,扬长避短,充分地发挥自身潜力。

(三) 有效地控制自我

1. 培养顽强的意志力

很多大学生为自己树立了远大的目标和理想,但在努力的过程中,没有足够的自制能力和意志,经受不住挫折和打击,无法实现自我理想。他们经常会说,"我想早起,可就是没有恒心","我想学习,可就是学不进去"。培养顽强的意志,发展坚持性和自制力,增强挫折耐受力,使自己能自觉主动地认清目标,为实现目标而努力排除干扰、克服困难。

2. 积极参加社会实践

自我评价、自我锻炼和自我教育是一个实践过程。因为,参加社会实践,用学到的知识和智慧为社会服务,可以认清自己的责任和义务,确立科学的人生观和价值观。在实践中,学会用乐观的情绪和积极的心态去对待问题,客观公正地看待事物,增加自我意识中的理性成分,消除偏激和肤浅,使自己得到和谐发展。

3. 培养自信心

世界上的每一个人最终只有自己才能救自己。请记住:不论现在还是将来,不论你是身处逆境还是顺境,只有你自己才是你永远的依靠。你应该自始至终信任自己、珍惜自己、帮助自己、鼓励自己,坚定地捍卫自己的自信。有自信的人并不是天生的就有自信,其自信来源于自觉地维护和积极地增进自信。缺乏自信的人也并不是天生就没有自信,而是长期缺乏自我肯定、自我激励以及被动接受外界消极评价的结果。真正自信的人首先自爱,他知道自己有哪些长处,确信不疑而且十分珍惜。不自信的人缺乏自爱,他并不了解自己的长处,即使有好的地方,他也十分轻视它们的价值,甚至会怀疑它们的真实性。

(四) 重塑自我、不断地超越自我

"在这个世界上,你是独一无二的一个,生下来你是什么,这是上帝给你的礼物,你将成为什么,这是你给上帝的礼物。上帝给你的礼物我们无法选择,但你给上帝的礼物,将由你个人去创造,主动权在你自己,就是:认识自我,悦纳自我,激励自我,控制自我,完善自我,超越自我。"

认识自我,接纳自我,都是为了塑造自我,超越自我。对于大学生而言,超越自我更是终生努力的目标。在行动上,无论对人对事,均全力以赴,使自己的能力品行得到最大限度的发挥。超越是一种境界,更是一种过程,一种"新我、独特的我、最好的我"的形成过程,这一过程不是一帆风顺的,需要付出艰辛的努力和沉重的代价。

随堂演练

一、自己眼中的我

知己是走向成熟的第一步,通过对自己兴趣、擅长点、弱点及价值观的探索,来澄清"我到底是怎样的一个人"。请完成下面的"自我认知测试",要求尽量用能反映个人特点的、真正代表独一无二的你的语句,从各个方面来认识自己。

我是谁?

1. 我是一个	11. 我是一个
2. 我是一个	12. 我是一个
3. 我是一个	13. 我是一个
4. 我是一个	14. 我是一个
5. 我是一个	15. 我是一个
6. 我是一个	16. 我是一个
7. 我是一个	17. 我是一个
8. 我是一个	18. 我是一个
9. 我是一个	19. 我是一个
10. 我是一个	20. 我是一个

归类	类 别	编 号
	生理自我	
	社会自我	
	心理自我	

请评估一下你对自己的陈述是积极肯定的还是消极否定的,是积极肯定的多还是消极否定的多。如果你对自己积极肯定的多,说明你的自我接纳状况良好。你对自己消极否定的题项将近一半甚至超过一半,这显示你不能很好地接纳自己,自尊程度可能较低。你需要好好反省一下,寻找问题的根源,尝试做些调整。

二、别人眼中的我

请询问周围的重要他人,可以让大家用几个形容词来描述你,通过练习既可以更好地了解在别人眼中的你是什么样的人,也是短时间内站在不同视角来审视自己的好办法。

别人眼中的我

父亲眼中的我	
母亲眼中的我	
兄弟姐妹眼中的我	
同学眼中的我	
朋友眼中的我	
恋人眼中的我	

三、理想自我探索

这是一个投射练习,可以帮助你认清自己想要成为什么样的人物,想要做什么事情,让你从过去到将来全方位地认识自己。

请完成下面的句子:

假如我是一种动物,我希望是_____,因为_____。

假如我是一种鸟,我希望是_____,因为_____。

假如我是一朵花,我希望是_____,因为_____。

假如我是一棵树,我希望是_____,因为_____。

假如我是一种家具,我希望是_____,因为_____。

假如我是一件乐器,我希望是_____,因为_____。

假如我是一种车,我希望是_____,因为_____。

假如我是一条街,我希望是_____,因为_____。

假如我是一个国家,我希望是_____,因为_____。

假如我是一种游戏,我希望是_____,因为_____。

假如我是一项纪录,我希望是_____,因为_____。

假如我是一部影片,我希望是_____,因为_____。

假如我是一种食物,我希望是_____,因为_____。

假如我是一个电视节目,我希望是_____,因为_____。

假如我是一篇讲稿的一部分,我希望是_____,因为_____。

实践指导

认 识 自 我

实践目的

对过去的我、现在的我、未来的我做评估和展望。

实践准备

1张纸、1支笔

实践过程

画一条代表你的生命线,起点是你出生的时候,终点是你的预测死亡年龄。请你根据自己的健康状况、你家族的健康状况及你所在区域的平均寿命,提出你预测的死亡年龄。然后在这条线上找到你现在的位置,静静思考一下你过去的日子里最难忘的三件事,以及你今后的日子里最想达到的目标2~3个。

然后团体成员自行填写,10分钟后大家一起分享交流。小组交流中,每个人都拿出自己的生命线给其他人看,边展示边说明,注意自己与他人内心的反应。

20个"我是谁"

实践目的

认识并接纳自我,认识并接纳独特的他人。

实践准备

1张白纸,1支笔

实践过程

指导者可以先找出一个成员示范,连续让他回答"我是谁?"当他说出一些众所周知的特征时,如"我是男人",指导者告诉大家,这种回答不反映个人特征,应尽量选择一些能反映个体风格的语句。然后指导者让大家开始边思考边回答"我是谁"这个问题,至少写出 20 个。当指导者看到最后 1 位下笔时,请团体成员在小组(5～6 人)内交流。最后指导者请每个小组代表发言,交流活动的感受。

思考与练习

　　1. 大学生自我意识发展存在的主要问题有哪些?

　　2. 大学生如何有效地克服自卑心理?

　　3. 请回忆一下你尽你所能而获得成功的情景,然后再设想一下,如果你非常努力,但结果并非如你所愿,这时你体验到了自我的局限性,虚幻的乐观会对你下一次的判断产生影响吗?

第四章
大学生环境适应与心理健康

案例导读

大一新生无法适应大学生活

小林是今年刚入学的大一新生,入学一个月以后持续情绪低落,而且经常伤心落泪。舍友担心她,陪同她前去学校的心理咨询室咨询。

原来,小林是独生女,家庭条件较为优越,从小受到父母和爷爷、奶奶的精心照顾,上大学之前从未住过校,生活上从未独立过,也未遇到过挫折。因为各方面较为优越,学习成绩也好,小林从小有些骄傲,放学后一般都回家弹钢琴、写作业等,很少和小朋友一起玩耍。

小林说,9月8日父母陪同她一起入校,刚入校的几天还挺开心的,可是过了新鲜劲之后就开始想家了,越想越难过。本来以为习惯几天就好了,可是一个月过去了还是如此。小林说,刚入学时还挺开心的,因为自己从未离开过父母,收到录取通知书后很兴奋,期盼着赶紧开学,因为终于可以自己独立生活了。

可是事情并没有想得那么简单,这是一个全新的环境,周围全是陌生的面孔,而且大大小小的事情都需要自己处理,这让她感到无所适从,因为之前从未做过取钱、洗衣服、联系老师这些事情。一旦遇到一点小问题,她就有些不知所措。小林说,前几天舍友错用了小林的热水,导致她晚上没有热水洗脚,为此她就跟舍友大发脾气。后来跟妈妈打电话,妈妈告诉她这样做不对。之后小林跟舍友道歉了,虽然舍友们也都原谅她,理解她了,可是她还是觉得无法适应宿舍生活。于是,她就开始疯狂地想家,一给妈妈打电话,眼泪便无声无息地落下。她说,家现在成了她最向往的地方。想着家的温馨,她都有一股提着书包跑回家的冲动。理智告诉她,要坚持,但坚持让她很痛苦,整日处于情绪的低谷状态,也不能够很好地适应宿舍生活。

学习提示

小林遇到的问题在新生入学后的一段时间内很常见,这是由于对家的情感和生活过度依赖导致的分离性焦虑,离开了父母的臂膀,难以适应独立的生活,以及对新的学习方式、宿舍人际交往等方面的过度焦虑。分离性焦虑一般伴随心理上的无助感和挫折感,这些情绪长期存在会诱发自我评价低,人际关系不良,甚至厌学等。

许多大学生都经历了从不适应到适应的过程。能够快速适应新的环境,这是心理健康的一项最基本的标志,是大学生必备的心理素质。从中学到大学,表面上看是从一种生活环境进入另一种生活环境,实质上是一种心理成长的过程。人生就是不断使自己适应环境不断成长的过程。作为一名大学生,今天你能够很好地适应大学生活,明天也能够很好地适应不断发展的社会。

通过本章的学习,大学生们可以更清楚地了解大学生活是什么样的,自己要做好哪些方面的调适,以尽快地适应和融入大学生活中来,顺利实现由中学生到大学生的角色转变,并且在这里收获成长和快乐。

第一节　适应与心理

一、适应的含义

当外部环境发生变化时,个体通过自我调节系统做出能动反应,使自己的心理活动和行为方式更加符合环境变化和自身发展的要求,使个体与环境达到新的平衡的过程。

适应主要是对社会环境的适应。社会适应的内容应当包括以下几个方面:① 生活方式的适应,包括对不同生活条件与方式的适应;② 社会态度的适应,包括思想态度、工作态度、学习态度以及价值观、人生观、世界观、友谊观、爱情观等观念的形成与发展;③ 社会角色的适应,主要指对不同角色行为规范的掌握与发展;④ 社会活动能力的适应,包括生活、学习、交往、工作、劳动、休闲等能力的形成与发展;⑤ 社会法制与道德观念的适应,主要指维护社会安定和人与人之间相互关系方面的行为规范。

二、适应的心理过程

从心理发展的角度看适应的过程,可以看到以下几个环节是最基本的。

(一) 需要:发展的内部动力

个体原有发展水平与新的需要之间的矛盾,是推动人类从事各种活动的最原始的动力源泉。需要本身的产生离不开外部环境的刺激和影响作用。根据马斯洛的需要层次理论,可以将其分为生理需要、安全需要、归属需要、自尊需要和自我实现的需要五大类。按照马克思主义的有关论述,又可以把它分为自然性需要、社会性需要和精神性需要三种。从适应的角度看,通常可以分为生存性需要和发展性需要两种。然而,不管怎样分类,适应的过程始终是从需要的产生开始的。实际上,适应本身也是人的一种需要,是人终其一生都不可缺少的一种基本需要。

(二) 阻挠:适应状态的破坏

阻挠是指个体不能利用已有的行为习惯来满足自己某些需要的情况。这种情况通常都出现在环境发生了变化,个体遇到了新的问题情境的时候。阻挠现象出现时,人们一般都会产生程度不同的紧张与焦虑感。阻挠的产生实际上意味着个体原有的适应状态已被打破,其原有的行为模式与新的需要之间发生了矛盾,从而产生了新的不适应现象。在这种情况下,个体改变自己原有行为模式的动机便会应运而生。

(三) 尝试:满足需求的努力

为了改变不适应的被动局面,人们在没有现成模式可以参照的情况下,便会做出各种努力,采取各种方式来进行积极的尝试。这一过程实际上是一个解决新问题的过程,基本上属于试误学习的性质,是适应过程中的关键环节。但人的试误学习与动物的试误学习有本质的不同:动物的试误学习只是一种盲目的尝试,充其量也只是得到及时强化以后才能形成的稳定的条件反射;而人的试误学习则是经过认真思考、有一定理论假设作指导的理性的行为,同时也带有明显的创新色彩。在尝试过程中一旦取得了成功,被肯定和巩固下来的就不仅是解决问题的行为本身,而且包括行为背后的理性思考,特别是对事物本质与规律的概括与升华。

(四) 重新适应:恢复新的平衡

经过一番尝试,找到了新的解决问题的方式,人们新的需要就可以得到满足,原有行为模式与新的需要之间的矛盾基本上得到了解决,曾经有过的不平衡状态重新恢复了平衡。这意味着,一次不适应的问题已经解决,个体可以重新回到适应状态之中。只是这种状态仍然是短暂的,很快就会被新的不适应现象重新打破。这种不适应—适应—不适应状态的循环往复,就是适应过程的规律性表现。

心理辞海

场 依 存 性

所谓场,就是环境,心理学家把外界环境描述为一个场,简单说场依存性是指一个人独立性的程度。美国心理学家赫尔曼·威特金(Herman A. Witkin)认为,有些人的知觉较多地受他所看到的环境信息的影响,有些人则较多地受身体内部线索的影响。他把个体较多地依赖自己所处的周围环境为外在参照,在环境的刺激交往中定义知识、信息称作场依存性。

三、适应的心理机制

皮亚杰认为,心理适应的内部机制就是同化与顺应的平衡。但只用同化和顺应这两个过程来说明适应似乎过于简单了些。在解释社会适应中一些复杂的适应过程时,有必要对此做出进一步的说明。结合认知心理学和社会心理学的有关理论,我们认为,心理适应的内部机制可表述为以下模式(见图4-1):

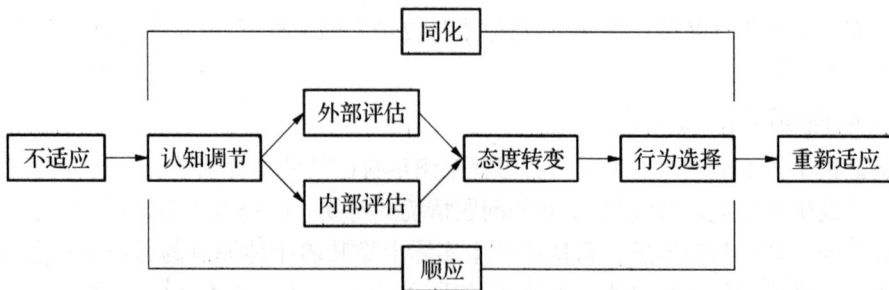

图4-1 心理适应的内部机制

这一模式表示,从出现不适应现象到重新适应中间,一般要经历认知调节、态度转变和行为选择三个环节。

（一）认知调节

认知调节是适应过程的起始阶段，它包括外部评估和内部评估。

1. 外部评估

外部评估是认知调节的第一个阶段，指个体对变化了的外部环境及其对自身发展所具有的影响作用，进行全面了解并做出新的判断的过程。主要任务是确定外部环境中发生了哪些新变化，提出了哪些新要求，这些变化和要求对自身发展所具有的影响。在此基础上应能对发展中遇到的困难做出准确的判断，对新的角色期待形成正确的理解与把握。

2. 内部评估

内部评估是指个体在对外部变化做出正确判断的基础上，对自身内部状态进一步的了解与判断。实际上这是一种在自我监控系统的参与下，自我评价和自我意向重新调整的过程。具体包括对因外部变化引起的内部不平衡状态的估计，对不适应现象的归因分析，对已有经验的检索与比较，对原有行为方式应对效果的审视与判断等。

由外部评估到内部评估，这是认知调节发展的必然过程。在这一过程中，个体的理解力、判断力和自我评价的水平对认知调节的效果具有直接的影响。

（二）态度转变

认知过程的变化必然会引起情绪体验的变化，同时也会导致行为意向发生相应的变化。当认知、情感和行为意向都发生了变化时，就会引起态度的改变。态度的转变实际上是对动力系统和反应倾向的调节，这是适应新环境的变化，保持和恢复心理平衡的一种背景条件。

（三）行为选择

行为选择实际上是一个比较与决策的过程，其核心是对原有行为方式的调整与改变。行为方式的重新选择是以认知的调节与态度的改变为基础的，受思维方式与态度倾向的直接制约。思维方式与态度倾向如果是积极的，那么个体的行为方式也会是积极的；思维方式与态度倾向如果是消极的，那么行为方式也会是消极的。在这一过程中，同化与顺应这两种调节方式始终在发挥着作用。

第二节　大学生的角色变化与环境适应

一、大学生角色的转变

（一）角色

所谓"角色"，是人在社会行为系统中与一定社会位置相关联的符合社会要求的行为模式，它客观地规定了一个人的活动范围、享有的权利、承担的义务以及行为方式等。

（二）大学生角色的转变

1. 角色意识的转变

大学新生都有一个角色转换与适应的过程。成为大学生，这是客观事实，但相当一部分新生并没有真正认识到自己角色的转变，角色意识还停留在中学生这一层次。这种角色意识的滞后性,妨碍着新生对大学生活的适应。角色意识的转变关键是角色责任的转变,"大学生"的称号不仅仅是一种文化层次的体现,更是一种神圣责任的象征。

2.角色位置的转变

能考上大学的学生在中学阶段大部分深得家长、老师和同学们的关注。进入大学,如果重新排定座次,就只能有少数人保持原来的中心地位和重要角色。大多数学生将从中心角色向普通角色转变,自我评价可能会受到不同程度的冲击。

3.角色行为的转变

角色行为的转变是角色转变的关键。

对大学生的行为规范,教育部在《普通高等学校学生行为准则》中做出了详细的规定,而且各高校还相应地制定了许多具体的规章制度,这些都是对大学生的行为规范。大学新生应认真学习,尽快使自己的行为符合大学生这一新的人生角色的要求。

心 理 辞 海

链 状 效 应

有一句俗话是"近朱者赤,近墨者黑",在心理学上这种现象被称为链状效应,它是指人在成长中的相互影响作用。这种效应在年龄低的学生中表现得尤为明显。学生的链状效应不是单方面的,既表现在思想品德方面的互相感染,也在个性、情绪、兴趣、能力等方面发生综合影响。利用学生的链状效应,让不同性格的学生在一起可以取长补短。比如说,让娇生惯养的学生与独立性较强的朋友做伴,胆小畏怯的学生和勇敢坚强的学生交友等。

二、大学生要做好哪些方面的适应

大学是培养高级专业人才的摇篮,其特有的生活规律和学习方式与中学时期有着很大的区别。进入大学后能否适应大学的学习和生活,对每一个大学生来说,都是一种考验。大学生要适应大学的新环境,把握成才的主动权,争取有一个光明的前途,就应该努力去适应并实现七个转变。

(一)从中学到大学:适应社会角色转变

在中学时,不少人在校园和班级内担任一定的职务,是有一定知名度的学习尖子,而在人才荟萃的大学校园里,他们中的大多数将成为不再担任职务的普通学生。大学生必须适应这种由备受关注到默默无闻,由高才生到一般学生的转变,克服失落感和自卑感,对成才要充满信心。从社会的角度上看,大、中学生充当着不同的社会角色。一般来说,中学生的心理和思想不够成熟,他们的职业方向不确定,他们是"潜人才";而大学生作为"准人才",职业方向基本确定,社会对大学生的期望和要求也比中学生高得多。因此,要实现由中学生到大学生的转变,就要处处用大学生的标准严格要求自己,学会做事,做一个高素质、受社会欢迎的大学生。

(二)从主观到客观:适应自我认识转变

中学生由于社会化程度不高,在自我认识上往往偏重于主观意识,自我认识、自我评价常常过高。对于大学生来说,无论是适应新的环境,还是在建立新的人际关系上,都将面临一个重新的自我认识、自我评价、树立自身形象的问题。在这个过程中,必须做好自我认识的转变:一是客观、正确地认识和评价自己;二是合理调整自我抱负水平;三是在实践中努力提高自我调控能力。

(三) 从考试到深造:适应奋斗目标转变

经历紧张高考后,一些学生进入高校后,顿时失去了奋斗的目标,感觉到无所适从,很迷茫,学习和成才也缺乏动力和激情,其根本原因就在于他们失去了远大的人生目标。其实,大学只是大学生成才的一个新起点。进入高校后,大学生要端正自己心态,从高考成功的自豪和陶醉中清醒过来,以崭新的姿态和振奋的精神,站到新的起跑线上。同学们要在入学之初就一切从零开始,以务实的态度制定出个人在学业、思想道德、心理素质和动手能力等方面的长期的奋斗目标和短期的切实可行的行动计划和策略,搞好人生职业生涯设计,以激励和鞭策自己为创造大学阶段的人生辉煌而不懈努力。

(四) 从感性到理性:适应思维方式转变

与中学相比,大学的生活节奏比较快,活动空间更大,学习任务繁重,需要独立解决的问题也比较多。面对这些变化,大学生的思维方式要从"非成人化"向成人化转变,从感性向理性转变。在思考、处理问题,尤其是个人重大问题时,要有远见而不要目光短浅;要三思而后行而不要随心所欲;要克服依赖思想,培养独立思考和解决问题的能力;对人生重大问题的选择,要理性、理智,不要盲目和感情用事;要加强道德和法制观念,做事要有责任心,要考虑到行为的后果,不做鲁莽草率之事。

(五) 从监督到自觉:适应学习方式转变

人类已进入知识经济时代,学习是每一个现代人生存发展所面临的首要问题。对以学习为首要任务的大学生来说,学习是硬道理,是大学生活的主旋律。相对中学而言,大学的学习氛围较为宽松,学生自我支配的时间多,学习的自主性强,学习环境由"硬"变"软"。这对自制力和自律性强的学生是十分有利的,而对自制力差的学生无疑是严峻的考验。为了掌握大学的学习方法,大学生要积极转变学习方式。

第一,要培养学习的兴趣,提高学习的积极性、主动性和创造性,强化自主和能动意识,变中学时代的"要我学"为"我要学",增强学习的目的性,激发成就欲望。

第二,要实现以应付升学考试到自觉提高自身素质和能力的转变。在打牢基础、拓宽知识面的同时,重视实践,积极参与第二课堂的活动,注意培养动手能力和创新能力,在提高个人综合素质上下功夫。

第三,要注意学习时间的科学运用,实现由挤时间向讲求效率转变。在学习中要讲究用脑的艺术,遵循学习规律,注意学习方法,提高学习效率,开发自己的智力潜能。

第四,要重视对良好的学习习惯的培养。大学生从入学第一天开始,就要注意培养自己好的学习、生活习惯,学习要有计划性,要雷厉风行,不要拖拉;要把每天的时间安排好,生活要有规律,要克服随意性;要注意掌握学习的节奏,提高学习效率,学习要专心致志;还要处理好学习与课外活动、人际交往之间的关系,避免上网成瘾,荒废学业,从而影响身心健康。

(六) 从依赖到独立:适应生活方式转变

在家时,许多生活琐事有父母、亲友帮助料理,进入大学后,衣食住行等都由自己安排处理。自主、自立和自律是大学生生活的主要特征。俗话说,习惯决定性格,性格决定命运。一个好的习惯是一个人终生受用不尽的财富,坏习惯则是一生偿还不完的债务。大学生应尽快适应这种生活方式的变化,坚持自己的事自己做,今天的事今天完成,从点滴事入手,严格要求自己,控制好生活节奏,不管做什么事情都要掌握分寸,把握一个度,处理好学习与娱乐休闲的关系,养成良好的生活习惯,敢于向自己的不良习惯说"不"。

(七) 从旧友到新朋:适应交往方式转变

我国的中学生一般在家乡附近学校就读,同学相处多年,乡音乡情使他们结下深厚的友谊,大学生来自全国各地,相互之间的了解和磨合需要一定时间。交往和良好的人际关系是拓展大学生的生存发展空间,促进成才必不可少的重要因素。来到新的环境中生活,面对陌生的校园、陌生的面孔,大学生要注意以下几点:一是要主动交往,做到相互了解、相互适应,在渴望别人接受自己的同时,善于悦纳接受他人;二是同学间相互尊重理解、相互关心,严于律己,宽以待人,光明磊落,要有合作意识和团队精神,同学间大事讲原则,小事讲风格,不斤斤计较,多做自我批评;三是交往要坚持与人为善的原则,即要培养竞争意识,又要注意人际关系的和谐性,善于理解和宽容别人,掌握交往之道。

第三节 大学生适应的问题与调适

一、大学生适应的问题

(一) 生活环境不适导致压力过大

陌生的生活环境如生活习惯、气候等方面的差异会给新同学的生活带来许多不便,容易造成部分学生的环境应激。如果他们不能在短期内顺利适应,便会影响其正常的学习、睡眠等活动,从而形成心理问题。另外,随着学生家庭经济情况的改善,大学生攀比衣着打扮,抽烟饮酒,同学之间过生日以及郊游等消费逐渐上涨,已经成为当前高等学校值得重视的问题。这种情况会对部分家庭经济能力有限而又爱面子、虚荣的大学生造成心理问题,如严重的自卑、忧虑、紧张等精神压力,甚至还会引发违法行为。

(二) 理想现实差异导致失望迷惘

中学阶段为了升入理想的高校,努力学习,虽身心疲惫但目标十分明确。进入大学后,原来的理想实现了,而新的目标和动力尚未找到,所以,大学生活反倒显得失落和茫然。加上,多数学生高考填的志愿多半不切实际,导致近半数的大一新生认为自己"缺乏生活目标,从而得过且过","学习上提不起兴趣,考试通过即可"。在高层次目标尚未建立之前常出现情绪低落、彷徨迷失的现象在大一新生中并不鲜见。

🔑 成长的烦恼

小慧考上了某名牌大学,在接到录取通知书的那一刻,她的父母喜极而泣,因为在穷乡僻壤能出一个名牌大学生真的很不容易。小慧也是个争气的孩子,一直成绩优异。得知被名牌大学录取后,小慧对未来充满了向往,觉得自己依然会很出色。带着这份向往,小慧走进了大学校园。慢慢地,小慧发现一切并不是自己想象得那样美好,大学里人才济济,她觉得自己在这里就是丑小鸭一个,无人理会,也没有展示自己的平台。小慧就此陷入迷茫和矛盾中。

【案例分析】

进入大学后,大学生经常会遇到这样的情况,在现实自我和理想自我之间迷失了方向。其实,我们应该首先明确一个观念:能够进入大学,证明我们本身是优秀的,同样同学们都是优秀的。在这种信念的鼓舞下,大学生应该积极参与到同学的群体中来,而不是自怨自艾。

(三) 自我地位改变导致评价失调

经过高考拼杀的大学新生,带着良好的自我感觉进入大学校园之后,突然发现自己只不过是大学生中的普通一员。在强手如林的新的班集体里,面对新一轮的排列组合,昔日那种"鹤立鸡群"的优越感已荡然无存,无形中会在一些大学新生的心理上产生一种失落感。同时,高考过后,大家从埋头学习中抬起头来,第一次有机会能够看清彼此,才猛然发现自己和他人之间原来除了学习成绩外,还有其他许多方面的差距。在知识、才艺、人际关系、家庭乃至身体容貌等方面已不如人的地方很多。特别是来自农村、山区和贫困地区的学生,或因为家庭经济困难,或因为服饰落伍,或因为浓重的乡音,或因为孤陋寡闻,方方面面难免有使人相形见绌的感觉,总感到"见人矮三分",于是沉默寡言、内向孤僻。在某些学生身上就容易产生自我认识和自我价值方面的困惑。

(四) 学习方法不适导致困惑迷茫

对于大一新生来说,尤其突出的矛盾是由应试教育造成的不良学习习惯无法适应大学的教学。没有了中学老师那样的反复讲解与督促,许多大学新生面对知识的海洋,不知从何学起,难免会产生困惑、迷茫和无所适从的感觉。因此,及时解决学什么、怎么学和如何安排学习时间的问题,是大学生尽快适应大学学习生活的关键。也有一些大学新生在学习上有一种"船到码头车到站"的松劲心理,学习动机的强度发生落差,没有正确的学习目标,缺乏较强的学习动力与意志,于是不思进取,得过且过。

(五) 人际适应不良导致孤独压抑

不知如何与来自不同家庭、不同社会背景的人相处,是一些大学新生人际交往障碍的主要表现。由此而引发的人际矛盾和心理不适,往往给一些大学新生带来许多烦恼。这在大学生的心理问题中占很高的比例。例如,有的学生与同寝室的同学长期关系冷漠,稍有不和便恶语相加;有的学生不愿与人交往,也很少参加集体活动,缺少朋友,对外界很少关心,经常把自己封闭在狭小的天地中;有的学生奉行"我行我素"的处世原则,过分关注自我,注重自我在人际交往中的地位,过多考虑自己的需要,而忽视他人的需要和存在,对别人缺乏关心和谅解,导致了人际交往中的自命不凡和过于敏感挑剔;还有不少新生不能适应新的师生关系;有些同学不知如何处理与异性的关系,有的新生受习惯心理影响,对男女交往过分敏感,从而使正常的异性交往不能自然进行,甚至相互隔离。有的同学过快地将同学关系发展成恋爱关系,过早地沉溺于"两人世界"。也有的陷入单相思而不能自拔,由此而产生情感冲突。这些学生大都会出现因人际关系失调造成的焦虑不安、心慌意乱、孤单失落、寂寞失眠、注意力分散甚至社交恐惧等症状。

上述种种心理问题常常使人的能力受到抑制,养成很多不良的行为和习惯。例如,注意力不集中,记忆力下降,交往能力受到限制等。除此而外,还会使人的生理功能发生障碍,如头痛、头昏、消化功能紊乱等,严重地妨碍了个人身心健康发展。

🔑 成长的烦恼

刘某高中时学习成绩很好,考入了理想的大学。在新的环境中,他没有能够尽快去适应,而且与同学相处不融洽,学习成绩一再下降。父母看到成绩后感到失望,刘某自己也很痛苦。因此,刘某的情绪一直都很低落、压抑,一度丧失了自信心,而且还极其自卑,甚至引起了严重的头痛。

【案例分析】

这是一个关于大学生生活适应问题的典型案例。许多大学生都遇到过或者是正面临着类似的问题。大学生对学习生活的不适应主要表现为学习成绩下降、情绪低落,人际关系紧张,有自卑感、孤独感等。出现不适应的主要原因应该归结于面对新的环境,大学生没有在短期内适应,并且在重新认识和评价自我时出现了问题。

迈入大学校门后,每个学生都面对着新的环境、新的老师、新的同学,客观情况的变化要求他们做出相应的调整,以适应大学生活。每个人从熟悉的环境进入陌生的环境后,都需要一个适应过程。这个过程包括对新环境的熟悉,了解新环境对自己的要求,以及从过去的生活方式、思维方式中解脱出来,慢慢适应新环境的要求等。所以,大学生要在开学初期尽快改变原有的生活习惯、思维方式,逐渐形成适应新环境的生活和行为方式。

二、大学生适应的调适

每个人都希望自己的才能得到发展,每个人都希望生命的航船能勇敢地冲破自己内心世界和外部环境的种种风浪险阻,坚定地驶向胜利的彼岸。那么,谁是驾驶你生命之舟的智勇舵手? 不是别人,正是你自己。学会控制自己的心理,学会积极地适应现实,你就会发展自己。

(一) 正视现实,提高自立和自理能力

作为大学生,只有解放思想,实事求是,与时俱进,勇于实践,才能适应不断变化着的客观环境,才能在复杂多变的自然环境和社会环境中健康地生活和积极地发展。每一个人都不可能处处、时时、事事顺心如意。大学生同样处于这个客观规律的控制之中,同样需要正视现实,适应环境。

首先,需要及时了解认识大学这个新环境,正确认识和评价自己对大学的理想化倾向,主动摆正自己和环境之间的关系。其次,要尽快在心理上和行为上改变过去对父母过分依赖的倾向,在实践的一时一事中有意体验生活的充实和事业的成功,努力使自己变得自信、自立、自强。第三,要以积极的态度和行动克服生活习惯上的不适应等问题。解决这些问题的方法很多,最重要的是要用心理学的方法进行自我调节,使自己保持情绪的相对稳定,心平气和地与环境中各种相关因素打交道,有了不良情绪及时地加以消除,如此坚持不懈,任何困难都能被战胜。

(二) 合理规划目标

目标对于大学生的适应与发展具有重要的作用。当人们没有目标时,会感到迷茫和

空虚;目标过低时,就会缺乏动力;目标过高时,又会因为达不到理想而失望。很多困难都与目标的确定不当有关,要使自己能够成功地发展,必须为自己确立一个合乎实际的目标。

(1)制定目标。应当根据社会发展和自我发展的需要,为自己制定一个长期目标。还要制定一个为实现长期目标所设立的短期目标,即短期内要做的事。目标的确立,应从自身的实际和客观的实际出发,比如你的个性特点、能力以及客观所提供的条件等,盲目地追随别人或社会时尚,不但不会获得成功,还会影响心理平衡。

(2)调整目标。在制定好目标以后,还应该随时根据已经变化了的情况及时做出相应的调整,以免因为目标脱离实际而不能实现目标。只要我们能够确立一个合适的目标,就会有行动的方向和动力,人生就会充满信心与活力。

(三)学会与人沟通,建立良好的人际关系

人对环境的适应,主要是对人际关系的适应。有了良好的人际关系,人才有了支持力量,有了归属感和安全感,心情才能愉快。人际间良好关系的建立离不开良好的人际沟通,良好的人际沟通是开启人与人之间心灵沟通的钥匙,是化解人们之间误解和冲突的宝剑,是增进人与人之间感情的润滑剂。尊重、理解和信任他人是建立良好的人际关系的基石,只有建立在尊重、理解和信任他人的基础上,人际关系才能纯洁、长久和有活力。人际交往要心理相容。每个人的长处短处各不相同,本着"求大同存小异"的原则,学习别人的优点,包容别人的缺点,你就会得到很多的朋友。尽管现在社会竞争激烈,利益冲突增多。然而,无论什么时候,那些不过分计较自己,多为别人着想的人,总会受到大家的尊重和喜爱。

作为学生,应学会多渠道主动与老师交流和合作。首先要理解老师的多种角色,有的老师,不仅是老师,而且是领导,还是科研工作者。因此,他们的时间非常宝贵,所以如果你不能主动与大学老师沟通和交流,老师可能以为你没有这样的需求。当然,与老师的沟通和交流有多种方式,不仅可以面对面地交流,而且可以通过网络、电话、书信等来交流。

(四)正确调控自我

首先,要建立理性的认知方式。正确的认知是人适应与发展的前提和基础。人们对生活的不适应,大部分来源于对现实的不合理认知方式。例如,对自己、对别人以偏概全,对自己行为"糟糕之极"的悲观预期等。因此,大学生要培养自己的辩证思维方式,改变对自我、对他人、对社会的不恰当的认知。

其次,要适应角色要求。大学新生面临着多方面的变化,因此要了解客观的自己,了解自己的长处和缺点;要了解现在的社会和环境对自己的要求。这样做,就能使他人的"角色期望"与自己的"角色采择"一致,以便有效地控制和改变自己的态度与行为,以达到改善人际关系和提高工作和学习效率的目的,使现实的自己不断向理想的自己靠近。

第三,要有效控制情绪。情绪和情感是否良好,对人的意志、行为和个性心理等起着积极或消极的作用,同时它还主宰人的健康,影响人际关系,影响学习和工作,决定个人的成功与发展。大学生们面临着社会的巨大变革及环境和角色的改变,相应的情绪情感难免产生,若不及时疏导、控制和调适,轻者会陷入情绪低落或淡漠之中,重者会产生恐惧、焦虑、烦躁等情绪障碍,进而影响个人的适应与发展。因此,大学生必须使自己保持积极、乐观、稳定的情绪。

（五）积极行动

有的大学生认为自己不快乐或生活质量不高，一个很重要的原因就是他缺乏积极主动的行动。一切的幸福、充实与美好都与积极的行动有关。戴尔·卡耐基说得好：如果想要快乐，就为自己立一个目标，让它支配自己的思想，释放出自己的活力，并激发自己的希望。去做具体而明确的事，把自己全部心思和活力都放在其中，这就叫作积极行动。

积极行动可以摆脱由于环境不适应带来的孤独、苦闷、烦躁、恐惧和空虚。即使面对严重的生活事件或心理应激，只要不放弃积极行动，以积极的态度去处理和应对，就把损失或伤害降到最低限度。有一位失去爱女的父亲，在极度悲痛时接受心理医生的劝告，尽快投入工作，在充实的生活中缓解严重的不良情绪，最终保持了身心的健康。而他的妻子则在持续而极度的痛苦中患上了癌症。所以那些为活得太累而经常烦恼的人，应赶快行动起来，行动会带给你价值，行动会带给你心理上的健康与欢乐。

作为大学生，积极行动意味着你能积极投入学习和学校各项活动中去，积极投入社会的各项实践活动中去，在这些活动中提高自我选择、自我决断、自我管理能力，提高处理各种复杂事物的工作能力，同时也提升自己自信心，完善自己的人格。

（六）学会正确使用心理自卫机制

正确运用心理自卫机制，可以化解由适应不良引起的心理不适。比如，运用"合理宣泄"，把个人忧虑、烦恼和不平向自己信任的老师、同学、朋友宣泄一番，可能减轻心理压力。恰当的"自我安慰"，可以缓解心理冲突。"转移"，能使你避开引起自己不良情绪的人、事和环境，把情绪转移到新鲜的事情上。"升华"与补偿，是让自己的原有冲动和欲望导向更加合理的方面，使你奋发图强，创造人生新的价值。只要你相信，你是自己心理的主人，你就会成为自己的心理医生。

每个大学生都希望自己的才能得到发展，都希望生命的航船能勇敢地冲破自己的内心世界和外部世界的种种艰难险阻，坚定地驶向胜利的彼岸。那么，谁是你生命之舟的主宰呢？不是别人，正是你自己。学会控制自己的心理，学会积极地面对现实，适应现实，你就会得到发展，走向成功。

随堂演练

孤独感量表

UCLA孤独量表是由美国社会心理学家Russell等于1978年编制的，主要测量"对社会交往的渴望与实际水平的差距"而产生的孤独感，针对的是被检查者的人际关系质量，偏重于个体的主观孤独感。每个人在一生中都或多或少地体验到孤独感，有孤独感并不可怕，但是这种心理得不到恰当的疏导或解脱而发展成习惯，就会变得性情孤僻古怪，严重的甚至有可能会导致自闭症。下列是人们有时出现的一些感受，请根据你具有那种感觉的频度进行选择。答案无对错之分。

UCLA 孤独感量表

题 项	从 不	很 少	有 时	一 直
1. 你常感到与周围人的关系和谐吗	4	3	2	1
2. 你常感到缺少伙伴吗	1	2	3	4
3. 你常感到没人可以信赖吗	1	2	3	4
4. 你常感到寂寞吗	1	2	3	4
5. 你常感到属于朋友们中的一员吗	4	3	2	1
6. 你常感到与周围的人有许多共同点吗	4	3	2	1
7. 你常感到与任何人都不亲密了吗	1	2	3	4
8. 你常感到你的兴趣与想法与周围的人不一样吗	1	2	3	4
9. 你常感到想要与人来往、结交朋友吗	4	3	2	1
10. 你常感到与人亲近吗	4	3	2	1
11. 你常感到被人冷落吗	1	2	3	4
12. 你常感到你与别人来往毫无意义吗	1	2	3	4
13. 你常感到没有人很了解你吗	1	2	3	4
14. 你常感到与别人隔开了吗	1	2	3	4
15. 你常感到当你愿意时就能找到伙伴吗	4	3	2	1
16. 你常感到有人真正了解你吗	4	3	2	1
17. 你常感到羞怯吗	1	2	3	4
18. 你常感到有人围着你但并不关心你吗	1	2	3	4
19. 你常感到有人愿意与你交谈吗	4	3	2	1
20. 你常感到有人值得你信赖吗	4	3	2	1

【得分详解】

各条目得分之和即为该量表的总分。高分表示孤独程度高。其中,大于44分说明孤独感很强,小于28分说明孤独感很弱,大部分人为33～39分。

实践指导

- -

合力吹气球

实践目的
训练同学之间的沟通配合能力,借着分工合作来完成任务。

实践准备
准备每组各6张签,各组1个气球

实践过程

(1) 在纸上写：嘴巴(1 张)、手(2 张)、屁股(1 张)、脚(2 张)。

(2) 将学生分组，每组必须要有 6 个人，老师请每组每人抽签。

(3) 抽到"嘴巴"的必须借着抽到"手"的两个人的帮助来把气球给吹起(抽到"嘴巴"的人不能用手自己吹起气球)；然后两个抽到"脚"的人抬起抽到"屁股"的人去把气球给坐破。

大手拉小手

实践目的

让学生更快地了解身边的同学，建立友情。

实践准备

准备一处空旷的场地。

实践步骤

(1) 由老师介绍一下班里的情况，让彼此有个大致的了解。

(2) 学生进行简短的自我介绍，而后各自寻找自己的老乡，手拉手围坐在一起形成团队。

(3) 各团队进入交流环节，并分别准备一个节目进行才艺表演。

思考与练习

1. 谈谈大学新生的心理特点，并分析自己刚刚进入大学时的心理状态。

2. 大学新生心理适应问题主要有哪些方面？

3. 大一学生小明发现现实中的大学生活和理想中的大学生活相差太大，他很苦恼。面对这种矛盾状况，小明应该采取什么途径来解决？

第五章
大学生的人格与心理健康

📖 **案例导读**

偏执型人格

刘某,大三,男,23岁。

自述:"高中三年级时,我学习成绩相当不错。一般来说,虽然我经常和人交流,喜欢和同学聊天,但我总觉得他们羡慕我的能力,总是用奇怪的眼神看着我。虽然他们经常否认嫉妒我,但我认为他们说的不是真的,他们是在为自己辩护。为什么有些人不接近我? 是嫉妒我的天赋。同时,在那个时候,我喜欢顶撞班主任。我认为他的想法经常是错误的,但他说我错了。你看有多可笑。我总是走自己的路,凭自己的意志说话做事,因为我有比他们更强的能力和智慧。当然,有时候成绩不理想,但不是因为我的能力,而是客观原因所致。我不在乎别人的喜怒哀乐。我觉得我属于他们眼中'人见人恨'那种人。他们也认为我头脑简单,最好欺负。后来,我不想和他们交往,我宁愿一个人,但我对别人的怀疑丝毫没有减弱。"

"我对任何人,包括班里任何同学,甚至自己的父亲,不管他们做什么事、说什么话,我都从心里怀疑。我为什么要信任他们呢? 如果信任他们,说不定哪天他们就会利用我的信任加害于我。这不,最近我就被人利用了,可以说是毫无理由的,我被辅导员叫去谈话。为什么要找我谈话? 我断定有人搞鬼,他们肯定嫉妒我的才干,我为此感到愤愤不平,我觉得辅导员这样对我实在是很不公平。辅导员说我一直搞不好同学关系。我为什么要理那些人呢? 我已给校长写信,直述了我所蒙受的耻辱,并且直述了我对辅导员的看法,我非把他搞垮不可。我女朋友还不让我这样做呢! 她劝我算了,我不听,她就说我有病。我有什么问题? 我看是她变心了。我一直都注意到,她每次到班里,看那位辅导员的眼神都很特殊。如果他们俩真有什么,我就更跟他们没完。"

学习提示

从刘某的自述及与他的交谈中都能明显感觉到,刘某敏感多疑,对任何人都不信任,经常感到自己被轻视,受到别人的攻击。他虽然觉得自己在很多方面都不失为强者,但总自以为是,自命不凡,总也免不了无端的自卑,这些都是人格障碍的表现。

人格是个体在对人对己及适应环境的过程中区别于他人的性格特质。这种特质是在遗传与环境的交互作用下逐渐形成的。一个人的人格是否健全,对个人能否获得幸福的生活,学业、事业能否成功,以及对他人与集体会产生什么影响均有直接作用。一个人格健全的人同时也意味着是一个心理健康的人。心理健康是人格健全的基础,人格健全是心理健康达到一定高度的体现。了解人格形成的基础,了解健全人格的特征、影响因素、标准及塑造健全人格的方法,对大学生心理健康发展具有重要意义。

本章的主要内容,是结合大学生的实际,介绍大学生人格与心理健康的关系,以及大学生的人格缺陷和障碍及其矫治等。

第一节 人格发展概述

一、人格概述

人格是个体在行为上的内部倾向,它表现为个体适应环境时的能力、情绪、需要、动机、兴趣、态度、价值观、气质、性格和体质等心理特征的一个相对稳定的整合,是具有动力一致性和连续性的自我,是个体在社会化过程中形成的给人以特色的身心组织。

人格是心理学家用来界定自己从事研究的某一个范围,反映了心理学家从不同的侧面对人格系统所做的描述。心理学所谓的人格,通俗地说就是个性。它是指个体在先天遗传和后天环境的交互作用下,逐步形成的相对稳定的独特的心理倾向、心理特征和行为方式的整合。一般认为,人格包括个体的人格心理特征和人格倾向性两个相互联系的方面。

心 理 辞 海

人 格

"人格"(personality)一词来源于拉丁语"person",意指古希腊时期的喜剧演员在舞台上佩戴的假面具,它代表剧中人物的角色、身份和性格,与我们今天戏剧舞台上角色的脸谱相类似;而后引申为演员所扮演的角色特征。用面具指人格,用来说明表现于外的行为特点,也暗示这只是个体特点的一部分,个体还存在未显露的内隐部分。

"人格"一词在心理学中广泛应用则始于20世纪30年代,当时主要作为性格的替代概念出现。在西方语境中,"性格"往往带有道德评价的含义,而"人格"则显得更为中性。也因此,心理学界借用这个要语,指出每个人在人生舞台上各自扮演的角色及其不同于其他人的精神面貌。

二、人格的基本特性

(一)整体性

人格的整体性是指人格的多种成分和特质(如能力、气质、性格、情感、意志、需要、动机、态度价值观、行为习惯等)在人身上不是孤立存在而是密切联系的。

(二)稳定性

人格的稳定性是指个体的人格特征具有跨时间和空间的一致性。即从时间上看,一个人的人格一旦形成就比较稳定,在其幼儿期、青年期、中年期和老年期有相当的一致性;从空间上看,一个人不管在家里,在学校,还是在公共场所,其人格也具有相当的一致性。但不排斥其发展和变化。

(三) 独特性

人格的独特性是指人与人之间的心理和行为是各不相同的。世界上很难找到两片完全相同的叶子,也很难找到两个完全相同的人。在人格上的独特性或差异性就是我们平时常说的"个性"。每个人都有自己的个性。这是因为构成人格的各种因素在每个人身上的侧重点和组合方式是不同的。但不排除人格的共同性。

(四) 社会性

人格的社会性是指人格是个体在社会化过程中形成的,是社会的人特有的。可以说每个人的人格都打上了他所处的社会的烙印。不同社会的政治、经济、文化对个体有不同的影响,使人格带有明显的社会性。但不排除人格的自然性。

因此,可以这样概括:人格是个人各种稳定特征的综合体,显示出个人的思想、情绪和行为的独特模式。这种独特模式是个体社会化的产物,同时又影响着个体与环境的交互作用。

三、人格的结构

人格是由不同成分构成的一个结构系统,不同成分从不同侧面反映个体的差异。人格结构系统包括认知、动机、气质、性格、自我调控等成分。其中,气质与性格是人格的重要方面。

(一) 气质及其类型

1. 气质的定义

气质是指个体表现在心理活动的强度、速度、灵活性与指向性的一种稳定的心理特征。这种特征既决定了个体心理活动的动力特征,又给每个人的心理活动蒙上了一层独特的色彩。

2. 气质的类型

1) 胆汁质

胆汁质神经过程的特点是强但不平衡。和这种神经过程的特点相适应,胆汁质的人一般是感受性低而耐受性高,他能忍受强的刺激,能坚持长时间的工作而不知疲劳,显得精力旺盛,行为外向,直爽热情,情绪兴奋性高,但心境变化剧烈,脾气暴躁,难以自我克制。

2) 多血质

多血质神经过程的特点是强、平衡且灵活。和这种神经过程的特点相适应,多血质的人感受性低而耐受性高;活泼好动,言语行动敏捷,反应速度、注意力转移的速度都比较快,行为外向;容易适应外界环境的变化,善交际,不怯生,容易接受新事物;注意力容易分散,兴趣多变,情绪不稳定。

3) 黏液质

黏液质神经过程的特点是强、平衡但不灵活。和这种神经过程的特点相适应,黏液质的人感受性低而耐受性高,反应速度慢,情绪兴奋性低但很平稳;举止平和,行为内向;头脑清醒,做事有条不紊,踏踏实实,但容易循规蹈矩;注意力容易集中,稳定性强;不善言谈,交际适度。

4）抑郁质

抑郁质神经过程的特点是弱，而且兴奋过程更弱。和这种特点相适应，抑郁质的人感受性高而耐受性低；多疑多虑，内心体验极为深刻，行为极端内向；敏感机智，别人没有注意到的事情他能注意得到；胆小，孤僻，情绪兴奋性弱，寡欢，爱独处，不爱交往；做事认真仔细，动作迟缓，防御反应明显。

3. 如何看待气质类型

1）气质的稳定性与可塑性

气质类型是由神经过程的特点决定的，而神经过程的特点主要是先天形成的，所以，遗传素质相同或相近的人气质类型也比较接近。一个人的气质类型在一生中是比较稳定的，但又不是不能变化的。如果在童年时期生活条件极为恶劣，或者在成年时期遇到了重大的生活事件，可以导致人的气质的显著变化。但是，这种变化过程是很缓慢的，甚至当条件适宜的话，原来的面貌还会得到恢复。所以，有人说气质的变化可能只是一种被掩盖的现象，"江山易改，禀性难移"就是这个道理。

2）气质类型没有好坏之分

气质仅使人的行为带有某种动力的特征，就动力特征而言无所谓好坏；同时，每一种气质类型都有其积极的方面，也都有其消极的方面，没法比较哪一种气质类型更好。例如，胆汁质的人精力旺盛，热情豪爽，但脾气暴躁；多血质的人活泼敏捷，善于交往，但却难以全神贯注，缺乏耐心；黏液质的人做事有条有理，认认真真，但缺乏激情；抑郁质的人非常敏锐，却容易多疑多虑。气质对一个人来说没有选择的余地，重要的是了解自己，自觉地发扬自己气质中的积极方面，努力克服气质中的消极方面。

3）气质类型不决定一个人成就的高低，但能影响工作的效率

气质类型并不能决定一个人成就的高低，这在现实生活中有大量的事例，不胜枚举。例如，俄国著名文学家中，普希金是胆汁质的，赫尔岑是多血质的，克雷洛夫是黏液质的，果戈理是抑郁质的。可见，气质类型不决定一个人智力发展的水平，也不会决定一个人成就的大小。

但是，社会实践的领域众多，不同领域的工作对人的要求是不同的，因而就有了气质类型对工作适宜性的问题。在因事择人（人事选拔）或因人择事（选择职业）的时候，都应该考虑这个问题。例如，多血质的人宜于从事环境多变、要求做出迅速反应、交往繁多的工作，难以从事较为单调、需要持久耐心的工作；黏液质的人则相反，他们适合于从事耐心细致、相对稳定的工作。如果一个人的气质类型正好适合工作的要求，他会感到工作得心应手，对工作有浓厚的兴趣。如果不考虑气质类型对工作的适宜性，将会增加人的心理负担，给他带来烦恼，也会影响到他的工作效率。

4）气质类型影响性格特征形成的难易和对环境的适应

性格主要是在后天生活环境中形成的，它包含着多种特征。不同气质类型的人在形成这些性格特征的时候有些比较容易，有些就比较难。例如，胆汁质的人容易形成勇敢、果断、坚毅的性格特征，但却难以形成善于克制自己情绪的性格特征。多血质的人容易形成热情好客、机智开朗的性格特征，却难以形成耐心细致的性格特征。

环境是在不断变化的，遇到变化的环境，一个人怎样应付，能否自如，这是对一个人适应环境能力的检验。一般来说，多血质的人机智灵敏，容易用很巧妙的办法应付环境的变化；

黏液质的人常用克已忍耐的方法应付环境,也能达到目的;胆汁质的人脾气暴躁,在不顺心的时候容易产生攻击行为,造成不良的后果;抑郁质的人过于敏感,比较脆弱,容易受到伤害,感受到挫折。后两种类型的人适应环境的能力都不强。

5)气质类型能影响健康

心身医学告诉我们,心理和身体是相互联系、相互影响、相互制约、相互转化的。所谓健康,不仅是没有疾病和衰弱,而且在生理、心理和社会适应能力方面有良好的状态。这说明心理在维护健康中的作用。一般来说,积极愉快的情绪能够提高人的大脑和神经系统的活动能力,增强人对生活和工作的兴趣和信心;消极不良的情绪会使人的心理活动失去平衡,甚至会造成身体器官及其生理生化过程的异常。

由于不同气质类型的人情绪兴奋性的强度不同,适应环境的能力不同,这会直接影响到人的健康。一般来说,气质类型极端的人情绪兴奋性或太强或太弱,适应环境的能力也比较差,容易影响到身体的健康。我们对这种极端类型的人应该给予特别的照顾,具有极端气质的人也应该学会更好地保护自己,尽量避免强烈的刺激和大起大落的情绪变化。

拓展阅读

希特勒的病态人格

希特勒就是一个典型的具有双重人格的病态人格者,他的变态人格给世界造成的灾难是空前绝后的。在第二次世界大战中的一份《希特勒性格特征及其分析报告》中揭露了鲜为人知的事实。希特勒一生没有驾驶过汽车,可是他的秘密爱好却是经常在夜深人静之时乘车,要司机以时速超过100公里的疯狂速度飞驶,以致后来造成他的司机因高度紧张而精神失常;而另一方面他又严格规定他日常所乘的车速最高时速不准超过37公里,这说明希特勒的心理矛盾和压抑状态已经达到了相当严重的程度。同时希特勒还对长桌特别感兴趣,他召开会议时总是用很长的会议桌。他拥有的最长的桌子将近50英尺(15.25米)。

这种对长桌的酷爱说明他既渴求表面上的威严,同时又对下属心存疑虑,怀有某种恐惧感。这实际上是一种心理非常脆弱的表现。在这份报告中,我们可以清楚地了解到希特勒是一个极其严重的病态人格者。

(二) 性格及其类型

1. 性格的定义

性格是一个人对现实稳定的态度和与之相适应的习惯化了的行为方式的总和。性格表现了人们对现实与周围世界的态度,对自己、对别人、对事物的态度。

2. 性格的类型

从不同角度和侧面可以对性格类型进行不同的划分,如根据知、情、意三者在性格中何者占优势,把性格划分为理智型、情绪型和意志型。理智型的人,通常以理智来评价、支配和控制自己的行动;情绪型的人,往往不善于思考,其言行举止易受情绪左右;意志型的人一般表现为行动目标明确,主动积极。

按照个体的心理活动倾向于外部还是内部,把性格分为外向型和内向型。外向型的人心理活动倾向于外部,活泼开朗,善于交际,感情易于外露,处事不拘小节,独立性较强,但有时粗心、轻率；内向型的人心理活动倾向于内部，一般表现为感情含蓄，处事谨慎，自制力强，交往面窄，适应环境比较困难。

按照个体独立性程度，把性格划分为独立型和顺从型。独立型的人，善于独立思考，不易受外来因素的干扰，能够独立地发现问题和解决问题；顺从型的人，易受外来因素的干扰，常不加分析地接受他人意见，应变能力较差。

美国医学家研究将性格分为：A 型、B 型、C 型。A 型性格者具有容易急躁、爱竞争、好斗、喜欢支配、容易激惹、成就动机较强、有闯劲、不易克制、不易知足等特点。她们往往成绩优秀，但是经常急躁的状态让自己的幸福感知度大打折扣，此类人容易罹患心脑血管疾病。B 型性格是相对健康的一种性格类型，B 型性格者容易知足、不易急躁、较平静、能控制自己的情绪、时间观念不是特别强、性格随和等特点，这种性格者对生活幸福的感知度较高，更容易觉得生活幸福。C 型性格者更容易罹患癌症。C 型性格代表着压抑自我、克制自我、偏内向、隐忍以求和别人或环境统一，内心的痛苦不乐于表达，积压在内心，久而久之，导致疾病发生。

（三）气质与性格的关系

气质与性格都是构成人格的重要因素，二者相互渗透、相互影响，彼此制约。两者不同的是性格是人格中涉及社会评价的内容，更多受到环境的影响，具有较大的可塑性。性格具有社会评价的意义，反映了社会文化的内涵，有好坏之分；而气质更多的受生理上和心理上的特点制约，虽然在后天的环境影响下也有所改变，但与性格相比，它更具有稳定性，变化比较缓慢。

四、人格与人生发展的关系

由于个体人格的完善不是天生造就的，而是个体社会化的结果，因此健全人格既是人格形成发展的过程，也是人格发展的目的。健全人格亦即人格健康，它表现为以下基本特征：

（1）人格结构中的各个方面得到协调、充分的发展；

（2）能有效地适应变化着的社会生活环境，并且自主性、创造性得到充分发挥；

（3）对心身健康、潜能发挥，以及社会生活的诸多方面产生积极有效的影响；

（4）体现了人性与社会性的协调，并代表着人类社会发展的积极方面。

人格的健康对个体发展及社会发展都具有积极的意义。这是因为：

第一，人格决定人生命运。人格对个人发展具有决定性影响。一个人选择了什么样的人格模式，将决定他的命运。小说《船》描写了在台湾社会走向现代化的历史潮流中，两个家庭、两代人之间的起伏盛衰，悲欢离合，实质上描写了大学生人格选择的成与败，读后发人深思。其中大银行家的儿子杜加文，是一名英俊聪明、风流偶傥的大学生。他有一个阔绰的家庭，有副灵活的头脑，本来是极有前途的，然而，可悲的是，在台湾社会走向现代化的过程中，选择了错误的人格模式，他觉得，人的现代化就是现代的穿着、现代的舞姿和现代的玩乐。他的这种选择完全背离了人的现代化的正确道路。开始是女友的离去，后来沉醉于游乐，不务正业，最后陷入赌窟，将万贯家财花光，父亲气死，妻子病死，儿子流落街头，本人也死于赌徒的刀下，读后使人留下无限的遗憾和怅惜。另一名大学生纪远，虽然家庭经济不富裕，没有支持他发展的充足财力，但是，却深感生活于现代社会必须有现代人的素质能力和精神品质,于是,下决心刻苦学习,熟悉社会,锻炼性格,主动经受各种考验,增长了对现代社会的适应能力,成为生活中的强者。同样生活在社会变革时期的两个大学生,一个沦为时代的落伍者,一个成为时代的佼佼者,究其原因,是人格选择的结果,选择了正确的人格模式,必将走向成功。在文化多元化和社会变革的今天,大学生面临人格模式的选择,只有选择了适应时代需要的人格模式,才能有美好的现在和光明的未来。

第二,人格影响心身健康。人格是人的心理行为的基础。人的心理行为是人格与环境相互作用的结果。人对客观世界的不同反应都打上了人格的烙印。人格在很大程度上决定了人如何对外界的刺激做出反应以及反应的方向、程度、效果,因而人格会影响一个人的心身健康及适应状况。

医学研究发现,许多心身疾病都有相应的人格特征模式,这种人格特征在疾病的发生、发展过程中起到了生成、促进、催化的作用。比如,哮喘患者多有过分依赖、幼稚、暗示性的人格特征;偏头痛患者多表现出刻板、好竞争、好嫉妒、追求完美的人格特征;而具有矛盾、强迫性、抑郁特征的人容易得结肠炎、胃溃疡等疾病。

讲究人格心理卫生并不仅仅是为了避免疾病,更重要的是要发挥积极人格的作用,增进人的社会适应能力,促进人的健康和完善,进而促进社会的文明和发展。现实生活中,一个性情开朗、热情、善于交际,为人诚恳的人,往往较容易得到群体和他人的接纳、欢迎、帮助,容易创造出一个和谐的环境,从而有利于自己的心情愉快,施展才华。大学生新生入学后,适应状况以及大学毕业走上社会后的适应状况,往往是一个人人格素质的反映。

第三,病态人格害人害己。所谓病态人格又称变态心理。人格障碍是一种人格发展的内在不协调或对正常人格的偏离现象。病态人格外表与正常人并无两样,完全能够处理生活和工作,但在情绪和行为活动方面存在明显障碍,比如情绪极不稳定,对人感情淡漠,甚至冷酷无情,行为极易得到偶然的动机或本能欲望支配,缺乏自制力和理智,行为表现过分幼稚或过分冲动。病态人格在现实社会中极为少数,他们中有的人会给他人和社会造成无法估量的麻烦和危害。

第二节　大学生人格发展的特点及缺陷

一、大学生人格发展的特点

大学生正处于身心急剧发展和自我意识由分化、矛盾逐渐走向统一的特殊时期,因此大学阶段仍然是大学生人格不断发展的重要时期。

人格是社会文化的产物。改革开放的社会背景和校园文化氛围使大学生有了更大的适应性、灵活性和发展可能,也为人格塑造提供了一个广阔的天地。在改革开放伊始,大学生强烈的主体意识显现为:"寻找自我、渴望成才",这是 20 世纪 80 年代大学生人格发展的显著特点。进入 90 年代以后,随着社会主义市场经济体制的建立,大学生逐步形成自立、平等、开放、竞争等人格特征。我国有关学者的研究表明,具有创造力的当代大学生其人格特征是:勇于创新和开拓、有努力取得成就的坚韧性、富有热情、自信心强等。然而,急剧变革、观念多元的社会文化亦使人格的形成变得困难,变得更加不确定。

根据国内外心理学家对人格素质结构的研究,结合我国当今社会发展的现状和大学生的实际表现,我们认为当代大学生在人格发展中呈现出如下几个方面的特点:

(1)能正确认知自我。首先是能自我认可,基本上能接受一切属于自我的东西,从而形成对自己积极的看法;其次是自我客体化,对自己的所有与所缺都比较清楚和明确,理解现实自我与理想自我之间的差别。大多数人都有明确的奋斗目标和愿望,并为之而努力。

(2)智能结构健全而合理。具有良好的观察力、记忆力、思维力、注意力和想象力,没有认知障碍,各种认知能力能有机结合并发挥其应有作用。

(3)对社会环境的适应能力较强,不断地进行社会化活动。当代大学生对外部世界有着浓厚的兴趣,有着广泛的活动范围和许多爱好,人际交往范围扩大,积极参与各种形式的社会实践。同时,能容忍别人与自己在价值观与信念上存在的差别,能根据事物的实际情况看待事物,而不是根据自己的主观愿望来看待事物。

(4)富有事业心,具有一定的创造性和竞争意识。能把事业看成生活的重要组成部分,在事业上有较强的进取心和责任感;具有竞争意识,具有开放性的思想观念,少有保守思想;喜欢创造,勇于创新,甘愿冒险,独立性强,富有幽默感,态度务实。

(5)情感饱满适度。情绪上稳定性与波动性、外显性与内隐性并存,情感丰富多彩,积极的情绪、情感体验在学习、生活中占主导。

这些特点表明,我国大学生人格发展状况基本良好,大学生在人格教育方面具有良好的自觉性。

二、大学生人格发展的缺陷及其表现

人格发展缺陷是介于健康人格与人格障碍之间的一种人格状态,表现为人格发展的不良倾向。大学生中有相当一部分同学存在不同程度的人格发展缺陷,常见的有多疑与抑郁、懦弱与自卑、虚荣与妒忌、懒散与拖拉等。

(一)多疑与抑郁

多疑表现为过度的神经过敏,遇事敏感,主要表现在生活中、人际交往中,一些大学生对他人不信任、不理解,非常在意他人的评价,对别人的一言一行、一举一动都十分敏感,担心别人在评论自己,说自己的坏话。这种对人的敏感、不信任,实际上也是一种缺乏自信的表现。长此以往,容易造成人际的矛盾冲突,使自己陷入生活的困境,甚至导致精神异常。

抑郁的人常表现为孤独沉默、心情郁闷,对人对事无兴趣,精神倦怠,悲观失望,自怨自艾。大学生中有相当一部分人存在抑郁倾向,他们的学习、生活、工作都因此倍受影响。

(二)懦弱与自卑

缺乏自信、容易自卑是大学生中普遍存在的现象。自卑的人总是对自己缺乏客观而全面的认识,甚至夸大自己的弱点与不足,一遇挫折就容易灰心丧气,自惭形秽。大学生中强手林立,能人才子很多,要想鹤立鸡群、出人头地不是容易的事情。当你在为学习中取得好成绩而感到高兴时,你可能又会因某项活动中比他人稍逊一筹而叹息不已。人与人的比较是普遍存在的。在比较中认识自己,提高自己,这是有益的。但如果总拿自己的弱项比他人的强项,则容易对自己失去信心,产生自卑。

懦弱是自卑的一种表现。懦弱的人胆小拘谨,遇事总是退缩,十分谨慎,遇事总受他人影响,缺乏主见,优柔寡断。

(三) 虚荣与妒忌

好虚荣的人往往把自己摆在不恰当的位置上,盲目地自高自大,有意无意地显示、夸大自己的优点。为了显示自己或引起他人的注意,常常会做出一些与自己的实际情况不相符合的事情,以致招致别人的反感。

妒忌是指抱怨、憎恨某一方面超过自己的人,它常与狭隘联系在一起。妒忌的人遇事斤斤计较,心胸狭窄,容不得比自己强的人,对他们总是耿耿于怀,甚至产生诋毁、伤害的念头。

(四) 懒散与拖拉

懒散与拖拉是不少大学生的通病。导致懒散与拖拉的原因,一是试图逃避困难的事,不是根据事情的轻重缓急,而是拈轻怕重;二是目标不明确,缺乏计划性,东一榔头,西一棒槌,最终一事无成;三是惰性作用,事情既不多也不难,可就是不愿去干,能拖就拖,能不干最好。懒散、拖拉不仅浪费时间,还会丧失机遇,从而给自己增加压力,带来麻烦,造成方方面面的损失。

大学生要塑造自己的健全人格,必须注意防止与改造人格发展中的不良方面。

心理辞海

角色效应

现实生活中,人们以不同的社会角色参加活动,这种因角色不同而引起的心理或行为变化被称为角色效应。人的角色的形成首先是建立在社会和他人对角色的期待上的。比如说,很多老师普遍存在着对学生社会角色期望的偏差,"好学生"的标准就是"学习好",而学习好的标准就是成绩好;有很多人把自己与长辈的角色等同起来,常以"我的爷爷是专家""我的爸爸是×××"等为炫耀,从而形成了狂妄自大、目中无人的畸形心态。这种角色效应会对大学生人格的形成和发展带来消极的影响。

三、大学生人格障碍及形成原因

人格是个人心理特征的稳定结构,是个体与他人相互区别的特质。健康的人格是我们孜孜以求的,但并不是每个人都有健康的人格,在大千世界里,人格障碍、人格缺陷也在困扰着许多人的生活,使美好的人生陷入了误区,这确实应该引起我们大学生足够的重视。因为这种误区是人生的障碍,是大学生成才的大敌。

(一) 人格障碍

人格障碍又名病态人格,指不伴有精神症状的人格适应缺陷,对外界适应不良,明显影响其社会和职业功能。大学生中人格障碍问题主要表现为人格发展过程中程度较轻的缺陷或弱点,或称人格缺陷。经过科学的调整是可以改变的。

(二) 人格障碍的基本特征

有些人把人格障碍看作是精神病,这种观点是错误和有害的,人格障碍是一种介于精神病与正常人之间的行为特征，因而患者既不是"精神病"，又不能算是正常人。它一般有以下几个共同特征：

（1）一般始于儿童、青少年期。人格是从小逐渐形成的，人格障碍患者的异常情绪反应与行为方式，都是在其儿童成长过程中习得的，往往在儿童期就有征兆，到青春期开始显著。但年龄愈小，人格的可塑性就愈大，所以在青春期以前不能轻易地诊断人格障碍。

（2）社会适应性差。人格障碍患者情绪不稳、感情淡漠，自制能力较差，易冲动，常与别人发生矛盾冲突，人际关系紧张，会做出不符合社会与道德规范的事情。

（3）常把自己遇到的任何困难都归咎于命运或别人的错误。他们不会感到自己有什么缺点，有什么需要改正，而常把外界的一切看作是荒谬的，不应该如此的。

（4）认为自己对外界无任何责任可言。例如，对不道德行为没有罪恶感，伤害别人而不觉后悔，并对自己的所作所为都能做出自以为是的辩解。他们总是把自己的想法放在首位，自己的利益高于一切，不管他人的心情或状况如何。

（5）极端地猜疑和固执。他们的嫉妒心极强，思维意识狭隘，其行为特点不受新环境气氛的影响。

（6）其行为后果有害。他们的行为所导致的后果常常会伤害到别人，使左邻右舍鸡犬不宁，而他们自己却泰然自若。

（7）否认自己的人格障碍。患者对自己的怪僻和不良行为并无自知之明，通常是由他人予以告知。

上述特征并不是每个病例都有，有的只具有其中的几项。从这些特征我们可以看出，人格障碍主要是自我评价、选择行为方式和情绪控制的障碍。所以心理学上把人格障碍分成三大类群：第一类是自我评价的人格障碍，以固执、自大和行为怪僻为特点，包括偏执型、分裂型；第二类是情绪控制的人格障碍，以情感强烈、不稳定为特点，包括癔症型、自恋型、反社会型、冲动型等；第三类是选择行为方式的人格障碍，以紧张、退缩为特点，主要有回避型、依赖型、强迫型等几种类型。

（三）人格障碍形成的原因

人格障碍形成的原因较复杂，大量的研究资料和临床实践表明，遗传、心理、社会环境等因素都会对人格形成产生影响，因此人格障碍是在某种不健全的先天素质，或在后天不良社会环境因素的影响下形成的。

1. 生物遗传因素

俗语说，"龙生龙，凤生凤，老鼠生来会打洞。"这说的是生物界的遗传现象。人类作为万物之灵，其延续和发展也是离不开遗传的。心理学家对人格障碍的遗传因素进行了许多研究。例如，对家谱研究表明，人格障碍患者亲属中此症的发生率与血缘关系呈正比，即血缘关系越近，发生率越高。斯莱特调查 8 对同卵孪生子和 43 对异卵孪生子，发现人格障碍和神经官能症的发病率：同卵为 25%，异卵为 20%。这都说明遗传因素对人格障碍的形成起着一定的作用。

2. 病理生理因素

虽然尚未发现人格障碍患者在神经解剖生理上存在病变，但一般认为他们在神经系统的先天素质方面有不健全的地方。大脑不健全有可能妨碍病人学习，所以他们不能从经验中取得教训。心理学家里肯和哈尔曾针对人格障碍患者缺乏焦虑和内疚的情况,进行了非常有价值的研究。他们发现,在经典条件反射实验中,人格障碍患者的皮肤电反应活动程度比非人格障碍患者低。在完成一项工作中,发现出错一次就给一次电击,结果人格障碍患者出错率比非人格障碍患者高得多,从而证明人格障碍患者没有预期的焦虑。哈尔又对原发性、继发性人格障碍患者和正常人的表态反应、紧张反应进行了测量,测量包括皮肤电反应、心跳和呼吸,发现人格障碍患者对静态和紧张刺激的自主反应程度比正常人低,从而进一步证明了人格障碍患者倾向于缺乏焦虑,因而不能从经验中吸取教训,这就表明人格障碍在某种神经系统功能上是存在障碍的。

3. 社会环境因素

这是形成异常人格的关键因素。行为主义心理学家认为人格障碍患者的异常情绪反应与行为方式,都是儿童成长过程中学习的结果。儿童通过观察、模仿,可以习得许多情绪反应和行为方式,包括一些社会不良的行为,并可通过条件反射机制而固定下来。追溯人格障碍患者的童年,我们也可以发现不良外界环境对其人格偏离所产生的影响。父母的离异、死亡,父母中有精神病患者或酗酒、偷盗、吸毒、淫乱等不良行为;父母对子女的遗弃、虐待、专制或溺爱、放纵,都可能形成儿童的异常人格。此外,学校教育中教育方法的不当,坏伙伴的引诱教唆,大量淫秽、凶杀等不良文化和思潮的泛滥,社会动乱不安,都易于形成儿童的异常人格。另外,成年人在长期严重的精神打击下(如冤狱、单独隔离、禁闭等),也会产生显著性的人格改变。

总之,促成人格障碍的因素是多方面的,它们可能综合地起着作用,只是在每一个具体病例中所占地位的主次或比重略有不同而已。人格障碍形成后,往往具有很大的恒定性,要改变并非易事。古人云:"江山易改,本性难移",就是这个意思。但是,"天下无难事,只怕有心人",只要加强自我调适和积极地进行各种心理治疗,人格障碍是可以加以纠正的。

心理辞海

手表效应

一个人如果只有一只手表,他知道现在几点了;如果有两只手表,他往往不知道现在几点了,因为他无法知道哪一只手表更加精确。

启示

教师之间、父母之间、教师与父母之间对孩子的教育要求应一致,尤其是在行为习惯、道德品质、态度与价值观等方面的培养上更要一致,否则极容易形成双重人格。家园同步教育十分重要且必要。

四、大学生中常见的人格障碍及调适

(一) 偏执型人格

1. 偏执型人格的特征

偏执型人格是指以坚定不移的固执己见为典型特征的一类人格障碍。它有以下明显的病状表现：

（1）骄傲自大，目空一切。常常自我感觉极好，总认为自己比别人强，凡事都是自己正确。他们大多看不起周围的人，认为别人都是浅薄的、小气的、虚伪的等。为了捍卫自己的"正确"，他决不允许别人冒犯自己的"权威"，当有人胆敢指出他的缺点或错误时，会引起他强烈的不满，一定要伺机报复。反正什么都是别人的过错，即使事实证明别人是对的，他也会强词夺理，从心底里表示蔑视。

（2）心胸狭窄，妒贤嫉能。不能容人，当别人比他强时，常引起他的强烈不满和妒忌。总是埋怨别人不理解他，故意忽视他的成就，凭空认定这是别人在有意嫉妒他、刁难他。为此，到处反映"真相"，无理取闹。

（3）敏感多疑，自我封闭。生性多疑，对自己评价过高，只相信自己，不相信别人，对挫折的情形过分敏感，常以为别人别有用心，想占他的便宜，想利用他，或者设有圈套等。因此，行动上常常独来独往，拒人于千里之外，从不或极少向外人袒露自己的心扉，造成自我封闭。

（4）固执己见，一意孤行。极其自负，顽固地认为自己是不会错的，我行我素。如果遇到挫折，也不会认为是自己的不对，而是把责任推向客观。因而，他既不能听取别人合理的意见，更不能从挫折中吸取教训，其结果往往是一再地重蹈覆辙。尤其严重的是，由于他一再拒绝别人的忠告，别人也逐渐有意疏远他，"惹不起、躲得起"，不愿与他交往，更不去"自找没趣"提什么建议和忠告。而偏执者又无自知之明，见无人反对，更自以为是，于是陷入恶性循环的怪圈之中。

🔑 成长的烦恼

谢某在与女友来往的早期对女友十分关心和体贴，女友也十分满意，自认为找到了如意郎君。然而在确立了恋爱关系之后，他变得疑心越来越重，总怀疑女友私下与其他男人交往，非常不放心女友的行踪，每天都要多次给女友打电话询问其在哪里，和谁在一起，在干什么。一旦发现女友和其他男人接触就发脾气，为此两个人经常吵架，后来就开始打女友，有时会把女友朝死里打，但打过之后又会痛哭流涕求女友原谅。女友实在无法忍受他的折磨提出分手后，他威胁说不会放过她和她的家人。

【案例分析】

从上述案例中基本上可以断定谢某是偏执型人格障碍患者，虽然程度并不太重，但却有向严重程度发展的明显倾向。

2. 偏执型人格的调节

1）提高认知法

由于偏执型人格障碍者敏感多疑，对别人不信任，所以首先要与他建立良好的关系，在相互信任的基础上交流情感，向他全面介绍其自身人格障碍的性质、特点、危害性及调治方法，使其对自己的行为有一个正确客观的认识和评价，并自愿产生想改变自身人格缺陷的愿望，为进一步进行心理治疗打下基础。

2）社交训练法

偏执型人格障碍者多存在紧张的人际关系，要鼓励他们积极主动地参加社交活动，在人际交往中学会信任别人，消除不安感。社交训练的要领是：① 交往中尽量主动给予别人各种帮助。尤其当别人有困难时,更应尽力相助,这样有助于增进友谊。② 真诚相见,以诚交心。与人交往时要诚心诚意,要相信大多数人是友好的,可以依赖的,不应该对朋友存在偏见和不信任态度。③ 注意交友的"心理相容"原则。俗话说,"物以类聚,人以群分"。说明性格、脾气的相似和一致,有助于搞好朋友关系。事实上,年龄、职业、文化修养、经济水平、社会地位和兴趣爱好等也有"心理相容"的问题。但是,基本的心理相容的条件是思想意识和人生观、价值观的相似,也就是所谓的"志同道合",这是发展关系、巩固友谊的心理基础。

3)重建认知结构法

偏执型人格障碍者喜欢走极端,这与其头脑里不合理的认知和信念相关联。因此,要改变偏执行为,首先必须分析自己不合理的认知和信念,重建自己的认知结构,以便借此新的认知和信念来产生健康的心理与适应性行为。例如,我决不能容忍别人对我的不忠;别人都是骗子,我只相信自己;对别人的进攻,我必须立即给予强烈反击,要让他知道我比他更强。可把这些信念加以改造,除去其中偏激的成分。例如,我又不是上帝,别人偶尔的不忠应该原谅;世上好人和坏人都有,我应该相信那些好人;对别人的进攻,马上反击未必是上策,而且我必须首先弄清是否真的受到了攻击。每当偏激行为出现时,就把改造过的合理化信念默念一遍,以此来阻止自己的偏激行为的发展。

4)敌意纠正训练法

偏执型人格障碍者对他人和周围环境怀有敌意和强烈的不安全感,采取以下训练方法,有助于克服对抗心理,减少偏执行为的产生:① 经常提醒自己不要陷于"敌对心理"的漩涡中,尽量减轻敌意心理和强烈的情绪反应;② 要懂得只有尊重别人,才能得到别人尊重的基本道理,要学会对那些帮助你的人表示感谢;③ 要学会向你见到的所有人微笑,这有助于良好人际关系的建立;④ 要在生活中学会忍让和培养耐心。生活中的冲突纠纷和摩擦是难免的,这时要尽量忍让和克制,要记住"退一步海阔天空"。

(二) 强迫型人格

强迫型人格障碍是一种较常见的人格障碍,它的形成一般在幼年时期,与家庭教育和生活经历直接有关。父母管教过分严厉、苛刻,要求子女十全十美,一些家庭成员的刻板性行为习惯,以及幼年时期受到过较强的挫折和刺激,都可能导致强迫型人格障碍。

1. 强迫型人格障碍的表现特征

《中国精神疾病分类方案与诊断标准》(CCMD-2-R)中将强迫型人格障碍的症状表现描述为:① 做任何事情都要求完美无缺、按部就班、有条不紊,因而有时反而会影响工作效率;② 不合理地要求别人也要严格按照他的方式做事,否则心里很不痛快,对别人做事很不放心;③ 犹豫不决,常推迟或避免做出决定;④ 常有不安全感,穷思竭虑,反复考虑计划是否得当,反复核对检查,唯恐疏忽和差错;⑤ 拘泥于细节,甚至生活小节也要"程序化",不照规矩做就感到不安甚至重做;⑥ 完成工作后常缺乏愉快和满足的体验,相反容易悔恨和内疚;⑦ 对自己要求严格,过分沉溺于职责义务与道德规范,无业余爱好,拘谨吝啬,缺少友谊往来。

至少符合上述项目中的三项方可诊断为强迫型人格障碍。此种人格最主要的特征是要求严格和追求完美,容易把冲突理智化,具有强烈的自制心理和自控行为。这类人在平时有不安全感,对自我过分克制,责任感强,在处事方面过于谨小慎微,遇事优柔寡断,缺乏幽默感,总是给人以刻板、僵化、缺乏生命活力的印象。

🔑 成长的烦恼

小刘是大学二年级学生,平时循规蹈矩,行为非常死板,办事效率极低,事事要求十全十美,生怕出差错而遭人讥笑,对自己的生活规定了许多高要求和高标准,哪怕做一件细小的事情都要按照自己规定的刻板方式去完成。

比如做作业时,课桌上的东西必须收拾得干干净净,要是课桌上多放一支笔或一本多余的书,就要担心和分心,唯恐这件东西的存在会影响自己的注意力,使自己学习不专心,因此非要放好后再做功课。摊被子要摊得非常平整,穿衣服要非常整齐无折皱。

【案例分析】

小刘的表现就是典型的强迫型人格障碍。

2. 强迫型人格障碍的调治方法

对强迫型人格障碍的治疗,主要采用心理疗法。下面介绍两种方法:

(1) 顺应自然法。森田正马教授认为,有强迫症状的人是"完美主义者",他们往往在欲求与现实之间,在"现实如此"和"事已如此"之间形成矛盾,并力图解决那些现实无法解决的冲突,对客观现实采取主观强求的态度,使症状越来越严重。因此,强迫型人格障碍的纠正主要是减轻和放松精神压力,最有效的方式是任何事顺其自然,该怎么办就怎么办,做了以后就不再去想它。比如担心门没关好,就让它没关好,开始可能会由此带来焦虑的情绪反应,但经过长时间的训练,这些症状会逐渐消除。

(2) 思维阻断疗法。强迫型人格障碍患者行为的自主权受以前思维定式的影响,把自己活泼的心智锁进了牢笼,因此通过外部手段,人为地抑制和中断其思维,让被囚禁的思想主宰自己的行为。"当头棒喝"便是阻断思维的妙法。所谓"棒喝"是借用禅宗中的"德山棒,临济喝"的说法。德山常以大棒惊吓学生,使执迷不悟的学生顿然开悟,而临济则以模棱两可的问题问学生,当学生犹豫不能答时,则大喝一声以示警醒。那些弟子为何会执迷不悟呢? 原因是他们过分依赖自己头脑中呆板的教条。当一个人过分执着于经典与规矩时,他对多变的现实就常会感到无所适从。强迫型人格的人就是这样,他们已经习惯于按教条办事,总是按"应该如何,必须如何"的准则去做事,在某种程度上像个机器人。要改变这种状况,就应在想象其强迫症状的思维过程中,通过外部控制的技术,人为地抑制并中断思维过程,经过多次重复,促使自己改变以往墨守成规、循规蹈矩的习惯,使不良症状消失。

另外,自己也可以制造一些"棒喝",当感到自己不能控制某些行为时,对自己大喝一声"停",这时人的思维、行为的习惯被打乱,自我意识就能起作用了。这种方法是很有效的。也可以请别人"棒喝",同样也能达到目的。

(三) 戏剧型人格

戏剧型人格是大学生人格障碍中最为常见的一种,以女性居多。戏剧型人格也叫歇斯底里型人格,又称癔症型人格。这种人格障碍的特点是:人格发育幼稚,情绪不稳定,言语表情动作过分夸大和做作,像演戏一样,力图成为引人注意的中心;性情急躁,易感情用事,极力追求强烈的体验,热衷于参与激动人心的场面,喜欢凑热闹,爱出风头,如缺乏现实刺激,就以想象来激发自己的情绪体验;暗示性和依赖心理特别强,又容易接受暗示,表现出高度的自我中心,意志力薄弱,对情感刺激十分敏感,因此,容易受坏人诱惑而上当受骗;情绪变化多端,心情飘忽不定,反应迅速却又十分肤浅,可以一下子热情高涨,转而瞬间即逝;易激动,表面和内心不一,难以与周围保持长久的社会关系,人际关系紧张等。这类人格障碍的人易患歇斯底里病。

1. 戏剧型人格的表现特征

《心理障碍的诊断与统计手册》(DSM-Ⅲ)对戏剧型人格障碍的诊断标准是:① 持续地寻求或要求安慰、赞同或表扬;② 在外表和行为上有不适当的性挑逗;③ 对身体吸引力过分关注;④ 用不适当的夸张来表达情绪;⑤ 当自己不是他人的注意中心时,便感到很不舒服;⑥ 情绪变化很快且狭隘;⑦ 以自我为中心,所作所为追求当即的满足,对稍迟的赞许和遇到的挫折无法忍受;⑧ 语言过分印象化,缺乏具体描述。

以上各项只要具备其中四项,即可诊断为戏剧型人格。戏剧型人格最大的危害表现在人际关系上。戏剧型人格的人在人际交往方面易受情感的影响而走向极端,好坏全凭一时的心情。有时把某人捧上天,转眼间又把他贬得一文不值。和别人好起来形影不离、极重感情;但是,过不了多久就反目成仇,形同路人。因此,很难有知心朋友。在与异性交往方面表现出两个极端,大部分戏剧型人格的人给人们的印象是轻浮、不稳重,或具有性挑逗、勾引的不正常色彩;另一部分则表现出畏惧、冷漠。戏剧型人格的人对躯体方面的自我感觉并没有像情感等方面那样良好,常常抱怨自己的身体欠佳,表现出许多病态症状,其实,这也是在变相吸引他人的注意。

2. 戏剧型人格的调治方法

人格障碍是与人格发展相联系的,其变态部分直接参与了人格的组成,而与一般的心理障碍不同,是比较难治的,需要患者在生活中慢慢自我调适。关键是患者本人要有所认识,对性格缺陷进行持续不懈的改造;如果本人认识不到,依靠外力是较难解决的。心理疗法较为有效的方法就是认知疗法和兴趣中心升华法。

1) 认知疗法

认知与行为的关系,一个人表现出的种种行为、情绪和思想,总是有因果联系的。其中很重要的一个因素是对该事物有些什么认识(知),一定的认知,对应着一定的行为。要改变错误的行为,就要考虑改变错误的认知。因此,认知疗法的第一个程序就是划界,即把错误的认知与正确的认知区分开来,划出界线。例如:

错误的认知:我不能容忍一丝一毫的失败。

不良的情绪:因为一件小事的不顺利而勃然大怒。

正确的认知:胜败乃兵家常事,我应及时总结经验吸取教训,争取干好下一件事情。

良好的情绪:为一件小事生气划不来,这件事就算了。

第二个程序是滤离,即把正确的认知留下、巩固,把错误的认知筛去、滤离,并在实际生活中经常自我反省,逐步将错误的认知一一抛弃,而将正确的认知不断积累起来,这样就会慢慢克服戏剧型人格的缺陷,完善人格。这一步工作如果意志薄弱,抱残守缺,舍不得或不敢扔掉错误的东西,那是没有什么疗效的,因此一定要有大无畏精神。当然,对于人格障碍已成定势者,可能无力进行自我认知改造,这时就要求助于心理咨询老师了。

2) 兴趣中心升华法

戏剧型人格的人其兴趣中心是自我表现,以此来获取别人的赞赏或表扬。要调适戏剧型人格的人格障碍,就必须将兴趣中心从自我表现方面转向去干有意义的事情或活动上。精神分析大师弗洛伊德认为,兴趣中心转移的最佳方式是升华。善于自我表现的人往往具有一定的表演才能,如果能把兴趣中心转移到表演艺术中去,便会将原有的心理能量转移到表演艺术中去,以此使自己的兴趣中心得到升华,如参加学校组织的各种文艺团体、时装表演队;也可根据自己的兴趣和爱好,做一些力所能及的有价值的工作(活动),如去美容店工作、进行化妆品推销、时装裁剪、纺织等,丰富自己的业余生活,提高自己的审美情趣。更重要的是通过兴趣中心升华,可以把原先无聊的自我表现欲转移到有价值的工作中去,逐步调适自己的不良人格。

(四) 自恋型人格障碍

古希腊有一个神话故事,说的是一位英俊少年叫纳喀索斯,有一天他在水中发现了自己的影子,便一见倾心,再也无心恋及他人他事,在水边依依不忍离去,终于憔悴而死。后来心理学上便以纳喀索斯的名字来命名自恋症。

1. 自恋型人格障碍的表现特征

对自恋型人格障碍的诊断,目前尚无完全一致的标准,一般认为其特征主要如下:① 不能接受批评。对批评的反应是愤怒、羞愧或感到耻辱。② 喜欢指使他人,要他人为自己服务。③ 过分自高自大,对自己的才能夸大其词,希望受人特别关注。④ 过分自信。坚信他关注的问题是世上独有的,不能被某些特殊的人物了解。⑤ 想入非非。对无限的成功、权力、荣誉、美丽或理想爱情有非分的幻想。⑥ 唯我独尊。认为自己应享有他人没有的特权。⑦ 爱慕虚荣。渴望持久的关注与赞美。⑧ 冷漠。缺乏同情心。⑨ 有很强的嫉妒心。

只要表现出其中的五项,即可诊断为自恋型人格。自恋型人格在许多方面与癔症型人格的表现相似,如情感戏剧化,有时还喜欢性挑逗等。二者不同之处在于,癔症型人格的人性格外向、热情,而自恋型人格的人性格内向、冷漠。这种人大多表现为自我重视,缺乏同情心,对别人的评价过分敏感,对别人的才智十分嫉妒,在与别人相处时,很少能设身处地理解别人的情感和需要,所以人际关系很糟,容易产生孤独抑郁的心情,加之他们有不切实际的高目标,往往容易在各个方面遭受失败。

🔑 成长的烦恼

谢某,女,学习成绩很好,和同学交往时总觉得大家都嫉妒她的才能,总是用一种异样的眼光看她,认为有的同学不愿同她交往就是因为嫉妒她的才能。谢某总觉得自己具有比别人更强的能力和智慧,说话办事我行我素。她对班里的同学,甚至自己的家人,都从心里怀疑,害怕信任别人会遭到别人的利用。最近,谢某没有竞争到学生会主席的位置,她认为是有人在暗箱操作,为此写信给院领导诉说对竞选活动中的评委的不满。

【案例分析】

从上述案例中基本可以断定谢某是自恋型人格障碍患者,虽然程度并不太重,但却有向严重程度发展的明显倾向。

2. 自恋型人格障碍的调治方法

1) 解除自我中心观

自恋型人格的最主要特征是以自我为中心,在人的发展过程中自我中心最显著的阶段是婴儿期。也就是说,自恋型人格障碍患者的行为实质上退化到了婴儿期。朱迪斯·维尔斯特在他的《必要的丧失》一书中说道:"一个迷恋于摇篮的人不愿丧失童年,也就不能适应成人的世界。"因此,对自恋型人格的治疗,应该从了解那些婴儿化的行为着手。患者可把自己讨人厌的人格特征一个一个写下来,看看有多少婴儿期的成分。例如,渴望持久的关注与表扬,一旦被忽略便采用偏激的行为;喜欢指使别人,把自己看作太上皇;对别人的好东西垂涎欲滴,对别人的成功无比嫉妒……通过回忆自己的童年,便可发现以上人格特点在童年就有了其原型:总是渴望父母关注与赞美,每当父母忽视这一点时,便哭闹或做些异想天开的动作以吸引父母的注意;总想占有一切,别的小朋友有的,自己也想有……

每个人都有属于自己的好东西,我要争取我应得到的,但不嫉妒别人应得的。可以请一位比较亲近的人作为监督者,一旦出现以自我为中心的行为,便给予警示,督促患者及时纠正。通过这些努力,自我中心观是会慢慢消除的。

2) 学会爱别人

对于自恋型人格的人来说,只解除自我中心观念还不够,还必须学会去爱别人、关心别人,这样不仅使自己在他人生活中的重要性增加,而且也使自己有一种满足感,从而体会到放弃自我中心观是个明智的选择。因为要获得爱首先必须付出爱。弗洛姆在他的《爱的艺术》中阐述了这样的观点:幼儿的爱遵循"我爱你因为我被爱"的原则;成人的爱遵循"我被爱因为我爱"的原则;不成熟的爱认为"我爱你因为我需要你";成熟的爱认为"我需要你因为我爱你"。维尔斯特认为,通过爱可以超越人生。

生活中最简单的爱的行为便是关心别人,尤其是当别人身在困境需要帮助的时候。例如,当别人生病时及时送上一份问候,病人会真诚地感激你;当别人在经济上有困难时,你力所能及地解囊相助,便自然会得到别人的尊敬。只要你在生活中多一份对他人的爱心,你也会收获到爱的回报,品尝到被人关心的甜蜜,你的自恋症状自然便会减轻。

(五) 反社会型人格障碍

反社会型人格也称悖德狂人格或精神病态人格,是心理学家和精神病专家极为重视的一种人格障碍。1835 年德国的皮沙尔特首先提出了"悖德狂"这一诊断名称,指出这类患者有本能欲望、兴趣嗜好、性情脾气、道德修养方面的异常改变,但没有智能、认识或推理能力方面的障碍,亦无妄想或幻觉。后来"悖德狂"的名称逐渐被"反社会型人格"所代替。此种人格引起的违法犯罪行为最多。罪行特别残酷或情节恶劣的犯人,其中 1/3 到 2/3 的人都属于此类型人格。其共同心理特征是:情绪的暴发性,行为的冲动性,对社会对他人冷酷、仇视,缺乏同情心和责任感,缺乏羞愧悔改之心,不顾社会道德、法律准则和一般公认的规范,经常发生反社会言行,不能从挫折与惩罚中吸取教训,缺乏焦虑感和罪恶感等。

1. 反社会型人格障碍的表现特征

心理学家克莱克利在他的《正常的假面具》中,系统地阐述了反社会型人格的 16 条明显特征:① 智力正常,外表迷人,初次相见给人很好的印象。② 没有通常被认为是精神病症状的非理性和其他表现,没有幻觉、妄想和其他思维障碍。③ 没有神经症性焦虑,对一般人心神不宁的情绪感觉不敏感。④ 他们是不可靠的人,对朋友无信,对亲人不忠。⑤ 对事情不论大小,都无责任感。⑥ 无反悔之心,也无羞耻之感。⑦ 掩饰能力极强。有反社会行为但缺乏契合的动机,叙述事实真相时态度随便,即使谎言被识破也是泰然自若。⑧ 判别能力差,常常不能吃一堑长一智,不能从经验中吸取教训。⑨ 病态的自我中心。自私、心理发育不成熟,没有爱和依恋能力。⑩ 麻木不仁,对重要事件的情感反应淡漠。⑪ 缺乏真正的洞察力,不能自知问题的实质。⑫ 对一般的人际关系无反应。⑬ 常做出幻想性的或使人讨厌的行为。对他人给予的关心和善意无动于衷。⑭ 无真正企图自杀的历史。⑮ 性生活轻浮、随便,方式与对象都与本人不相称。⑯ 生活无计划、无规律,没有稳定的生活目的。他们的犯罪行为也是突然迸发的,而不是在严密计划和准备下进行的。在对反社会型人格进行诊断时,最重要的是看个人对自己所做的错事或坏事有无责任感和羞耻心,反社会型人格障碍患者即便在做了大多数人通常会感到可耻和罪恶的事后,在情感上也无反应。

2. 反社会型人格障碍的调治方法

由于反社会型人格障碍的病因相当复杂,目前对此症的治疗尚缺乏行之有效的方法。使用镇静剂和抗精神类药物治疗只能治标不治本,且疗效不显著,而心理治疗对那些由于神经系统功能而成为反社会型人格的患者又毫无作用。但在实践中发现,对那些由于环境影响形成的、程度较轻的患者,实施认知领悟疗法有一定疗效。帮助患者提高认识,了解自己的行为对社会的危害,培养患者的责任感,使他们担负起对家庭、对社会的责任;提高患者的道德意识和法律意识,使他们明白什么事可以做,什么事不能做,努力增强控制自己行为的能力。这些措施对减少患者的反社会型行为不失为有效的方法。

少数与家庭关系极为恶劣而与社会相处尚可的患者,可以在学校或机关住集体宿舍,以减少对家庭环境的负面影响,同时培养其独立生活的能力。个别威胁家庭与社会安全的患者,可送入少年工读学校或成人劳动教养机构。对情节特别恶劣、屡教不改的患者可采用行为疗法,当患者出现反社会行为时,给予强制性的惩罚(如电击、禁闭等),使其产生痛苦的体验,通过这样减少其反社会的行为。然后根据其行为矫正的程度,放宽限制,逐步恢复其正常的家庭生活和社会生活。

拓展阅读

反向观念法克服人格障碍

人格障碍者大多伴随有认识歪曲现象,反向观念法是改造认识歪曲的一种有效方法。反向观念是指自己主动与自己原有的不良自我观念唱反调,原来是以自我为中心,现在则应逐渐放弃自我中心,学习设身处地为他人着想;原来爱走极端,现在则学习多方位考察问题,来点中庸;原来喜欢超规则化,现在则应偶尔放松一下,学习无规则地自由行事。

采用反向观念法克服缺点的要点是:先对自己的错误观念进行分析,然后提出相反的改进意见,在生活中努力按新观念办事。这种自我分析可以定期进行,几天或一星期一次,也可以在心情不好或遭挫折之时进行。认识上的错误往往被内化成无意识的,通过上述自我分析,就可把无意识的东西上升到意识的自觉层次,这有助于发现和改进自己的不良人格状态。

第三节　心理健康与健全人格的塑造

一、培养健康心理的途径

(一) 培养良好的心理品质

人的任何活动都是在心理活动参与下实现的。大学生保持心理健康、优化心理素质的重要途径之一是注意培养锻炼自己的个性心理品质,增强自己的"免疫"能力。那些容易出现心理问题的人常常有个性缺陷,这是形成心理障碍的内在因素。大学生们应了解自己,发挥主观能动性,自觉主动地培养优化个性心理品质。

第一,树立正确的人生观。人生观决定人生的方向和道路,决定人生的意义与价值。正确的人生观是形成大学生良好心理素质的基础。大学生只有树立了正确的人生观,掌握了辩证唯物主义和历史唯物主义方法论,才能科学地分析问题,冷静、妥善地处理个人与他人、个人与社会的关系,从而热爱生活、坚定信念、乐观向上,这将大大有利于保持心理健康。

第二,客观评价自我,积极悦纳自我。个性的核心是自我。个体对自我的认识和评价越接近实际,社会适应能力就越强。反之,过低评价自己或过高评价自己,常会感到焦虑不安而产生心理问题。只有客观评价自己,不苛求自己,不为自己的缺点而沮丧,也不为自己的长处而自傲。能扬长避短,乐观自信,宽容豁达,才能促进个性的发展与完善,并进而增进心理健康。

第三,提高挫折承受能力。挫折是指个体在通向目标过程中遇到了难以克服的障碍或干扰,致使目的不能实现、需要无法满足时所产生的紧张状态或情绪反应。大学生活中,不可避免地会遇到挫折,从而导致心理失衡。要提高挫折承受能力,首先应正确认识挫折对人的双重影响:既能促使人的认识能力深化,成为成长的新契机;又能使人产生心理痛苦和情绪紊乱,甚至行为偏离正常轨道。其次要认识到挫折的不可避免性。面对挫折应该不害怕、不逃避、不气馁,在挫折中磨炼成熟,在困境中崛起奋进。提高挫折承受能力还应该加强自身修养,勇于实践,在社会生活中锻炼自己,向生活学习,向他人学习,自我反省、自我激励、积极进取、坚持不懈、顽强拼搏,才能迎接成功。

第四,自觉扩大个人的生活领域和知识领域,广交良师益友,积极参与各种社会活动,如社会调查及参观、专业实习、社团活动、科技服务、勤工助学以及各种类型的文体活动、学术交流活动等。这些活动一方面有益于大学生开阔视野、启发思维、提高各种能力,另一方面能使大学生在这些活动中寻找乐趣、消除烦恼、缓解紧张的学习气氛,给心理以缓冲和调适,维护身心健康。

(二) 重视心理卫生

心理卫生又称精神卫生。就广义而言,是指维护和增进心理健康,培养健全人格,以提高对社会生活的适应及改造的能力;就狭义而言,是指预防和矫治各种心理障碍、心理疾病。从大学生培养健康心理的角度看,则应更重视前者。

首先,大学生要加强心理卫生知识学习,包括学习心理学、心理卫生学等。青年大学生可通过自学、讲座、课堂教学和宣传媒介等各种途径了解掌握这方面的知识,它将有益于大学生从理论上正确理解和认识自身所出现的心理问题,并在实际生活中予以有效的解决。

其次,要注意保护大脑。大脑是人们思维活动的物质承担者。离开大脑,就没有智力、没有思想,也就没有思维活动。而大学生的劳动形式基本上是繁重的脑力劳动。所以,注意保护大脑,更具有特殊的重要意义。在此,主要应做好三个方面的工作:一是要学会科学用脑。就是合理用脑、适时用脑、张弛有序,避免用脑过度引起神经衰弱。二是要注意营养健脑。以必要的营养来保护大脑正常工作所必需的能量。三是对疾病要及时进行医疗,以免造成严重后果。

(三) 加强自我调适

自我调适是心理保健的核心内容。它是着意于保持心理平衡,注意调整和加强心理训练,锻炼意志品质,保持健康的情绪状态的心理过程。其中特别要注意保持乐观的情绪,它对人的身心健康影响极大。调整情绪主要从两个方面进行,首先从思想上确立切实的理想志愿和合理的需要,以获得需要满足后的愉悦感,使自己经常处在一种积极、健康、乐观的情绪状态中。其次要有意识地建立积极的心理防卫机制。这种心理自我防卫有积极和消极两种形式,积极的形式具体表现为:

(1) 转移。个体在遇到不愉快的事或心情烦闷时,有意识地把这种情绪转移到可以替代的事物上去,如看电影、听音乐等。

(2) 补偿。个体在某一方面不能取得成功时,不为生理或心理上的缺陷和不足而感到自卑,而是设法发展自身长处,在另一方面取得成绩去加以弥补。

(3) 幽默。个体在遇挫或处于困境时,用幽默来消除误会,化解紧张气氛,放松情绪以维持心理平衡。

(4) 调整。个体在一再受挫后,及时调整目标,或降低要求,或改变策略,另辟蹊径,达到目的。

(5) 升华。当个人欲望因条件不能满足时,把原有压抑在意识中的内部动机,转向社会许可的文化艺术、科学研究或其他有益的活动中去,求得成功,以获得更新更高的精神满足。

(四) 养成健康的生活方式

生活方式对心理健康的影响已经越来越为人们所关注。为了全面提高自身素质,保持身心健康,必须养成健康的生活方式。

1. 生活要有规律,善于利用闲暇

大学生应该做生活的主人,管理好自己的时间,安排好学习、生活和娱乐,做到有计划、有安排、有效地利用时间。作息时间有规律,不熬夜、不贪睡,始终保持旺盛的精力。同时,给自己留出闲暇时间,从事学习以外的活动(如娱乐、社交、勤工俭学等),从而丰富自己,消除疲劳,提高效率。

2. 注意劳逸结合,坚持锻炼身体

生命在于运动。大学生学习任务重,长时间的读书不仅会损害躯体,也会使大脑兴奋,抑制过程失调,导致神经衰弱。坚持锻炼可以提高中枢神经系统的反应能力,增强肌肉活动的能力,加速人体生长发育。坚持锻炼也可以使人感觉敏锐,观察力增强,促进注意力和记忆力的发展,提高思维的敏捷性和灵活性,培养乐观开朗情绪,增强自信心,减轻精神压力。

3. 广泛培养兴趣，丰富课余生活

人都需要娱乐，变换兴趣，丰富生活，以防止变得迟钝、封闭。大学生在学习之余参加娱乐活动，可以使单调的生活得以调剂，不但能消除疲劳，还能松弛情绪，焕发精神，解除苦闷，提高学习效率，增加生活乐趣。同时参加自己感兴趣的活动还可以得到他人的接纳，获得朋友的支持，学习他人的经验，满足社交欲求等精神需要。一个知识面宽、兴趣广泛的大学生，对挫折的承受力就比较强。相反，一个对什么都兴趣索然的学生，必然感到生活枯燥、精神空虚、心理承受力低，也就容易导致心理异常。

4. 科学饮食，不嗜烟酒

饮食习惯也是生活方式的组成部分。合理的饮食包括三餐定时定量，不挑食偏食，不暴饮暴食，营养均衡。烟草对人身心健康的危害极大，影响智力，使人反应迟钝，导致工作学习效率下降。饮酒过量不仅可能引起酒精中毒、肝硬化等，还可能产生幻觉、焦虑、抑郁状态，使人格改变，责任感下降。大学生为维护身心健康，应该不吸烟、少喝酒，倡导文明的生活方式。

5. 积极参加心理咨询

在维护与促进心理健康中，大学生除了重视自我的调节，重视朋友的帮助、家长的支持、老师的指导外，还应该有寻求专业人员帮助的意识。特别是当心理压力较大，内心冲突激烈，自我调节难以奏效时，更应主动、及时寻求支持和帮助。心理咨询是保持心理健康、优化心理素质的重要途径。

我国当代大学生正处于一个特殊的时期，即社会充满挑战与机遇，而身心发展激烈变化尚待完善。大学生要想立志成才，就必须具有健康的心理。其中关键的环节之一就在于要学会心理调节，培养良好的心理状态和个体心理素质。这必将有力地促进大学生健康成长。

二、健全人格塑造的原则和方法

人格的形成、发展、完善是主体与客体相互作用的过程。随着大学生心智的成熟，大学生的人格塑造具有越来越大的主观能动性，表现为对外界影响具有自己一定的判断与选择性，大学生自身的理想与信念、对自身的认识、对完美人格的向往是大学生塑造健全人格、陶冶性情的强大动力。因此，大学生健全人格的塑造，需要充分发挥自身的主体作用。大学生在塑造自我健康人格的同时，要服从于自身心身健康和发展的需要，服从于现代化建设和社会进步的需要。这是大学生健康人格塑造尺度。

1. 确定人格塑造导向，扬长补短

为了有效地进行人格塑造，应深刻理解人格塑造的意义，充分了解自己的人格现状，明确人格塑造的目标、内容、途径、方法。人格塑造有两种基本方法：一是择优，二是汰劣。大学生要培养、完善自己的人格，就应该对自己的人格素质中的长短处、优缺点有个清醒的认识，这样，才能明确目标，从实际出发，扬长补短，对自己的人格品质进行优化组合。择优的方法即选择某些良好的人格品质作为自己努力的目标，比如，自信、开朗、热情、勤奋坚毅、诚恳、善良、正直等人格特征，可作为人格塑造的依据。汰劣的方法即针对自己人格上的缺点、弱点予以纠正。比如，自卑、抑郁、胆小、冷漠、懒散、任性、粗心急躁等。在多数情况下，择优与汰劣往往是一起进行的，择优的过程就是弥补不足的过程，而改正缺点也是培养优点。

2. 具备心理知识和人文素养

美国未来学家英格尔斯说:"现代人之无愧于自己称号的一个重要标志,乃是他具有传统人无法比拟的广阔视野和丰富知识。"知识是现代人格塑造的必备条件。现代人是具有独立人格的人,而人格的独立离不开知识的支撑。应该说,每一个健全的人都应该有自己的思想,能进行独立思考。一个人要进行独立思考,就需要有广泛的知识,尤其是有关社会与人生方面的知识。高尔基说过,人的知识越广,人的本身的境界也越臻完善。学习知识,增长智慧的过程也是人格优化的过程。现实中,不少人人格的缺陷是源于知识的贫乏,比如,无知容易粗鲁,自卑,而丰富的知识则容易使人自信、坚强、礼貌、谦和等。具备一定的心理知识和人文素养,就等于拥有了心理健康的钥匙,掌握了心理素质完善和人格健全的主动权。这样当自己的情绪出现困扰的时候,就能够应用自己的知识和经验储备,进行自我分析、自我调节,实现自助自救,或者及时求助于心理咨询的职业机构。

3. 锻炼意志

意志在人格特征中占有非常重要的地位。坚强或软弱的人格特征主要是以意志的发展水平为标志的,因而,培养坚强的意志是人格塑造的重要内容和途径。不仅仅如此,意志的锻炼还将直接促进其他人格特征的培养。无论是人格的择优还是汰劣,都是一个艰苦、长期的过程,其间意志力的强弱对人格塑造起着促进或阻碍的作用。

4. 融入集体中

人格发展、塑造的过程,是人社会化的过程,是人与他人、集体、社会互动的过程。人格在集体中形成,在集体中展现,正如马克思指出的:"只有在集体中,个人才能获得全面发展其才能的手段,也就是说,只有在集体中才可能有个人的自由。"集体是人格塑造的土壤。

集体是一个人展现其人格的舞台,也是认识自己人格的一面镜子。通过与集体交往,自己的某些品质或受到赞扬、鼓励,或受到指责限制,从而有助于调整自我,而且集体能伸出手来,帮助集体中的个人择优汰劣。因而,集体是锻炼人格品质的熔炉。

5. 把好人格塑造的"度"

人格发展和表现的"度"是十分重要的,否则会"过犹不及"。列宁指出:"一个人的缺点仿佛是他的优点的继续,如果优点的继续过了应有的限度,表现得不是时候,不是地方,那就会变成缺点。"

人格塑造的度,具体地说,应该是坚定而不固执;勇敢而不鲁莽;豪放而不粗鲁;好强而不逞强;活泼而不轻浮;机敏而不多疑;果断而不冒失;稳重而不寡断;谨慎而不胆怯;忠厚而不愚蠢;老练而不世故;忍让而不软弱;自信而不自负;自谦而不自卑。

人格"度"的把握除了人格品质要健康地发展,避免偏向外,还表现在不同性质的人格品质要协调地发展,即"刚柔兼济",对于"刚"者应多发展"柔",对"柔"者应加强"刚",这样才能形成合理的、和谐的人格结构;再者,要因人因时因事因地表现人格特征,这样所塑造出来的人格才有韧度,才有较强的适应能力。

6. 提高自我教育的能力

实践证明,只有自我教育自觉性强和方法正确的人,才能有完善的人格。自我教育的方法很多,如学习理论知识,参加社会实践,进行人格心理咨询,开展批评与自我批评,以及"慎独""兼听""吾日三省吾身"等。

7. 掌握情绪调控的科学方法

情绪伴随心理活动始终,对心理健康的影响很大。心理失衡的主要症状是情绪困扰。个体可以通过合理的方法调控情绪,保持良好的心境。情绪调控的具体措施有:转移;合理宣泄;积极的自我暗示;理性的分析。

8. 乐于交往,建立良好的社会支持体系

个体通过人际交往能够更加客观充分地认识自己,发现、学习他人的优点,纠正自己的不足。人际交往有助于个体建立良好的社会支持体系,以得到及时的帮助和支持,以免心理冲突的加剧和危机的发生。

9. 养成健康的生活方式

要做到生活有规律;科学用脑;锻炼身体;合理饮食,不嗜烟酒;丰富自己的兴趣爱好和业余生活。

10. 求助于心理咨询

大学生要改变以前的错误认知,充分利用门诊咨询、团体辅导以及心理热线等多种心理咨询渠道,以便更加有效地维护心理健康,优化心理素质,促进人格完善。

美国著名心理学家詹姆斯曾这样说:"播下一种心态,收获一种思想,收获一种行为;播下一种行为,收获一种习惯,收获一种性格;播下一种性格,收获一种命运。"大学生产生心理问题是正常的,甚至出现心理疾患也是在所难免的,关键在于能否对自己的身心发展抱有积极的态度和认真的精神。相信通过科学的方法和手段,通过战胜自我、超越自我的毅力,大学生一定能够实现心理素质的改变和人格的健全。

随堂演练

人格简易测验（自我实现心理倾向）

这项测验是琼斯和克兰戴尔(Jone&Crandall,1986)编制的一项关于自我实现的简短测试。对下面的陈述,按以下标准选择与你最符合的分数:1为"不同意";2为"比较不同意";3为"比较同意";4为"同意"。

1. 我不为自己的情绪特征感到丢脸。　　　　　　　　　　　　　　　（　　）
2. 我觉得我必须做别人期望我做的事。　　　　　　　　　　　　　　（　　）
3. 我相信人的本质是善良的、可信的。　　　　　　　　　　　　　　（　　）
4. 我觉得可以对我爱的人发脾气。　　　　　　　　　　　　　　　　（　　）
5. 别人应该赞赏我做的事情。　　　　　　　　　　　　　　　　　　（　　）
6. 我不能接受自己的弱点。　　　　　　　　　　　　　　　　　　　（　　）
7. 我能够赞许、喜欢他人。　　　　　　　　　　　　　　　　　　　（　　）
8. 我害怕失败。　　　　　　　　　　　　　　　　　　　　　　　　（　　）
9. 我不愿意分析那些复杂问题并把它们简化。　　　　　　　　　　　（　　）
10. 做一个你想做的人比做一个随大流的人更好。　　　　　　　　　（　　）
11. 在生活中,我没有明确的要为之献身的目标。　　　　　　　　　（　　）
12. 我由着性子表达我的情绪,不管后果如何。　　　　　　　　　　（　　）

13. 我没有帮助别人的责任。 （　　）

14. 我总是害怕自己不够完美。 （　　）

15. 我被别人爱是因为我对别人付出了爱。 （　　）

【评分标准】

计分时,对以下各题反向计分:2、5、6、8、11、13、14(1＝4、2＝3、3＝2、4＝1)。把15题的得分相加。再把你的得分和下面大学生的常模进行比较。

男生:平均分45.02,标准差4.95。女生:平均分46.07,标准差4.79。

分数越高,说明你越有人格魅力,在你人生的某个阶段,越有可能自我实现。

实践指导

完善大学生的人格

实践目的

培养大学生良好的性格,完善他们的人格,促进大学生成为健康、和谐而有个性的人。

实践准备

根据人数准备适当的动物面具,请每个学生选择一个自己喜欢的动物面具,并戴在脸上。

实践过程

(1) 按报数规律分为6个人一组,每个组进行讨论,分享自己为什么要选择这个动物面具,你喜欢这个动物的什么特征,欣赏它的哪些特点。

(2) 讨论后,所有被训练者都站起来与其他组的同学相互握手,直到指导教师喊"停"时,确定相应人数的团队(人数可以根据实际确定)。在相应的团队里,每一个人都要通过言行动作表演出自己所戴面具上的动物特征。

(3) 指导教师提问:① 在小组分享过程中,你觉得戴上面具的同学和平时有什么区别?② 你了解面具下的自己和他人吗?③ 你有哪些自己和他人都很欣赏的个性?④ 你的个性中是否有需要完善的地方?请具体说说。

(4) 针对指导教师的提问和表演进行讨论。

寻找潜意识里的自己

实践目的

让学生与自身潜意识中那些被埋没和拒绝的另一面进行接触,从而实现人格的整合。

实践过程

(1) 老师给学生分组,每组4位成员,以自己平时很少或从来不表现出来的另一面为主题(如温柔的另一面是凶恶,自卑的另一面是自大等),大家合作编写一个有故事情节的剧本。

(2) 每位成员按照剧本,通过语言和非语言的形式,表演他们平时很少或从不表现出来的这个角色。

(3) 体会在表演平时自己很少或从不表现出来的角色时的具体感受,并与大家分享。

思考与练习

1. 简述人格的概念及其特征。
2. 影响人格形成与发展的因素是什么？
3. 常见的人格障碍及其共同特征有哪些？
4. 大学生常见的人格问题有哪些？
5. 塑造健康人格的途径和方法主要有哪些？

第六章
大学生人际交往与心理健康

案例导读

"小皇帝"天生孤独,渴望交流

20 世纪 90 年代初,一位作家曾发表过一篇题为《中国"小皇帝"》的报告文学。这部作品一经发表,就在当时引起了轰动。"小皇帝"的称号广为流传,成为中国第一代独生子女的代名词。

如今,这一代"小皇帝"大都成了大学校园里的宠儿。与上一代相比,这一代有着无可比拟的优势,但也有着不可避免的劣势。其中,也许由于先天不足,如何处理人际关系是他们面临的最大难题。

一名大一新生如是说:"我的父母经常对我说,'你这孩子一点不懂得谦让,有什么好吃的都是先紧着自己。我们小时候家里那个穷啊,有了一块糖果也得先给弟弟妹妹留着。'我虽然嘴上不敢反驳,但心里不乐意:'我倒是想留给弟弟妹妹,这不是你们没给生嘛!'"

20 世纪 90 年代出生的大学生天生寂寞,没有兄弟姐妹。"孔融让梨"的兄弟情感仅仅是一个书本上的故事,难以让他们有切肤的体会。从小万千宠爱集于一个人身上,这让他们早已习惯了以自我为中心。这种人生经历的好处就是,与上代人比起来,他们从小就培养起极强的自信心和自尊心,喜欢张扬个性,富有创新意识,没有思想桎梏的羁绊。然而,这种人生经历也会导致另一种先天不足:在他们身上,缺少了上一辈容忍、谦让、合作的品质。这就注定了在一个集体内,与其他人的相处会发生困难。

不久前,北方的一所大学对 12 所大学的 1 200 多名学生进行了一项关于大学生人际关系问题的调查。结果显示,人际关系是大学生面临的最苦恼和最困难的问题之一。另一项全国性调查也显示,与 20 世纪 90 年代相比,当代大学生有更多的心理问题,并改变了心理问题的重要性顺序。在老一代大学生中,情感、社会交往和学习的重要程度在其心理上分列前三位;现在的前三位仍是这些问题,但社会交往上升到第一位,学习问题排第二,情感位列第三。一名大三学生说,她的同学中,大部分相处得很好,但同学间因为关系处不好搬出宿舍的不在少数;有的同学性格内向,融入不了同学中去,越来越自闭;很多同学在家一个人生活惯了,在学校集体生活时,不能容忍其他同学的一些小毛病,也不能忍受别人损害到自己的一点点小利益。很多同学不会理解、宽容和原谅别人,所以紧张的人际关系导致大学生心理问题已经越来越严重。

此外,90 年代出生的大学生其表达方式似乎不同于以往。他们看起来热情开朗,但经常自我封闭,不喜欢向他人敞开心扉。另一个原因是现在几乎每个学生都有一台电脑。他们过于依赖电脑,沉迷于虚幻的网络世界。也许他们最好的朋友是某个从未谋面的网友,与周围的同学却是咫尺天涯。

学习提示

人的成长、发展、成功、幸福都与人际关系密切相关。没有人与人之间的关系,就没有生活基础。对任何人而言,正常的人际交往和良好的人际关系都是其个性正常发展、心理保持健康和生活具有幸福感的必要前提。大学生离开父母,告别了家乡,开始独立面对自己的大学生活。他们渴望爱与被爱,渴望得到他人的尊重,渴望得到社会的承认,渴望有所归属。但种种调查及研究表明,大学生人际交往现状并不理想,由交往所产生的苦恼和困惑亦格外突出。

本章围绕大学生人际关系中的突出问题展开叙述,包括大学生人际关系不良的表现及原因,指出人际交往的心理误区及如何调适,建立良好的人际关系的途径和方法。

第一节　大学生的人际交往概述

一、人际交往的定义及其心理因素

人际交往也称人际关系,是人与人之间心理上的关系。人际交往表现为人与人之间的心理距离,反映着人们寻求满足需要的心理状态。从动态讲,人际交往是指人与人之间一切直接或间接的相互作用,但都超不出信息沟通与物质交换的范围;从静态讲,是指人与人之间通过动态的相互作用形成的情感联系。据估计,大学生每天除了睡眠外,其余时间中有70%左右用于人际交往。有的人对成功人士进行分析,得出的结论为85%的成功人士与良好的人际关系有关。因此,人际交往对大学生起着重要作用。

人际交往的心理因素包括认知、动机、情感、态度与行为等。认知是个体对人际关系的知觉状态,是人际关系的前提。人与人的交往是从感知、识别、理解开始的,彼此之间不相识、不相知,就不可能建立人际关系。认知包括个体对自己与他人、他人与自己关系的了解与把握,它使个体能够在交往中更好地、有针对性地调节与他人的关系。动机在人际关系中有着引发、指向和强化功能。人与人的交往总是缘于某种需要、愿望与诱因。情感是人际关系的重要调节因素,人们在交往过程中,总是伴随着一定的情感体验,如满意与不满意、喜爱与厌恶等,人们正是根据自身情感体验不断调整人际关系。情感直接关涉着交往双方在情感需要方面的满足程度,即心理距离。可以说,情感是人际关系中最重要的部分,它往往被当作判断人际关系状态的决定性指标。态度是人际交往的重要变量,每时每刻都在表现某种态度,态度直接影响着人际关系的建立、形成与发展。例如,态度与偏见、歧视的相关直接影响着人们的人际交往。

拓展阅读

天堂和地狱的区别?

有一个人想知道天堂和地狱究竟有什么区别,于是他找到了上帝,请求他带自己去看看。上帝欣然答应了。他们首先来到了地狱,看到的是这样一幅景象:一群饥饿不堪的人们正拿着一根长勺拼命地往自己嘴巴里送东西,但是那根长勺实在太长了,比他们自己的手臂还要长,所以他们无法弯曲自己的手臂把食物送进自己的嘴巴里去。有的人的手臂甚至弯曲得变形了,但是还是没有吃到任何食物。地狱果然是一副活生生的惨相。

他们又来到了天堂,那个人被自己眼前所看到的惊呆了——天堂里的人们也是拿着一根同样长的长勺,但是他们每个人都吃到了食物,这是为什么呢? 因为他们每个人把获取的食物都舀给了坐在他对面的那个人吃,每个人都这样做,所以每个人也都吃到了食物。于是那个人明白了一个道理:帮助别人其实就是在帮助自己。

二、人际关系的重要意义

人的成长、发展、成功、幸福都与人际关系密切相关。没有人与人之间的关系,就没有生活基础。对任何人而言,正常的人际交往和良好的人际关系都是其心理正常发展、个性保持健康和生活具有幸福感的必要前提。

(一) 交往与个性发展

心理学的研究结果表明,儿童与其照看者之间通过积极的交往形成的稳定的亲密关系,是其心理乃至身体正常发展不可缺少的条件。与此同时,如果儿童缺乏与成人的正常交往及由此建立起来的亲密关系,不仅性格发展会出现问题,连智力也会出现明显障碍。

交往是个性发展与人格健全的必经之路。个体只有通过与其他个体发生联系,学习社会知识、技能与文化,才能取得社会生活的资格。离开社会的交往环境,离开与他人的合作,个体是无法成为一个合格的社会人的。狼孩由于失去了与他人交往的最佳时期,失去了其作为"人"的成长的环境,即使后果被解救出来,也已经很难成为一个正常的"人"了。"物以类聚,人以群分",人有交往的需要,有合群的倾向。人生在世,就必须与他人、社会交流信息,沟通情感。困难时,他人一句温暖的话语、一个真诚的关怀,会令你倍感亲切、慰藉;成功时,与他人分享你的快乐与喜悦亦会令你开心、畅快。

(二) 交往与心理健康

新精神分析学家霍妮认为,神经症是人际关系紊乱的表现。人类的心理病态,主要是由于人际关系失调而来的。也就是说,人际关系紧张的人,不但事业会受阻,而且心情不好,陷入极大的痛苦之中。

研究表明,如果一个人长期缺乏与别人的积极交往,缺乏稳定的良好人际关系,那么这个人往往有明显的性格缺陷。在心理健康教育实践中,我们也注意到,绝大多数大学生的心理危机与缺乏正常人际交往和良好人际关系相联系。在同宿舍里,同伴之间的心理交往状况,往往决定了一个大学生是否对大学生活感到满意。那些生活在没有形成友好、合作、融洽的人际关系的宿舍中的大学生,常常显示压抑、敏感、自我防卫、难于合作的特点,情绪的满意程度低。在融洽的宿舍里生活的大学生,则以欢乐、注重学习与成就、乐于与人交往和帮助别人为主流。可见,人的心态与性格状况,直接受到与别人交往和关系状况的影响。

心理学家曾从不同角度做过大量研究,结果表明:健康的个性总是与健康的人际交往相伴随的。心理健康水平越高,与别人的交往就越积极,越符合社会的期望,与别人的关系也越深刻。心理学家奥尔波特发现个性成熟的人,都同别人有良好的交往与融洽的关系,他们可以很好地理解别人,容忍别人的不足和缺陷,能够对别人表示同情,具有给人以温暖、关怀、亲密和爱的能力。人本主义心理学家亚伯拉罕·马斯洛发现高水平的"自我实现者",对别人有更强烈、更深刻的友谊与更崇高的爱。

还有的研究结果表明,那些高心理健康水平的优秀者,往往来自人际关系良好的家庭,这也从一个侧面提供了人际交往状况影响个体心理健康的佐证。

(三) 交往与成才

大学时期是走向成人的关键时期,大学期间也是面临各种各样复杂人际关系的时期,大学生在这一时期的交往经验将会对其今后的成长产生重要影响。

21世纪是人才竞争的时代,但对于一个事业成功的佼佼者来说,若想在人才竞争中脱颖而出,靠的不仅仅是出众的才华,更在于有良好的适应社会生活的能力、良好的人际协调的能力。在科技日新月异的年代,知识的更新换代极为频繁,每个人都需要不断地进行知识的补充与更新。但是,单个人的能力是有限的,光靠书本上的知识很难适应社会发展的实际需要,而积极的人际沟通与交往,是获取新知识的有效途径。"独学而无友,孤陋而寡闻。"对于青年大学生而言,他们思想活跃、成就动机强,但是,由于社会经验的不足、知识的局限,他们在看问题时难免会出现偏差。因此,大学生彼此间的畅所欲言、互通有无,将会使他们在思想碰撞中产生新的火花,增长他们对事业、人生、成功的积极看法。纵观科学发展史,不难发现:科学家间的彼此合作,很有可能出现科学的奇迹。控制论之父维纳,在建立控制论早期,曾组织过一个科学方法讨论班,参加的人有数学家、物理学家、工程师、医生等。他们分别从不同角度对新理论进行发难、质疑、完善,结果使原来许多问题得以澄清。在现代社会,各门学科间的相互渗透越来越强,单靠一门学科的知识很难有大的成就。对于大学生来说,应该掌握与不同学科人才进行交流的能力,从而在心灵上相互沟通、行为上相互协调,共同促进、共同提高。

三、大学生人际关系的类型及交往的特点

(一) 大学生人际关系的主要类型

1. 师生关系

老师与学生,是大学校园里两大基本群体。老师是学生人际交往的重要对象,师生关系是学生人际关系的重要内容。师生关系如何,直接影响到学生在学校的学习成长,并在很大程度上决定了学校能不能对学生的身心施加符合社会要求的影响。

教师是大学生人际交往的重要对象。教师是知识的传授者,是大学生人格模仿的对象。与教师的交往也是大学生知识需求和获取的重要途径,教师与学生的平等交往也是师生共同成长的前提;与此同时,师生关系又是一种业缘关系,师生之间心理距离小,心理相容度高,教师对学生充满爱护与关爱,学生对教师尊敬与敬仰,师生关系是一种纯洁而无私的人

际关系。然而,由于大学授课的流动性与课堂的扩展,师生之间缺乏直接的沟通与必要的情感交流,师生信息的交流与沟通明显不足,因而师生关系虽然是大学生的主要人际关系却依旧需要进一步加强。

2.同学关系

同学是大学生人际交往的基本关系,也是大学生人际交往的主要对象。大学校园里的同学关系总的说是和谐、友好的,同学之间的关系有亲情化、家庭化的趋势,即在日常生活、学习中创造一种如同亲属一般和谐稳固的同学关系。

大学生与同学间的交往最普遍,也最微妙与复杂;一方面,大学生年龄相仿、经历相同,兴趣爱好相近,又共同生活在一个集体中,学习相同的专业,沟通与交往比较容易;另一方面,大学生来自不同地域、不同家庭背景,生活习惯、个性气质存在差异,再加上大学生空间距离小、交往密度高而自我空间相对狭小,而对人际交往的期望较高,一旦得不到满足,容易采取消极退避的态度。

大学生同学间关系比较频繁的场合有三个,即班级内的同学关系、宿舍关系与老乡、社团等关系。班级同学交往以学习与班级活动为主;而宿舍同学关系以情感交往与生活交往为主,老乡关系以情感交往为主,社团关系以兴趣与工作交往为主。

人际交往是大学生生活的基本内容之一。同学之间、师生之间、老乡之间、室友之间、个人与班级以及和学校之间等错综复杂的社会交往,构成了大学生人际交往的网络系统。

大学生处于一种渴求交往、渴求理解的心理发展时期,良好的人际关系,是他们心理正常发展、个性保持健康和具有安全感、归属感、幸福感的必然要求。

(二) 大学生人际交往的特点

从交往心理看,大学生交往呈多元与开放性。大学生渴望友谊,渴望结交更多的朋友,交流更多的信息,接受更多的新思想。在这种心理的作用下,大学生的人际交往呈现出前所未有的开放式交往趋势,表现在以下几个方面:

一是交往的范围扩大。交往对象由以前的亲缘、朋辈交往转向更广泛的社会交往群体。同学交往不局限于同班同学,发展到同级、同系甚至是同校的可认识的所有同学;不仅包括同性交往,异性交往也是同学交往的重要方式。

二是交往频率提高。交往由偶尔的相聚、互访发展到较为经常的聊天、社团活动、举行聚会、体育活动、娱乐、结伴出游以及其他一些集体活动。

三是交往手段多元化。电子网络的发展为大学生的交往提供了更加广阔的交往空间,交往手段的发展,使大学生的人际交往变得更方便、更快捷,交往距离更远,交往范围更广。

从交往方式看,以寝室为中心,社会工作和网络社交占主导。大学生虽然主动追求开放式的人际交往,但由于时间、精力、生活环境、经济条件等方面的限制,交往的主要场所仍然在校园内,中心是学生的寝室。尽管 BBS 和 QQ 等新兴社交方式正逐渐被大学生接受并渗入到他们的生活中,但新兴社交方式所发挥的作用并不被学生们看好。

从交往目的看,情感型交往与功利型交往并重。随着社会的发展变化,大学生在社交目的上也趋于"理性化",选择什么样的人交朋友,并不纯粹是出于情感和志同道合,交往的动机已变得很复杂。可以说,大学生的人际交往在注重情感交流的同时,越来越注重与自身社会利益相关的务实性,呈现出情感型交往与功利型交往并重的趋势。

成长的烦恼

小李从北方来到南方一所省城大学读书,临行前在一家企业做人事主管的父亲反复告诫儿子,在大学里首先要和寝室的同学搞好关系,这样你的生活环境才会舒适,大学四年心理上才有归属感。进校后,小李时刻告诉自己父亲的话肯定有一定的道理,但是由于和同寝室的一名南方同学在对爱情的看法上相差甚远,经常斗嘴,导致彼此不服气,互相看不起,矛盾时有发生。而那位南方同学更会处理人际关系,到最后同寝室的其他同学都站到了小李的对立面,逐渐地小李与自己的寝室同学的关系开始变得紧张起来,其他人都不理解他、信任他,少数同学甚至奚落他。小李对他们也充满怨恨和不信任,进而猜疑和反感,只要有两位同学当着自己的面嘀咕几句,他就认为他们是在说自己的坏话,心里十分苦闷;而那位南方同学却好像整天都过得很开心、很快乐。看到这一切,小李感到无能为力的同时又十分伤心,心胸开始变得狭窄,一度产生了退学的念头。

【案例分析】

从小李和其南方同学的对比来看,可见人际交往对大学生心理健康的重要影响,小李因人际交往的紧张,使自己的心里充满了猜忌、嫉妒和对他人的不信任。经过老师对小李人际交往技巧和艺术的辅导,小李对南方同学开始变得更加宽容,并试着改变和寝室其他同学的关系,慢慢地在小李的脸上又有了灿烂的笑容。

四、影响大学生人际关系的因素

(一) 环境因素

影响大学生人际交往和良好人际关系建立的环境因素,主要由社会环境、学校环境和家庭环境三部分构成。

1. 社会环境

随着我国改革开放的深入和社会主义市场经济的逐步建立,人们的思想方式、思想观念、价值取向、行为举止发生了很大变化,呈现多元化的趋势,但是,我们也应清醒地看到,极端个人主义、拜金主义、享乐主义等错误思想,对大学生的人际交往行为产生了极为消极的影响。调查显示,在人际交往中感到人与人之间缺乏信任感和安全感的人数占的比例占被访者的 71.9%,他们普遍持有"人心难测,在社会上处世必须有防人之心"的处世观点,甚至还有为数不少的人表示"在社会生活中常常感到孤独"。

2. 学校环境

大学校园既为大学生人际交往和建立良好的人际关系创造了条件,同时也成为大学生人际关系交往矛盾的根源。由于大学的青年学子来自四面八方,个人的习惯、性格、兴趣、爱好有很大的差别,大家有时难以彼此适应,常常因为一些鸡毛蒜皮的小事而发生矛盾,从而阻碍了正常的人际交往和良好的人际关系的建立。加上大学校园的人际议论也会对青年学生的人际关系产生影响。所谓人际议论是指人们在非正式场合中带有评价倾向地议论他人的言行与是非的行为,它往往带有随意性、情感性、交叉性和失真性的特点,会对被议论者内心造成伤害。如果这种伤害所诱发的怨恨情绪,在纵横交错的议论网中不断传递,就会造成更多人的内心伤害,进而蔓延成被称为"内耗"的社会心理病。因此,对人际议论所造成的负面影响要给予重视:采取适宜的对策来改善大学生的人际关系。

3. 家庭环境

父母是孩子的第一任老师,家庭内部成员人际交往的心理态度、行为方式,就起着榜样示范的作用,潜移默化地影响着孩子的人际交往行为。良好的家庭环境对大学生良好人际关系的建立起着积极的促进作用;反之,则起着阻碍作用。

(二) 心理因素

影响大学生人际交往和良好人际关系建立的心理因素,主要是认知因素、情绪因素和人格因素。

1. 认知因素与交往障碍

对每个人而言,他人是一种客观存在,也就是认知的对象。人们都知道,对于客观事物,只有全面、深入、客观地了解它,才能清楚地认识它,准确地反映事物的本质,而且在认知过程中,由于与事物的情感联系不多,因而较少加入主观成分,看问题相对客观一些。而主体在认识他人时则不然,主观能动作用十分明显。人总是在一定的心理倾向和一定的方法原则作用下,加工整理外部输入的他人的信息,形成对他人的形象,然后把这个印象加到认知对象身上,认为这就是此人所具有的实际特征。可见,人的认识带有浓厚的主观色彩。充分意识到这一点,且掌握主观因素对认知他人的作用、规律,就能在人际交往中自觉地发挥其积极作用,克服其消极影响,消除由此而产生的一系列人际交往障碍,正确地认知他人,正确地看待、对待他人,处理好人际关系。

大学生在建立良好人际关系过程中的认知因素,包括对自己的认知、对他人的认知和对交往本身的认知。对自己的认知关键是自我评价是否恰当,过高地评价自己,会引起骄傲自大,在人际交往中盛气凌人,或不屑交往;而过低地评价自己,则会引起自卑,害怕与他人交往,导致人际交往中的恐惧心理,如社交恐惧症。另外,对交往本身的认知,也会影响交往行为,因为交往的过程是双方彼此满足需要的过程,如果只考虑满足自己的需要,忽视他人的需要,就会引起交往障碍。最后,对他人的认知会影响人际交往的顺利进行,而对他人的认知主要呈现出以下几种心理效应。

1) 首因效应与近因效应

我们通常所说的印象实际上指第一印象(Firstimpression)或最初印象(Primaryeffect),在社会心理学中,由于第一印象的形成是最初获得的信息比后来获得的信息影响更大的现象,因而也被称为首因效应(Primaryeffect)。与首因效应相比,在总的印象形成上,新近获得的信息比原来获得的信息影响更大的现象,被称为近因效应(Recenteffect)或称为最近效应。

第一印象一经建立,它对于后来获得信息的理解和组织有着强烈的定向作用。由于人的认知平衡和心理平衡的作用,人们必须使后来获得信息的意义与已经建立起来的观念保持一致。例如,一位大学生刚入大学时出色的自我介绍在其他同学的头脑中留下了强有力的第一印象,即使以后他的表现不如以前,其他学生会认为不是能力问题,而是不够尽力;相反,有的同学在寻求职业时给人留下了很不称职的第一印象,那么要转变这种印象需要很多长时间。

最初获得的信息及由此信息形成的第一印象在总的印象形成过程中作用更大,因为我们在最初接触陌生人的时候,注意力的投入完全而充分,此时印象最为鲜明、强烈,而后继信息的输入,我们的注意会游离,从而使其对我们的影响在下降。人们已习惯于用先入为主的最初印象轨道解释一些心理问题。

近因效应不如首因效应突出,它的产生往往是由于在形成印象过程中不断有足够引人注意的新信息提供,或者是原来的印象已经随时间推移而淡忘。近因效应还与个性有关,一个心理上开放、灵活的人倾向于产生近因效应,而一个高度一致、稳定倾向的人,他的自我一致和自我肯定会产生首因效应。

建立良好第一印象的方法是善于表现自己,给别人留下良好、深刻的印象。社会心理学家艾根1977年根据研究得出同陌生人相遇时,按照SOLER(S表示坐或站要面对别人,O表示姿势要自然放开,L表示身体微微前倾,E表示目光接触,R表示放松)模式表现自己,可以明显地增加别人对我们的接纳性。

从描述中我们可以得出:"我很尊重你,对你很有兴趣,我内心是接纳你的,请随便。"给对方带来良好的第一印象。

戴尔·卡耐基在其名著《怎样赢得朋友,怎样影响别人》一书中,总结了给人留下良好第一印象的六条途径,即真诚地对别人感兴趣,微笑,多提别人的名字,做一个耐心的听者,鼓励别人谈自己,谈符合别人兴趣的话题,以真诚的方式让别人感到自己很重要。

2）晕轮效应

人们将从已知的特征推知其他特征的普遍倾向概化为晕轮效应。其正面效应是通过某一方面建立有关别人的印象,最迅速、最经济,帮助人们尽快适应多变的外部世界;其消极的一面在于以偏概全,使人们对别人的印象与本来面目相去甚远。人们习惯于按照自己对一个人的一种品质的存在推断出他还具有一些品质是一种普遍的倾向,如知道某人是正直的,则容易把这人想象成刚直不阿、真诚可信、办事认真、可信赖等,甚至爱屋及乌。外表的吸引力有着明显的晕轮效应(Haloeffect),当一个人的外表充满魅力时,其与外表无关的特征,也会得到比较好的评价。

晕轮效应是快速认识他人的一种策略、方式,但有时却可能会产生有害的结果。

3）刻板效应

有些人习惯于机械地将交往对象归于某一类人,不管他是否表现出该类人的特征,都认为他是该类人的代表,而总是将对该类人的评价强加于他,从而影响正确认知,特别是当这类评价带有偏见时,会损害人际关系。例如,有的大学生认为南方人小气、自私,家庭社会地位高的学生傲气、不好相处等。这种刻板印象容易形成先入为主的定势效应,妨碍大学生正常人际关系的形成。

刻板印象的形成途径主要有两类:亲身经验和社会学习。当人们第一次与一个群体接触时,他们与其成员的互动就成了刻板印象形成的基础。一个群体中特殊的成员对刻板印象的形成有着重要作用;一个群体的行为对我们的知觉起着很大作用,群体的社会角色往往限制了我们所看到的行为,即一个群体所承担的社会角色,所要完成的工作往往决定了他们如何做。刻板印象还从父母、老师、同学、书本及大众媒体习得而来,如西方影视作品中仆人都是黑人形成的刻板印象便是明显的例证。

刻板印象的好处是能快速地了解一个陌生或不太熟悉的人或群体的特征,但刻板印象也有其弊端:一是夸大了群体内成员间的相似性,从而对个体的知觉产生先入为主、以偏概全的偏差;二是夸大了群体间的差异性,容易产生偏见与歧视。

4) 定势效应

定势效应是指人们头脑中存在的某种固定化的意识,影响着人们对人和事物的认知和评价。当我们与他人接触时,常常会不自觉地产生一种有准备的心理状态,作为一种固定了的观念或倾向进行评判。成语"邻人偷斧"便是定势效应的例子。再如大学里对学生的评价:好学生与差学生,这些评价往往是单纯的学业成绩的评价而非对学生全面的评价。同样,我们对陌生人人际交往的开始,往往要借助于定势效应,将我们准备的心理状态用于对待人与事上。

5) 投射效应

人际关系中的投射效应,即"以小人之心,度君子之腹",指与人交往时把自己具有的某些不讨人喜欢、不为人接受的观念、性格、态度或欲望转移到别人身上,认为别人也是如此,以掩盖自己不受人欢迎的特征。例如,自私的人总认为别人也很自私,而那些慷慨大方的人认为别人对自己也应不小气。由于投射作用的影响,人际交往中很容易产生误解。

2. 情绪因素

人际交往中,健康的情绪应是适时、适度的,应与引起情绪的原因和情境相称,并随着客观情况的变化而变化。一个人如果情绪反应过于强烈,往往会表现为不分场合、不分情境、不看对象的恣意纵情,给人以轻浮、不实的感觉。情绪反应激烈时会让人觉得感情用事;而情绪反应过于冷漠,则被视为麻木无情。青年人感情丰富,情绪变化较快,有时对人对事过于敏感,容易凭一时的好恶改变对人的看法,产生一些不良情绪和行动,导致人际关系缺乏稳定性,造成人际交往的障碍。

3. 人格因素

人格因素是人际关系中的重要因素,人格缺陷容易给对方以不良的评价、不愉快的感受和不安全感,从而导致人际交往障碍。青年学生的人格尚未完全定型,可塑性较强,应努力培养有助于人际交往的人格特征,如尊重人、理解人、关心人,富有同情心、宽容、真诚等,尽量避免虚伪、自私、嫉妒、猜疑、自卑、固执等不利于人际交往的人格特征,形成健全、完善的人格,建立良好的人际关系。事实证明,一个人品格好、能力强或具有某些特长,更容易受到人们的喜爱。人们欣赏他的人格、才能,因而愿意与之交往,从而促成良好人际关系的形成。总之,人的性格、气质、能力等人格品质对人际关系的建立与维持产生持久的影响。具有热情、开朗、真诚、自信等性格特征的人容易受人欢迎;而冷漠、封闭、虚伪、自卑的人容易被人疏远。因此,严于律己,加强修养,增强自己人格的魅力是建立人际关系的重要因素。

(三) 其他因素

影响青年学生人际交往和良好人际关系建立的因素很复杂,除了环境和心理因素外,还有以下几种因素在发挥着重要作用。

1. 时间与空间因素

时间因素是指交往的机会、频率。空间因素是指交往双方距离的远近。一般来说,交往的频率越高,相处的空间越近,越容易相互理解,形成共同的经验和感受,从而有利于良好人际关系的建立。这在人际交往初期往往起着重要作用。例如,新生入学后,同宿舍、同班同学之间接触机会多,相处空间距离近,交往频率高,彼此容易建立起密切的关系。

2. 相似与互补因素

相似性因素是指交往双方在理想、信念、价值观、兴趣爱好等方面有相似的态度,表现为交往双方相似之处越多,越容易建立起良好的人际关系。兴趣爱好相似使青年学生有更多的机会参与共同感兴趣的活动;地位、背景相似使交往双方感到平等,易于理解,有共同话题;价值观、信仰相似对交往双方的相互吸引影响更大。青年学生中许多业余社团(包括兴趣小组、情感类的团体等)常常因为相似吸引自愿结合而成的。

互补因素是指在交往过程中,交往双方互相获得满足的心理状态。当双方的需要以及对对方的期望正好成为互补关系时,就会产生强烈的吸引力。青年学生中常见到那些依赖性较强的学生愿意和独立性较强的人交朋友;喜欢发号施令的人与喜欢受人指挥的人也成互补关系;性格过于内向的人主动接近外向型的人以此影响来改变自己性格等。

3. 外表与特长因素

外表因素是指一个人的长相、穿着、仪态、风度等,这些因素在人际交往中影响交往双方彼此间的吸引。一般地说,外表英俊、衣着整洁、举止文明的人,在人际交往中会给对方留下良好的印象,评价也相对比较高。青年学生在与人交往过程中,虽不能以貌取人,但自己的仪表形象还应适当注意。

特长因素是指人的特殊才能和专长。一个人如果在能力与特长方面比较突出,使别人欣赏、钦佩他的才华,在人际交往中就会有很强的吸引力。如果交往中犯一点小错误或暴露出一些个人弱点,反而更能增强他的吸引力,让人在钦佩的同时,觉得他也是一个普通人,可以与之交往,建立良好人际关系也就容易一些。相反,没特长者可能得到一般甚至相反的评价,难以建立良好的人际关系。由此我们认为,大学生应注重培养自己的特长,增强自己的人际交往能力。另外,还要善于发现他人特长,因为每个人都有闪光点,发现并认可对方的闪光点,同样有助于建立良好的人际关系。

第二节 大学生人际交往常见的心理误区

大学生处于一种渴求交往、渴求理解的心理发展时期,良好的人际关系,是他们心理正常发展、个性保持健康和具有安全感、归属感、幸福感的必然要求。进入大学后,大学生们开始尝试独立的人际交往,并试图发展这方面的能力。而且,交往能力越来越成为大学生心目中衡量个人能力的一项重要标准。然而,并不是每个大学生都能处理好人际关系。

一、大学生人际关系现状

大学生正处于人生的黄金时代,随着需求层次的不断提高和自我意识的日益强化,他们渴望建立良好的人际关系,从中得到激励、自信和归属感,但由于种种原因大学生人际交往的意识、心理行为等方面存在着许多问题,主要表现在:

(1)交往质量不高。这种情形通常表现为交往平淡,互相缺乏吸引力,没有知心朋友可倾诉衷肠,无人值得自己牵挂,也没有人会牵挂自己,有时不免感到空虚迷茫、孤独和无助。

(2)交往发生困难。通常表现为交往感到困难,虽然渴望与人交往,但由于交往能力限制和心理障碍,致使交往不尽如人意,很少有成功的经验。个别学生对社会恐惧,极力回避与人接触，不得不交往时就感到紧张，面红耳赤却难以自制，为此而常陷于焦虑、自卑和痛苦之中。

二、大学生人际交往障碍及调适

人际交往问题就如同一张无形的网，一旦坠入其中就很难挣脱。因此，了解人际交往中的常见问题和障碍并掌握基本的调适方法，对于提高大学生的人际交往水平有着实际意义。

（一）人际交往中的情感障碍及调适

1. 自卑心理及调适

自卑心理就是大学生人际交往中常见的心理问题，可以从以下几个方面去调适：

（1）正确认识自己，提高自我评价。自卑心理的形成主要来源于不能正确认识自己、对待自己。要从自卑的陷阱中走出来，必须对自己有一个清醒的、正确的认识。自卑者要正确地评价自己的长处和短处，要知道"尺有所短，寸有所长"，每个人都有自己的特点，我们应善于发现自己的长处，并运用自己的特点，塑造成功的人生。

（2）主动交往。自卑者容易把自己孤立起来，越怕越退缩回避，越得不到锻炼的机会。其实，自卑的人往往比狂妄自大的人讨人喜欢。他们大多数谦虚，善于体谅别人。鼓足勇气积极参加社会交往活动，是打破恐惧心理的重要一步。勇气对恐惧羞怯者来说是一座桥，当你通过这座桥，就可以步入广阔而多彩的交往世界，展示你的交往才能，获得更多的经验、友谊和朋友。

（3）争取成功的体验。对自卑者而言，他们将过去所体验到的挫折称之为"失败"，他们总是想尽量远离失败，但失败却是人生最重要、丰富的经历。事实上，心理学家们认为没有失败，只有信息的反馈。当我们勇敢地去尝试，由此带来一个结果，那这个结果将会丰富我们的经验，增强我们的能力。自卑者应该给过去一个葬礼，以赋予自己全新的形象，最好把"失败"这个词从脑海里赶出去。

2. 嫉妒心理及调适

嫉妒存在于人类心灵中最不健康的一种负面情感因素。克服嫉妒心理可以从多方面入手。

（1）认知调节。嫉妒的产生往往来源于两种错误的认识：一是认为别人成功了，说明自己失败了。别人取得了成绩，说明自己没有取得成绩。二是认为别人的成功就是对自己的威胁，是对自己利益的侵害。

（2）增强自信。一个人嫉妒他人时，总容易注意到他人的优点，却不能发现自己的强项，因而不相信自己的能力。要学习改变比较的角度和标准，调整自我价值的确认方式，发展自我定向的心理品质，建立完善的内在比较标准，从有利于自我的角度和标准与他人比较，从而获得自信。

（3）充实自我。当自己有很多的事要做，就会无暇去关注别人、嫉妒别人。因此，学会把目光集中在自己身上，确定适合自己发展的目标，制订出近期计划。

（二）人际交往中的人格缺陷及调适

1. 怯懦心理及调适

怯懦的人在生活中常以"老好人"的面目出现，他们害怕面对冲突，害怕拒绝别人，害怕别人不高兴,总之,由于"怕"变得委曲求全、忍气吞声以求得相安无事。克服怯懦个性,首先要从观念上强化作为一个人的权利与尊严。学习拒绝无理要求,本身就是对自己尊严的捍卫。在交往中,既要做出适当的、有分寸的忍让和妥协,但也要有一个限度;如果总是压抑着愤怒不去表达,你的退让会强化别人不适宜的行为和态度,给别人的感觉是"我可以这样对你无理",而自己也会生活在不真实的自我当中。

2. 自我中心人格及调适

自我中心是一种严重影响人际交往的心理障碍。自我中心的人在交往中,由于缺乏对自己的正确认识,无论他多么精明,也永远不会与人建立牢固持久的良好关系。要有所改变,必须坚持以下三点:

(1)学会接纳、宽容异己。接受别人正确的意见,承认自己的错误,才有可能通过批评改掉过去固执己见、唯我独尊的形象。对那些与自己有不同意见的人和事,要学会理解,尝试主动与人交流看法,可以争论,但目的放在解决问题上,不要总想着以击败对方为快。

(2)平等相处,不过分苛求别人,也不冷眼看人,这样才能使人际交往的天平始终处于平衡状态。

(3)不断完善自我人格。通过做一些科学的人格测试,了解自己人格类型的特点及其优劣,择优劣汰,并将优良的人格品质作为自己修炼的目标,建立健全人格。

3. 猜忌心理及调适

猜忌是由主观臆测而产生的不信任别人的一种复杂的、不良的心理。要消除猜忌心理,主要从以下方面入手:

(1)多角度了解别人。了解别人是不怀疑别人的前提。如果交往双方互不了解,则很可能产生怀疑的戒备心理。多方面、多角度地了解别人,把握别人的性格特征、处事方法,增进相互理解,澄清事实,这对于克服认知偏见、防止猜疑非常有效。

(2)多沟通信息。猜疑心理产生往往是相互间缺少交流沟通造成的,因此,当出现猜疑时,应暗示或督促自己加强交流和沟通,尽快去认识和了解别人。

(3)用理性思考代替冲动,用自我安慰代替怀疑。当对他人产生怀疑时,就应该善用人类所有的理性思考,寻找自己怀疑的原因,证明其合理性。同时,不要轻信流言,要冷静地以合理的方法去调查了解,以找到真实的证据促成正确的分析判断。

(三)社交恐怖及调适

社交恐怖也叫"社交恐惧",是一种同时具有不安和恐惧色彩的情绪反应,属于非常严重的交往心理障碍。社交恐怖对个人的身心健康、提高生活质量乃至对未来前途与人生态度都会产生重大危害。克服恐惧的有效方法是用平和的心态对待事物,用自信和勇敢鼓励自我、战胜恐惧。

社交恐怖症产生的原因,一般有以下几种:一是性格所致。患社交恐怖症的人,一般来讲比较内向、胆小、孤僻、敏感、退缩、依赖性强和不善言辞等,在与人交往中一般处于被动地位。二是交往中过度在意自我形象,唯恐言行有误,被他人耻笑,致使心理负担过重。三是与人相处的过程中,有过不愉快的情绪体验,这属于挫折性的恐惧症。四是青春期性的懵懂和成熟。社交恐怖症在青春期的发病率高于成年人。青春期的社交恐怖症往往首先表现为异性恐怖症,再由异性恐怖症发展变化到对除了某些特别熟悉的亲友之外所有的人的恐惧。

患了社交恐怖症是令人非常苦恼的,这种病既影响工作、学习和生活,又影响正常的人际关系。不过,这种纯属心里紧张造成的心理性疾病,并不直接威胁生命和健康,甚至不影响正常的智力活动。目前有许多行之有效的方法可以治好这种病,所以患上了这种病的人也不要过分悲伤和烦恼。无论哪种原因引起的社交恐怖症,都与缺乏自信、过于自卑有关。因此,要克服社交恐怖症首先必须全面认识自己,克服自卑,树立"自信人生"的理念。对于严重的社交恐怖症者,还应采取心理咨询和心理治疗的方法。满灌疗法和系统脱敏疗法常用于矫正社交恐怖症。

第三节 培养成功的交往能力

大学生由于自身成长过程中的固有特点及社会阅历、经历较少,在人际交往过程中难免出现一些问题,甚至表现出各种各样的交往障碍。解决的办法有三个:一是提高认识,掌握交友原则;二是充分实践、掌握技巧;三是培养自己良好的素质,以建立良好的人际关系。

一、把握成功交往的原则

大学生人际交往原则对于建立良好的人际关系获得友谊具有重要的作用,它指导大学生如何进行正确的人际交往。

(1)平等的原则。社会主义社会人际交往,首先要坚持平等的原则,无论是公务还是私交,都没有高低贵贱之分,要以朋友的身份进行交往,才能深交。

(2)相容的原则。主要是心理相容,即人与人之间的融洽关系,与人相处时的容纳、包含,以及宽容、忍让。主动与人交往,广交朋友,交好朋友,不但交与自己相似的人,还要交与自己性格相反的人,求同存异,互学互补,处理好竞争与相容的关系,更好地完善自己。

(3)互利的原则。指交往双方的互惠互利。人际交往是一种双向行为,故有"来而不往非理也"之说,只有单方获得好处的人际交往是不能长久的。所以要双方都受益,不仅是物质的,还有精神的,所以交往双方都要讲付出和奉献。

(4)信用的原则。交往离不开信用。信用指一个人诚实、不欺、信守诺言。古有"一言既出,驷马难追"的格言。现在有以诚实为本的原则,不要轻易许诺,一旦许诺,要设法实现,以免失信于人。朋友之间,言必信、行必果、不卑不亢、端庄而不过于矜持,谦虚而不矫饰诈伪,不俯仰讨好位尊者,不藐视位卑者显示自己的自信心,取得别人的信赖。

(5)宽容的原则。表现在对非原则性问题不斤斤计较,能够以德报怨,宽容大度。人际交往中往往会产生误解和矛盾。学生人人个性较强,接触又密切,不可避免地会产生矛盾。这就要求学生在交往中不要斤斤计较,而要谦让大度、克制忍让,不计较对方的态度,不计较对方的言辞,并勇于承担自己的行为责任。只要我们胸怀宽广,容纳他人,发火的一方也会自觉无趣。宽容克制并不是软弱、怯懦的表现,相反,它是有度量的表现,是建立良好人际关系的润滑剂,能"化干戈为玉帛",赢得更多的朋友。

🔑 成长的烦恼

蓝风是大三的学生,是学生干部,学习成绩优秀,但人际关系较紧张,不仅与寝室同学相处不好,就连班上的许多同学也无法正常交往。在同学们心目中,他是一个清高、傲慢的人,实在不好接近,虽然成绩优秀,但对他的其他方面则不敢恭维。蓝风也为此很头疼,只要是他主持的活动项目,同学们似乎都有意不参加,好像故意和他作对,而他本人长期坚持的做人准则就是:我行我素,万事不求人。他几乎不接受别人的帮助,也认为自己没有帮助别人的义务,他成绩好,可每当班上同学向他求教时,他要么说不知道,要么就在给别人讲完之后,将别人奚落一顿,有时还要加上一句"拜托你上课时认真听讲,下次不要再来问我这么简单的问题"。时间一长,同学们都不愿意与他交往,人际关系越来越差。蓝风也对自己的人际关系状况十分不满意,感到孤独,没有归属感,有时孤独感令他窒息,他焦虑甚至恐惧,但不知如何入手改善现状。他自己也纳闷:我究竟有什么问题?

【案例分析】

蓝风的人际关系不佳的重要原因就在于他是一个不懂得接受,更不知道给予的人,在他的观念里,每个人只要做好自己的事情就足够了,没有给予与接受的意识,最终将失去支持,生活在自己孤独的世界里,痛苦不堪。不懂接受与给予,不仅影响良好人际关系的建立,而且影响了心理健康的水平。

二、掌握人际交往的艺术

(一) 语言艺术

"良言一句三冬暖,恶语伤人六月寒。"这句话告诉我们交往时要注意运用语言的艺术。语言艺术运用得好,就能优化人际交往。相反,如果不注意语言艺术,往往在无意间就出口伤人,产生矛盾。

1. 称呼得体

称呼反映出人们之间心理关系的密切程度。恰当得体的称呼,使人能获得一种心理满足,使对方感到亲切,交往便有了良好的心理气氛;称呼不得体,往往会引起对方的不快甚至愤怒,使交往受阻或中断。所以,在交往过程中,要根据对方的年龄、身份、职业等具体情况及交往的场合、双方关系的亲疏远近来决定对方的称呼。对长辈的称呼要尊敬,对同辈的称呼要亲切、友好,对关系密切的人可直呼其名,对不熟悉的要用全称。

2. 说话注意礼貌

(1) 正确运用语言,表达清楚、生动、准确、有感染力、逻辑性强,少用土语和方言,切忌平平淡淡、滥用辞藻、含含糊糊、干巴枯燥。

(2) 语音、语调、语速要恰当,要根据谈话的内容和场合,采取相应的语音、语调和语速。

(3) 讲笑话要注意对象、场合、分寸,以免笑话讲得不得体,伤害他人的自尊心。

(4) 适度地称赞对方:每个人都希望别人赞美自己的优点。如果我们能够发掘对方的优点,进行赞美,他会很乐意与你多交往。但是赞美要适度,要有具体内容,绝不能曲意逢迎。真诚的赞美往往能获得出乎意料的效果。

(5) 避免争论:青年大学生喜欢争论,但争论往往是在互不服输、面红耳赤、不愉快甚至演化成直接的人身攻击或在严重的敌意中结束。这对人际关系的影响是显而易见的。因此,大学生要尽量避免争论,要通过讨论、协商的途径解决分歧。

语言艺术运用得好,就能吸引和抓住对方,从内容到形式适应对方的心理需要、知识经验、双方关系及交往场合,使交往关系密切起来。

(二) 非语言艺术

一般包括眼神、手势、面部表情、姿态、位置、距离等。掌握和运用好这种交往艺术,对大学生搞好人际交往是不可少的。"眼睛是心灵的窗户","眼睛像嘴一样会说话"。面部表情是内心情绪的外在表现,它们均能表达人的态度和情感,如眉飞色舞表示内心高兴,怒目圆睁表示愤怒等。交往中还可用人体动作来表达思想,大学生在人际交往中根据谈话的内容和场合,正确运用非语言艺术,巧妙地表达自己的思想感情,有时能起到"此时无声胜有声"的作用。但非语言艺术要运用得恰到好处,不可过于频繁和夸张,以免给人手舞足蹈之感。

此外,大学生还要学会有效地聆听。人际关系学者认为"倾听"是维持人际关系的有效法宝,几乎所有的人都喜欢听他讲话的人,所以,大学生要学会有效地聆听。在沟通时,作为听者要少讲多听,不要打断对方的谈话,最好不要插话,要等别人讲完之后再发表自己的见解;要尽量表现出聆听的兴趣,听别人讲话时要正视对方,切忌小动作,以免对方认为你不耐烦;力求在对方的角色上设身处地地考虑问题,对对方表示关心、理解和同情;不要轻易地与对方争论或妄加评论。

🔑 成长的烦恼

19 岁的牛某是一名大一新生。经过十年寒窗苦读,她终于进入了西南大学。当收到大学录取通知书时,她喜极而泣。然而,进入大学后,她的生活变得一团糟。宿舍里 8 名同学中,有 6 名来自上海。她觉得她们是来自另一个世界的人,说着和外国语一样的上海话,知识渊博,活跃而兴奋,玩着不同的游戏。在她们面前,她觉得自己像个 10 岁以下的孩子。在课堂上,她总是喜欢坐在安静的角落里。当很多人在一起时,她从不和别人说话,也没人关心她,这让她生活在痛苦之中。

【案例分析】

大学是青年学生跨入社会的"预备"阶段,同时也是大学生人际关系走向社会化的一个重要转折时期。曾是中学老师眼里的"尖子",同学心目中的"才子",家庭生活中的"王子",跻身于高等学府之后却发现"众星捧月"的环境不复存在了,很多大学生常常被纷繁复杂的人际关系所困惑,为不善交往带来的后果产生莫名的苦恼。培养良好的人际能力,不仅是大学生活的需要,更是将来适应社会的需要。对于大学生而言,了解交往的基本理论知识,正确掌握人际交往的原则和艺术,对建立和谐的人际关系,促进大学生心理健康的成长,顺利过渡到成熟的人际交往范围具有重要的意义。

三、努力增强自己的人际魅力

人际魅力,是指在人际交往过程中形成的,个体对他人给予的积极和正面评价的倾向。每个人都有自己喜欢的人,并愿意与之交往;每个人也都有自己讨厌的人,不愿意和这些人交往。这种现象反映的实际上就是人际吸引。那么,大学生如何增强人际吸引力,做一个受欢迎的人呢?

(一) 努力建立良好的第一印象

怎样表现才能给人留下良好的第一印象呢? 心理学家卡耐基在其著作《怎样赢得朋友,怎样影响别人》一书中总结出给人留下良好的第一印象的六种途径:

(1) 真诚地对别人感兴趣;

(2) 微笑;

(3) 多提别人的名字;

(4) 做一个耐心的听者,鼓励别人谈他们自己;

(5) 谈符合别人兴趣的话题;

(6) 以真诚的方式让别人感到他很重要。

(二) 提高个人的外在素质

追求美、欣赏美、塑造美是人的天性。美的外貌、风度能使人感到轻松愉快,并且在心理上构成一种精神的酬赏。所以,大学生应恰当地修饰自己的容貌,扬长避短,注意在不同场合下选择样式和色彩符合自己的服装,形成自己独特的气质和风度。同时,大学生应注意追求外在美和内在美的协调一致,即外秀内慧,因随着时间的推移,交往的加深,外在美的作用会逐渐减弱,对他人的吸引会逐渐由外及内,从相貌、仪表转为道德、才能。

(三) 培养良好的个性特征

良好的个性特征对建立良好的人际关系有吸引作用,不良个性特征对建立良好的人际关系有阻碍作用。生活中,大家都愿意与性格良好的人交往,没有人愿意与自私、虚伪、狡猾、性情粗暴、心胸狭隘的人打交道。因此,要不断形成良好的个性特征,注意克服性格上的弱点。

(四) 加强交往,密切关系

心理学研究表明,人与人之间空间距离上的接近,是促进人际吸引的重要因素,因为人与人之间空间位置上越接近,彼此交往的频率就越高,越有助于相互了解,沟通情感、密切关系。即使两个人的人际关系比较紧张,通过交往,也有可能逐步消除猜疑、误会。反之,即使两人关系很好,但如果长期不交往,彼此了解减少,其关系也可能逐渐淡薄。大学生同住在一起,接触密切,这是建立友情的良好的客观条件。应充分利用这一条件,与朋友保持适度的接触频率,使人际关系不至于淡化甚至消失,切忌"有事有人,无事无人"。

交往是人类健康成长的基本条件,无论人生的哪个阶段,都离不开人际交往。人一生的成长、发展、成功和幸福是与同他人的交往相联系的;人一生的愉快、烦恼、快乐、悲伤、爱恨等,也同样与同他人的交往分不开。正如一位哲人说的那样:人生的美好是人情的美好,人生的丰富是人际关系的丰富。人际交往不仅决定着大学生学习积极性与创造性的发挥,也直接决定着他们的心理健康。如果人际关系良好,就会产生积极的心理适应,使人心情舒畅地学习与生活。如果人际关系不良,就会造成人际关系失调,引起消极的心理适应,使人心情苦闷,紧张不安。因此,建立和谐的人际关系,培养良好的交往能力,掌握交往的技巧,是每一位大学生必须要学习。

随堂演练

你善于交际吗?

如果你想了解自己的交际水平,请用下面这套小测验进行自测。

说明:测验方法很简单,从每项的 A、B、C 三者之间选择其一,并对所选的画个记号,如"√"。

(1) 你是否经常感到词不达意?

A. 是   B. 有时是   C. 从来

(2) 他人是否经常曲解你的意见?

A. 是   B. 有时是   C. 从来

(3) 当别人不明白你的言行时,你是否有强烈的挫折感?

A. 是   B. 有时是   C. 从来

(4) 当别人不明白你的言行时,你是否不再加以解释?

A. 是   B. 有时是   C. 从来

(5) 你是否尽量避免社交场合?

A. 是   B. 有时是   C. 从来

(6) 在社交场合,你是否不愿与别人交谈?

A. 是   B. 有时是   C. 从来

(7) 在大部分时间里,你是否喜欢一个人独处?

A. 是   B. 有时是   C. 从来

(8) 你是否曾因为不善辞令而失去改变生活处境的机会?

A. 是   B. 有时是   C. 从来

(9) 你是否特别喜欢不必与人接触的工作?

A. 是   B. 有时是   C. 从来

(10) 你是否觉得很难让别人了解自己?

A. 是   B. 有时是   C. 从来

(11) 你是否极力避免与人交往?

A. 是   B. 有时是   C. 从来

(12) 你是否觉得在众人面前讲话是很难的事?

A. 是   B. 有时是   C. 从来

(13) 别人是否常常用"孤僻""不善辞令"等来形容你?

A. 是   B. 有时是   C. 从来

(14) 你是否很难表达一些抽象的意见?

A. 是   B. 有时是   C. 从来

(15) 在人群中,你是否尽量保持不出声?

A. 是   B. 有时是   C. 从来

【计分方法】

选 A 得 3 分,选 B 得 2 分,选 C 得 1 分。将各题得分相加得出总分。

【参考解释】

如果总分在 38～45 分之间,表明你必须采取措施改善自己的交际能力。

如果总分在 15～22 分之间,表明你在人际方面过分积极,也可能导致消极后果。

如果总分在 23～37 分之间,表明你是一个善于交际的人。

实践指导

快乐大转盘

实践目的

使每个人都能很快地融入团体中,与其他成员相互认识和了解。

实践过程

(1) 全体人员围成面对面内外两圈。

(2) 讲清游戏规则:两人进行三轮"石头、剪刀、布和大拇指"出示,出"石头"表示希望与你点个头;出"剪刀"表示希望与你握握手;出"布"表示希望与你握手的同时,还要赞美你一句;伸出"大拇指"表示希望与你拥抱一下。双方出的手势相同,就做动作,不相同不做动作。

(3) 三轮过后,换角色。

(4) 分享活动的感受。

活动说明:希望对方先出"大拇指":别人怎样对待我,我就怎样对待别人。结果你完全是被动的,你的一切情绪在不知不觉中完全受制于别人怎么待你。一个人怎样对你,反映着他的内心,你怎样对一个人,反映着你的内心,这叫投射。一个人怎样对你,可能是被你教会的。你怎样对一个人,可能是被他教会的,这叫认同。投射与认同,是人际关系中最重要的心理互动机制,是我们的内在关系模式相互影响的主要途径。也就是说,我们希望别人热情待自己,就要先主动热情待人。

表达训练

实践目的

练习表达的技巧,互相给予信任,并互相接受。

实践步骤

(1) 让所有的人站起来,讨论一个话题(如异性之间是否有"友情",男人与女人之间的区别等)。不过,在讨论的过程中,不能使用"我""我的"这样的词语,如果用了,就请坐下。

(2) 两人一组讨论,分两轮进行。第一轮:A 方提出一个建议(如假期我们去某某地方,好好玩一下吧);另一方 B 采用"好吧,但是……"这样的句式回答;然后 A 也用"好吧,但是……"这样的句式表达自己的意见。对话就按这种方式进行下去。1 分钟后结束。

(3) 第二轮:A 用同样的假期建议开始这次谈话。但双方采用"好吧,而且……"这样的句式交流下去(如"假期我们去某某地方,好好玩一下吧?""好吧,而且我们要去一个从没有去过的地方。""好吧,而且……"),一分钟后叫停。

(4) 分享。让大家互相之间采用"好吧,但是……"这样的句式进行对话,这种情景在现实生活中可能并不存在。但是在第一轮的过程中,你是否发现你的搭档有几次确实使你很生气? 在第二轮中,又有什么不同呢?

活动说明:这个小小的游戏能够让大家意识到自己在交谈过程中,以自我为中心的倾向有多严重。要想在这个游戏中获胜或者要想做一个好的倾听者,唯一的办法就是利用开放式的问题鼓励他人表达自己的观点,把关注的中心放到他人身上。在与他人交流时,你并不同意他人的观点时,要避免使用"但是"炸弹,学会使用"好吧,而且……""不错,并且……"这样的句式做出反应。通过运用这个技巧,避免引起交流中的矛盾冲突,表达相互信任和尊重。

思考与练习

1. 试述人际交往的含义与特点。
2. 大学生人际交往常见的心理误区表现在哪些方面? 如何克服?
3. 大学生人际交往的基本原则有哪些?
4. 大学生如何应用人际交往技巧?

第七章
大学生的学习与心理健康

📖 **案例导读**

睡眠不好的男生

某大学二年级男生自述：

我是一名大学二年级的学生，有很大的学习压力。上学期期末考试，我压力很大，差点崩溃。上一年，由于我的努力，我获得了一等奖学金。但我总是患得患失，觉得爬得越高，摔得越痛。大学二年级的时候，同学们似乎都在努力学习，这对我来说是一个挑战。因此，我更加努力地学习，努力保持我的成绩，使自己立于不败之地。但在这个时候，出现一个问题：午睡的时候，我总是担心睡不着觉，会影响下午和晚上的学习。我越担心就越睡不着觉。入睡不容易，醒来却很容易，而且有很多梦，常常是一个接一个的做梦。当我做完一个梦，我就会醒来，醒来后心跳很快，之后入睡就更困难了。虽然我最近暂无考试之忧，但恐怕下次考试还会有这样的症状。晚上，如果同宿舍的同学都安静地睡着了，我很容易就睡着了，但只要有一个人还在努力读书，我就会感到内心不安。听到别人翻书的声音，我的心跳会变得很快，进而很难入睡。

学习提示

学习是一种十分复杂的心理过程，它需要智力因素和各种非智力因素的积极参与，因此大学生的心理健康状况和心理发展水平，对大学生的学习过程和学习效果将产生直接的影响。本章将着重介绍学习与心理健康的关系、大学生在学习中常见的心理问题并提出相应的解决办法。

第一节　大学生学习生活的基本特点

"活到老，学到老"，可见学习的重要性。对青年学生而言，学习更是关系到自身的健康成长，既为未来做准备，又是未来事业的起点。

一、学习的生理心理机制

学习是学习心理学中重要的问题之一，在全世界范围内，对学习的研究越来越深，越来越广。

(一) 生理机制

人的学习是人与人相互进行社会交往,通过人类的智能器官,掌握社会历史经验,形成人类智能的社会活动。要掌握社会历史经验,形成人类智能,就必须通过人类的智能器官。"智能的器官主要是指脑和脑密切关联的感觉器官和动作器官。对于人类来说,高度发展的脑、手、言语器官,是人类特有的智能器官。"生理心理学研究认为,人的自然属性,除了某些方面与其他高等动物有连续性、相似性之外,从生理结构及机能特点看,有一双制造工具、使用工具来改造世界的手;有一张进行社会交往、传递社会经验的口,有一个接收、加工、储存、使用人类社会历史经验,把社会意识转化为个体意识,把主观精神力量转化为客观物质力量的大脑,共同组成人类智能器官。

劳动的手是人所特有的。每个正常的人都有一双灵巧的、善于劳动的手,手的出现,是人类区别于猿猴的主要标志之一,人手的灵巧是任何动物无法比拟的。在结构外表上,人手与猿"手"几乎没有什么差别。但仔细比较他们的机能,就会发现其中一个重要标志,就是人手具有一种任何其他动物都不具备的特殊动作能力——对指。人手的这种特殊功能是人类劳动的结果,同时也是正常劳动,特别是使用工具的必要条件。人依靠对指,精细动作才得以完成,成为一双精巧的手。

言语器官也是人类特有的。言语是由言语器官发出来的。人类言语器官主要由三部分组成:原动力——呼吸器官;颤动体——声带与喉头;共鸣箱——喉管、口腔和鼻腔。与猿猴不同,人的言语器官具有高度分化的声带肌与灵巧的舌肌。它们能协调活动,与整个发音器官相互配合,发出抑扬顿挫的语言,产生娓娓动听的人类言语。人类的脑更具有其他动物所没有的结构与机能,是人类智能的最主要的器官。从人类大脑机能看,现代生理心理学已经证明,人类的学习是通过人脑的整个系统机能活动实现的。包括调节紧张度和觉醒状态的联合区(位于脑干的上行网状结构),接收、加工和储存信息的联合区(枕叶视觉区、颞叶听觉区、顶叶感觉区),规划、调节和控制复杂活动的联合区(大脑两半球前部额叶为主)。突出的特点有下列几个方面:① 人脑的大脑皮质上手和口的感觉区、运动区特别发达,动物的脑皮质的前肢区、后肢区几乎相等;② 人脑的大脑皮质中有特定的言语中枢,其他动物的脑中则没有;③ 人脑的大脑皮质上有以额叶为中心的联络区,直接控制、调节人的生理机能,直接关系到人的道德水平、情感水平;④ 人的大脑两半球又联合、又分工。有的研究认为:左半球是记忆、言语、数字、计算、排列、分类、逻辑推理、分析和求同思维等智力活动控制的中枢。右半球是视知觉、空间关系、音乐、节奏、舞蹈、身体协调、身体活动、直觉、空间、视空间知觉、综合、态度、情感和求异思维等心理功能的控制中枢。这些研究成果对我们全面安排学习者的学习活动,很有启发意义。

心 理 辞 海

重 叠 效 应

重叠效应是指在一前一后的记忆活动中,识记的东西是相类似的,对于保存来说是不利的。这是因为重复出现内容相同的东西时,相同性质的东西由于互相抑制、互相干涉而发生了遗忘的结果。心理学上把这种现象命名为"重叠效应"。

我们在学习汉字、外文单词以及其他材料时,一定要注意不要把相类似的东西集中在一起，这样容易产生重叠效应。如果要放在一起学习时，最起码有一些材料是很熟的，这样可能会产生同化作用，把生疏的材料同化于已熟记的材料之中。

（二）心理基础

很多心理学家明确指出：人类的智能就是人类认识世界、改造世界（包括自己在内）的才智和本领。实践活动充分地表现了人类所特有的才智和本领，包括"智"和"能"两种成分。智，主要是指人对事物的认识能力；能，则主要是指人的行动能力（包括正确的技能、习惯）。人类的"智"和"能"是结合在一起而不可分离的。并且认为：智与能的活动一刻也离不开自己的意向的主导。意向是人对待客观事物的一种心理活动。注意、意图、情绪、意志、思想等，都是人的意向活动形式。人类智能的主要特点是思想，思想的核心又是思维。人类的智能的主要特征是有理性思维和具有目的性的行动。人类的劳动、学习和语言交往等活动，都是"智"和"能"的统一，是人类独有的智能活动。有这种观点的心理学家认为：学习活动有一套完整的、系统的心理结构，主要由能力和非认知因素组成，这也就是学习的心理基础。

1. 智力

人的智力即一般能力，是在不同种类的活动中表现出来的能力，是人脑的各种认识组成的、稳固的、综合的反映。它最基本的认识力主要是观察力、记忆力、思维力、想象力等，其中思维力是核心。各种认识力形成合理的、完善的、稳固综合的反映方式叫心智技能。

2. 特殊能力

人的特殊能力是受人的智力支配的、改造事物的各种操作动作组成的、稳固的实际行动能力，是在某种专业活动中表现出来的能力，它是顺利完成某种专业活动的心理条件。例如，音乐家区别曲调的能力，画家的形象记忆力，都属于特殊能力。

3. 非认知因素

非认知因素可以有广义和狭义之分。从广义来看，非认知因素包括学习动机、兴趣、情绪、态度、性格等因素。这些心理因素都对智力活动起着一定的促进或阻碍作用。狭义的非认知因素是指对智力活动所起的作用更为直接、更为突出和更为明显的心理因素，如独立性、意志坚忍性、好奇心、勤奋、勇敢等非认知因素。在学习活动中，学习的成败，即学习的效果和成就，个人的智力因素起着重要的作用，而非认知因素也起着重要作用，良好的非认知因素与智力因素密切配合，是学习成功的必要条件。相反，不良的非认知心理因素（如焦虑、恐惧、意志力薄弱、自卑感等）严重影响学习的效果，或者说是学习失败的重要因素。许多研究表明，非认知因素是决定学习成败的关键因素。

二、大学生学习的特点

学习是指人类生存过程中，由获得的经验引起的，比较持久的行为和思维，并导致行为和思维产生变化的过程。学习有广义和狭义两种概念，广义的学习主要包括三个具有内在联系的方面：思想行为习惯的培养，知识和技能的增加，智力和能力的提高。狭义的学习则是指增进知识，发展智力，培养能力。大学生的学习是在生理和心理不断趋于成熟后，自我意识形成，并在逐渐强化的条件下进行的。因此，无论是在学习任务、学习内容还是在学习方法上都有与以往不同的新变化，更是一种层次较高的、更需进一步发挥主观能动性的学习。

（一）学习的自主性

恩格斯在《劳动在从猿到人转变过程中的作用》中，指出首先是劳动，然后是语言和劳动一起创造了人，使人类的祖先形成了人的意识，脱离了动物界，从而阐明了这个转变中自我意识产生和存在的重要意义。青年人学习过程中自主性是指运用科学的方法独立地完成接受知识、把握理论、从事科学研究的实践活动。进入大学后大学生学习的自主性有了明显的提高，已经向理性方面发展。和以往相比，在学习上迈向独立，可以自己思考各种问题并力求找到出路，老师在学习过程中的作用只是起着桥梁的功效，而非以往的全面性的主导作用。随着自我意识的日益增强，能够做到将自我意识和社会责任结合起来，认识到个人在社会中的作用，以及社会和个人之间的相互联系。在学习上表现出很强的自主性，不满足在课堂教学中学到的知识，更渴望到课堂之外，在社会实践活动之中学习各方面知识，培养良好的独立学习习惯，自我解决各种复杂问题。在学习上，有强烈的自主性是很重要的。自主性强的大学生常常处于一种主动的、积极的、思维活跃、不满足现状的进取状态。"走自己的路，让别人去说吧"，不随波逐流，有主见无疑是好的，但是过于"自主"，明明是错的还坚持不改，那就另当别论了。因此只有坚持真理，相信科学，在实践中检验和发展真理和科学，虚心接受老师或他人的建议，才是坚持学习自主性的正确态度。

成长的烦恼

进入大学后，小宋认为"理想的顶点"已经达到，于是满足感油然而生。放松紧张的神经，休整疲惫的身体，上课读小说，下课就逛街，早晨睡懒觉，晚上看影碟，整天不思学习，无所作为。这种消极颓废的生活持续了半年。第一学期考试后，小宋成绩在全班排倒数几名。这对于高中时成绩名列前茅的小宋，犹如当头一棒，想要振作起来，但又不知道从何下手。

【案例分析】

小宋的情况属于学习目标暂时性迷失。没有一个明确的奋斗目标，学习就没有持之以恒的动力。因此，大学生入校以后，应着手确立自己新的奋斗目标。在确立目标时，应做到目标选择与个人实际相结合，目标确立与实现可能性相结合，个人奋斗目标与社会客观需要相结合，长期目标与近期目标相结合。同时，目标的实现有赖于适当的计划。

（二）学习的广泛性

随着现代科学技术的发展，知识出现了前所未有的新态势。形态上发生转变，人类实践—认识—再实践—再认识的深入，知识也由初级形态的经验（感性知识）向高级形态的知识（理性知识）转变；数量上表现为知识爆炸，近30年知识的发展已超过两千多年来的总和。人类的知识不断地产生、更新，原有的学科不断分化，出现众多的边缘学科、交叉学科、横断学科等。18世纪，知识的更新周期约为90年左右，20世纪约为20～30年，如今则约为5年，甚至更短。因此在知识的海洋中，就算没日没夜地学习，也只能学到一小点，微不足道。人作为社会的产物，也是社会的主体，人的本质决定了人的一切活动都与社会分不开，学习活动同样也离不开。因此学习的内容就很多，要继承、掌握、探索、创新人类社会历史经验，将个人头脑中的或之外的社会历史经验在头脑中进行吸收、消化、加工，转化为精神财富，作为自身行动的指南和动力。

青年学生的学习广泛性，不但表现为学习大量的基础课、专业课等理论知识，还要联系到实际问题中去,从而锻炼自己善于创新、善于思考、善于解决问题的能力。大学生往往依赖于书本知识、教师授课,而目前教材、书本知识的更新跟不上现代科学技术发展速度。导致学生学了用不上,想学的又学不到,理论和实际的脱离更让学生有不知所措的想法,不少学生承认老师讲课的确是头头是道,也承认书上的理论有道理,可是放到社会中,就会感到学到的理论是多么苍白和空洞。结果使不少学生逐渐失去了学习兴趣,也失去了学习的积极性和主动性。所以在科技迅猛发展的今天,要本着对社会负责、对学生负责的精神,一方面充分调动学生广泛学习的积极主动性,鼓励他们去知识的海洋中广泛地吸取养料,充实自身,为今后成为社会栋梁创下基础;另一方面要及时满足大学生的求知欲,给予指导,调整教材,科学规范地进行教学活动,让大学生健康顺利地成才。

(三) 学习的专业性

学习有明显的专业性特点。有专业性的学习目的,会大大提高学习、教学内容的深度和广度。大学的学习是以专业理论知识和能力培养为主要目的的,一切都围绕着具体的学科和专业进行。不仅要严格遵循教学规律,从计划教学,制订大纲,设置课程,安排学时,编写教材,组织多种形式、方法等方面进行展开,还要讲授与专业有关的基础知识,以及传授高、精、尖的理论成果和最新科学成果,介绍尚在研究和尚在争论,且无定论的各种问题。学生也可以广泛阅读与专业相关的报纸杂志,获得信息。这也就要求学生在学习的过程中充分发挥主动积极性,努力培养分析、解决问题的能力。在知识的学习和能力培养上,变被动的"灌输"转为主动地去领悟、创新、探索,在自身的专业学习上争取能够有自己独特的见解或在理论和实践中有所突破。这就要求专业学习的理论基础课、专业基础课、专业必修课和选修课,要紧密围绕培养目标,以高深、宽广、扎实的理论知识为指导,让学习的主体能够吸收到更多、更好的营养,茁壮成才。

(四) 学习的探索性

学习是人终身的行为,是人的一种社会性的探索活动。人的学习和其他动物的学习有相类似的特点;但人的学习和其他动物的学习有本质上的不同,表现为人的学习具有极强的探索性。首先,人作为环境的主体,在与自然环境和谐相处过程中和推动社会历史向前发展过程中,都是主动积极地参加实践活动,并且获得经验。其他动物的学习则是被动消极地适应环境,候鸟南飞、角马迁徙等是不得已为之的行动,而且是在适应环境的过程中进行学习,获得经验的。不像人类不但可以适应环境,还能改造环境。其次,掌握社会历史经验,是人类学习的主要内容,而其他动物的学习只是在本能方面,由动物个体获得直接经验,与人类探索性的学习根本不能相比。正是这种探索性才使人类文明由低级到高级不断地发展,不断地丰富和完善着人类自身。

第二节　大学生学习能力的培养

一、大学生学习能力概述

大学生学习的核心是智能的提高和培养。有关智能的解释有很多种,但无论是何种说法,都离不开知识、智力、能力这三个要素。我们认为能力可以分成智力技能系统,包括记忆力、想象力、观察力、创造力、思维力等,这些综合起来表现为智力;操作技能系统,包括演讲技能、绘画技能、演唱弹奏技能、运动技能、书写技能等。所以,能力就是受人的智力支配的,利用知识和经验,完成某种活动所必需的并直接影响活动效率的实际本领。

能力可分为一般能力和特殊能力。一般能力指人们认识事物、解决问题应具备的基本能力,如学生的记忆能力、观察能力、思维能力、想象能力等,对学生来说就是必须具备的一般能力。一般能力经过培养后在特殊的领域里得到充分的发展也可转化为特殊能力,如写作能力、绘画能力、演唱弹奏能力等。两者之间是相互依存、相互促进的辩证关系,一般能力的发展为特殊能力的发展提供了前提基础;特殊能力的发展也促进了一般能力的发展。

二、大学生学习能力培养的制约因素

(一) 个人的先天素质

心理学把人的机体、生理和心理的总和,特别是大脑的结构和机能的特点称为先天素质,包括遗传素质和胎儿胚胎期或成熟后受的所有影响。先天素质与生俱来,具有相对的稳定性。不同的基因决定了不同的遗传特征。一方面先天素质为能力的培养和发展提供了前提,但对能力的形成和发展具有一定的制约因素。例如,先天色盲不能分辨色彩,难以成为画家;身材矮小当不了篮球运动员;哑巴不能成为歌唱家等。但是人的先天素质只能制约能力的培养和发展,而不是绝对地决定能力的发展。比如先天色盲就不朝画画的方面发展,而发展别的才能,后天的努力奋斗可以弥补先天素质的不足;相反,先天素质好的人靠吃老本,不去奋斗,能力是不会得到培养和发展的。

(二) 后天习得素质

所谓后天习得素质即在先天素质的基础上通过学习而获得的各种素质的总称。后天习得素质是主体接受教育和参加社会实践活动的必然结果,因此抓好这项工作对能力的培养和发展具有重要的作用。教育是一种有目的、有计划、有组织的自觉的活动,由教育者依照一定的方法、目的来对受教育者进行系统的影响。如果没有教育和教学,一个人的智力和能力是难以提高和发展的。可见教师在讲授相关理论时,根据学生特点、实际情况,采取相应的教育、教学手段,发挥主导作用,促进学生智力和能力的提高是非常重要的。此外不能忽视社会实践,想学会游泳,就必须下到水中去学,不下水永远也学不会。人的观察能力、记忆能力、思维能力、演讲能力等都是在反复实践中提高和发展起来的。成功离不开实践,同样,战胜失败、克服困难的能力也是在生活实践中锻炼出来的。

(三) 学生的个性品质问题,概括起来即非认知因素

能力的培养发展离不开学生个人的个性品质,比如勤奋与否,能否吃苦,能力的培养发展缺少这一项则无从谈起。许多人的经历证明,天才就是勤奋,天才就是汗水。总之,先天素质是前提,后天习得素质是主导,个性品质是关键。

三、大学生学习能力培养的措施

(一) 自学能力

自学是学习的一个重要步骤,具备自学能力的学生可以学到更多的知识和技能。就我

国教育发展的实际情况来看,培养大学生自学能力,有着重要的现实意义,特别是在强调素质教育的今天。如何培养自学能力呢?

第一,要对自己有信心,有些学生认为自学成才的是天才,而自己不是也根本做不到,其实这是一种误解。实际上,只要智力正常,一般的大学生都具有自学的能力,自学能力强的容易成才;自学能力低的,成才的困难就大些,但也并非成不了才。因此,要克服自卑心理,树立信心,面对一切。

第二,要有正确的学习动机和稳定的情绪。学习的动机很重要,动机不正确,激励不了自己去面对困难,往往会打退堂鼓,阻碍自身发挥潜能。面对挫折、困难,良好的情绪也很重要,培养稳定而愉快的情绪是青年培养自学能力所必须具备的,不患得患失,胜不骄,败不馁。

第三,学会独立思考,这是培养自学能力的关键所在,不但要学会找到问题,分析问题,还要能解决问题。遇到问题,要勤思、深思,必要时请教别人,思考得越多,收获也就会越多。

第四,找到适合自己的自学方法,比如快速读书方法,做笔记的方法,写学习体会的方法,与人交流共同讨论的方法等。

(二) 记忆能力

记忆能力非常重要,是人类的最基本能力之一。没有记忆就不能积累和保存知识,也难以使认识更加深入和全面,不能从事学习和工作。记忆能力就是指人们把收集到的信息和资料储存和再现的能力。记忆的过程可以分为识记、保持、再认和再现,这四个方面相互联系,缺一不可。记忆能力可以通过后天的学习和训练得到培养和提高,可以按以下几个步骤来培养记忆力:

第一,态度端正和积极思维,对自己的记忆力抱有信心,只有这样才能充分调动脑细胞,再难的知识也能记得住、记得久。

第二,科学用脑,张弛有度。科学研究表明,人的大脑分为左、右两半脑,在功能上有不同的分工。左半脑主要是管语言、数字、逻辑、运算和加工的系统;右半脑与知觉和空间有关,是音乐、美术、空间的知觉辨认系统。一般情况下,两半脑各司其职,既分工又合作,彼此相互补充。兴奋、抑制是其工作和休息的表现,因此不注意科学用脑,感兴趣的就抓住不放,而不感兴趣就碰也不碰,长此以往,让大脑长期处于兴奋状态或抑制状态,记忆效率肯定会降低,最终导致记忆力的消退。

第三,多方面刺激大脑接受外在的信息。在学习时充分调动身体的各个感官来刺激大脑,把看、读、听、写等结合起来效果会比单一的看、听、写好得多。

第四,在忘掉之前及时地重复。遗忘和记忆是相对立的,属于正常的心理现象。苏联心理学家沙尔达科夫和德国的心理学家艾宾浩斯等的研究表明:遗忘会先快后慢,先多后少,到一定的时间就几乎不会遗忘了。因此,为防止遗忘,增强记忆力,就必须重复记忆,及时重复。

此外还应该克服怯场心理,情绪勿过分焦虑或抑制,运用记忆技巧、口诀歌谣、形象记忆等方法。

拓展阅读

记忆——学习的源泉

记忆是一种从"记"到"忆"的心理过程,它包括识记、保持、再现三个过程。这好比电脑的输入、储存和输出的过程。输入的信息能否顺利地提取,储存的编码很重要。编码水平高,提取就容易;反之,提取就有困难。编码是有规律的,人脑记忆也是有规律的。目前心理学界公认的记忆基本规律有三条:

(1) 先快后慢的艾宾浩斯遗忘曲线。德国心理学家艾宾浩斯于 1885 年经过反复实验,发现遗忘是有规律的,并将其绘成一条曲线。通过这条曲线我们可以看出,识记过的事物,过一天后被遗忘的最多,遗忘率达 55.8%,保存量仅为 44.2%,一个月以后的保存量为 21.9%。自此以后遗忘的速度变得缓慢了。这条曲线形象地表明了遗忘具有先快后慢的规律。

(2) 识记有意义的事物不易忘记。这是由于有意义的事物能够和人们原有的知识发生联系,便于理解和掌握。

(3) 识记处在中间部分的材料容易忘记。这是由于中间部分材料的识记受到前后两部分材料的干扰。

在学习和记忆过程中,运用视觉、听觉、感觉、触觉等多种感官协同记忆,比单独用一种感官的记忆效果要好。在一项实验中,让被试记 10 张图片,第一组单靠视觉去记忆,结果记住了 70%,第二组只是听别人说图片上的内容,结果记住了 60%,第三组将视觉和听觉相结合,结果记住了 86.3%。可见,多种感官相结合的记忆效果最好,这是由于运用多种感官给回忆提供了更多的线索。

(三) 观察能力

观察是人们认识一切事物的起点,是一种有目的、有准备、有组织的知觉。观察能力是指人们发现和认识事物本质特征的能力。观察能力是获得成功、捕捉机遇的前提条件,也是影响人成功与否的重要智力条件。这种能力不是先天的,可以通过后天的努力来培养、提高。

第一,对从事的专业具有浓厚的兴趣。兴趣是最好的老师,也是观察的前提,不感兴趣,就不会去观察,更谈不上培养观察能力。

第二,观察的同时要勤于思考。不进行思考就不会提高观察水平,只有多思考,多问为什么,这样观察能力才能提高。

第三,只有细致观察、反复观察,才能便捷地找到事物的本质特征,才能捕捉到稍纵即逝的机遇和灵感。

(四) 创新能力

创新是民族进步、国家富强的源泉和动力,也是知识经济时代的重要特征。全球化的时代,最有价值的不是获取现有的资源、资本,而是创新。所谓创新能力是指创造出前人未曾有过的事物、成果,未曾做过的事业的能力。培养创新能力,可以从以下几个方面着眼:

第一,有强烈的主体意识。主体意识是青年学生学习、成才的活动过程中必不可少的思想意识。面对新事物要独立思考,富有批判精神,不迷信权威,敢于怀疑。人云亦云、随波逐流的人是不具备创新能力的人。

第二,做事情精力专注,思维活跃,逻辑严密,富有想象力。在广博的基础上,精深一门,只有如此才能使自己的思想进入较深的领域。浅尝辄止会导致一事无成。思维不活跃,逻辑不严密、想象力不丰富就不能打破僵化、麻木的思维定式,很难使人思想境界得到提升,也就做不到创新了。

第三,知识结构合理、科学,视野开阔,博览群书,融贯百家。创新需要广博的知识,一方面,知识越丰富,大脑接收的信息刺激越强烈,能力也就越强;另一方面,具备广博知识积累的人,大脑更容易产生新奇的想法和独特的见解,更能做到有所创新。

(五) 想象能力

想象力就是大脑在思维的基础上,对自己原有知识和表象进行加工、改造而创造出新事物形象的心理过程。幻想、联想、梦想、空想等是想象的表现形式,对青年学生来说,想象力是一种十分重要的能力,杰出的科学家、文学家、艺术家等都具有丰富的想象力。如何培养想象力呢?

第一,广泛吸收养料,建构广博的知识结构框架。丰富的想象力离不开丰富的知识储备,知识经验丰富的人,比知识经验不足的人更容易产生新的联想和独特见解。广泛的涉猎面,使大脑的灵感火花更容易找到突破口,厚积而薄发。

第二,勤于思考,积极思维,使大脑处于活跃状态,尽量避免出现思维刻板、僵化、麻木等现象。鼓励学生的求异思维,敢于发表不同的见解。

第三,掌握事物的本质特征、规律,运用适当的方法来发展想象力。比如锯子的发明原形是叶片上有毛刺的草,飞机的发明原形是天上飞的蜻蜓,潜艇的发明原形是水里的鱼。

第三节　常见的学习心理问题及调适化解

一、学习动机缺乏

(一) 学习动机的一般问题

动机是直接推动个体活动以达到一定目的的内部动力或内部心理过程。人们的一切行为总是从一定的动机出发,并指向一定的目的。它是引起个体活动的直接原因,它又是一种内部刺激,所以说,动机是人行为的原动力。人的动机性行为常常取决于内驱力和诱因目标的相互作用。

学习活动是个体的一种重要活动,推动个体获得学习成功的原动力是个人的动机,我们称之为学习动机。在人类的学习中,什么样的内驱力会成为学习动机,这要根据怎样学习、学习的种类、学习时期的不同而异。内驱力可以分为生理性内驱力和社会性内驱力。生理性内驱力如解除饥渴、睡眠、性欲和排泄欲等,社会性内驱力如成就、认可、从属求知、奉献等。在学生的学习中社会性内驱力起着主导作用。如果把学习动机分为外在动机和内在动机,那么这两种动机在学习活动中的作用显然是不同的。外在动机是指学习动机,是由学习者以外的人提出的,学习者的目的并不在于此,如教师、父母或朋友的赞赏、批评。内在动机是指学习动机,是由学习者自己产生的,学习活动本身就是学习者所追求的乐趣。学习者的兴趣、爱好、好奇心等均属于这类动机。

成 败 效 应

成败效应是指努力后的成功效应和失败效应,是格维尔茨在研究中发现的。他的研究是,学习材料为几套难度不等的问题,由学生们自由地选择解决。他发现能力较强的学生,解决了一类中一个问题之后,便不愿意再解决另一个相似的问题,而是挑较为复杂的艰难的问题,借以探索新的解决方法,并因此而感兴趣。这显示学生的兴趣,不是来自成功解决容易的问题,而是通过自己的努力,克服困难,以解决较为复杂艰难的问题,这就是努力后的成功效应。另一方面,能力较差的学生,如果经过极大的努力而仍然不能成功,失败经验累积的次数过多之后,往往感到失望灰心,甚至厌弃学习。这就是努力后的失败效应。因此,教师应帮助能力强的学生将目标逐渐提高,帮助能力较弱的学生将目标适当放低,以便适合其能力和经验。

(二)学习动机缺乏的原因

动机是一个复杂的动力系统,学习动机也不是某种单一的结构,学生的学习活动是由各种不同的动力因素组成的整个系统所引起和推动的。其心理因素包括:① 学习的需要,对学习意义的认识和信念;② 学习的兴趣、爱好、习惯、学习态度;③ 学习的自信心、自重感、成就需求和积极的自我观念;④ 学习的方向、目标等。一般来说,学生的学习动机不是单一的,经常是多种动机交织着起作用。一个学生往往有几种动机在推动着他学习,但其中有的动机起主导和支配作用,有的起辅助作用。学生在学习活动中,只要缺少上述因素中任何一个,就会导致学习动机下降。有调查表明,学生学习动机缺乏原因有:① 学习动机不太明确,如学习是为家长争光;② 对学习没有兴趣,如对所学专业不满意导致学习兴趣较低;③ 缺乏实现自我价值的观念;④ 对自己缺乏信心,自卑感较重。因此,在学习中要学会培养和发展自己正确的学习动机。

(三)激发学习动机的有效方法

在学习活动中,如何激发学习动机呢?依据实验研究,我们把与学习效率有关的一些激发方法归纳如下。

1. 了解学习目标与价值可增强学习动机

心理学家认为,先让学生认清学习目标,才有达到目标的欲望,使他们产生强烈的动机驱使力,虽受困扰,也能努力奋进,取得好的成绩。实验是这样安排的:先让大学一年级的学生获悉学习活动目标,引起学生兴趣,在活动中会遇到各种困扰,甚至侮辱,然后进行测试;另一组为大学三年级学生,不告诉学习目标,学习过程中也没有大一学生那样遇到那么多的困难,与大一学生同时进行测验。测验结果是,大学一年级学生正确答题平均为18.3题,而三年级学生则为8.9题。一年级学生成绩优于三年级学生的成绩,并有极显著的差异。按理而论,三年级学生其智力、年龄及计算能力不会弱于一年级学生,为什么测验成绩较低,其差别原因是前者预先认清了学习目标,有达到目标的强烈动机,后者盲目工作,无动机愿望。因此,学生认清学习目标,才能激发学习动机,引起学习的兴趣,提高学习成绩。

2. 及时知晓学习成绩可加强动机(结果反馈法)

实验表明,在学习中学生及时知道成绩,比不了解者的动机要强。有一项心理学实验,将两组大学生作为实验对象。每天练习速写字 30 秒,在最初 9 天内,A 组知道自己的学习成绩,B 组不知道;自第 10 天起,再用相反的方法实验,即 A 组不知道成绩,B 组被告知。结果表明:最初 9 天 A 组成绩比 B 组提高较快,有明显差异;自第 10 天后,A 组成绩骤然下降,B 组成绩又明显优于 A 组成绩。可见知道成绩者可避免盲目性,对提高成绩有益。在学习中及时了解学习成绩,可以激发学习动机。

3. 获得成功的满足与失败的挑战

依据桑代克的效果定律,人们对工作或学习如得到满意的结果,便起增强动机的作用。渴求成功是人类基本动机之一。实验发现:幼儿练字,获得成功,则愉快地继续学习;几次失败,则不热心,不想再学;经指导,使他成功,则又热心继续学习。满足的快感能增强获得满足的行为。科学实验指出:大多数学生欢迎那种既含有获得成功的希望,又含有可能遭到失败的要求。在学习中,既要能体会到成功的希望,又要能体会到通过努力得以经历的艰辛,才利于激发学生求胜和积极进取的动机。

4. 限制时间对学习的影响

限制时间可激发好胜与成就动机。实验要求对 20 个英文单词进行学习,一组学生学习时间不加限制,所用时间,由实验者记录;另一组限制时间学习,结果证明在有时间限制时,效果好。

5. 竞争对学习的影响

在学校中常用比赛的方法来激发学生学习的动机,增强学习的兴趣。实验证明任何竞争方式(个人、团体和自我)效果皆优,而个别竞争比团体竞争的效果更佳,自我竞争效果较前两种更佳。有实验证明采用竞赛方式做题的一组学生成绩比不采用竞赛方式做题的一组学生成绩好,可见竞赛能提高成绩及动机。

6. 共同讨论的影响

心理学家华生用 68 名大学生作为实验对象,让大家从事思考与想象的作业。一部分学生单独工作,另一部分学生围坐在一起讨论。结果发现,共同讨论组学生成绩均比单独工作组优秀。因为共同讨论相互刺激,能引起学习兴趣,激发思考,相互启发,取长补短,有利于提高学习效果。

7. 态度的影响

积极进取的态度可以增加一个人的学习效率。实验指出,一个人的内在学习动机,特别是高水平的动机是高效率学习的关键性的条件。相反,如果缺少学习动机,学习水平将会降低。

8. 动机强度与学习效率有关

科学研究表明,学习动机过强或过弱都会影响学习效果。学习动机不强的学生缺乏学习热情和干劲,只是消极被动地进行学习活动,其学习效率和效果自然要受到影响。学习动机过于强烈,对学习效率也起副作用。这是因为,当动机过强时,个体在过分紧张的情绪状态下,个人的注意力与知觉范围变得过分狭窄,容易产生急躁情绪,反而限制了机体的正常活动,降低了智力活动的效率。例如,有的学生在考试时,过高地期望得高分,虽然考前做了较好的复习,但由于动机过于强烈,情绪焦虑,导致思路狭窄,出现不必要的错误,影响了学习成绩。

科学研究指出,学习动机最佳水平因学习内容性质不同而不同。在学习内容比较容易的材料时,效率有随着动机的提高而上升的趋势,但学习内容较困难时,最佳动机水平反而处于较低的位置。

二、注意力不集中

(一) 注意的基本概念

注意就是人的心理活动或意识对一定对象的指向与集中。注意是一种意识状态,也是一种内部心理状态,但它是通过人的外部行为表现出来的。

注意可分为无意注意和有意注意。无意注意是事先没有预定的目的,也不需要做意志努力的注意。例如,你与朋友交谈时,突然有人叫你,你不由自主站了起来,这种注意就是无意注意。有意注意是服从于预定目的,需要做意志努力的注意。对学习活动而言,有意注意和无意注意同样重要。学习活动是一种常常需要自己意志努力的活动,因此,有意注意对学习活动有着特别重要的作用。但重视无意注意对学习活动的影响,也可以使你轻松地学习。

(二) 注意力不集中的因素分析

注意力不集中即不稳定,表现为注意分散(也叫分心),即注意外移。注意外移是指注意不自觉地离开当前应当完成的活动而被无关刺激所引起。注意外移的原因主要是由于无关刺激的干扰,或单调刺激长时间作用的结果。无关刺激对注意的干扰,既可以是外部的无关刺激,也可以是内部的无关刺激。那些与当前活动任务无关的、突然的、意外的附加刺激,以及与个体情绪有关联的干扰都能引起注意的外移。具体原因分析如下。

1. 注意对象

注意的稳定性与注意对象的特点有关。如果注意的对象是单调的、静止的,注意就难稳定,注意力容易外移;如果注意的对象是复杂的、变化的、活动的,注意力就容易稳定。

2. 个性倾向性对注意的制约作用

个性倾向性对注意有明显的制约作用,个性倾向性(如一个人的需要、兴趣、对事物的态度等)决定着注意的内容和注意的动机,影响着注意状态。

需要和由需要引起的对事物的期待,会改变一个人注意的方向和状态。例如,一个在沙漠中行进的人,由于口渴会强烈地注意水源的出现,一旦发现,会引起强烈的情绪反应。

如果一个人对所从事的活动持积极的态度,有浓厚的兴趣,并借助有关动作维持知觉或思想进程,或从各种不同的角度进行观察和思考,那么注意力就容易稳定、持久;相反,如果一个人对所从事的活动持消极态度,缺乏兴趣,注意力就容易外移。可见,注意外移与人的个性倾向性有关。

拓展阅读

对自己的专业不满意怎么办?

很多大学生对自己的专业并不满意,除了通过深入学习激发自己的兴趣外,也可以选择以下一些途径来改变自己的现状:

（1）辅修第二专业。很多学校都有辅修第二专业课程的机会，可以看看自己可不可以辅修一个第二专业，以弥补自己对本专业的不满意。如果本校没有，也可以去别的学校问问。

（2）跨专业考研。"跨考"是很流行的一个词。成为"跨考"一族，改变自己的未来也是未尝不可的一种方式。

（3）转专业。这是很多学生刚进入校门时的一种想法。很多学校也有这方面的相关规定，但是前提条件都是自己本专业排名也必须靠前，对要转入的专业也必须有所了解。这对许多同学来说，也是有一定难度的。这就需要靠你自己的努力了。

3. 外在环境

学习时周围的物理环境，包括教室、家里房间的亮度、宽度、声音及椅子的质地等对学习上的注意力集中有很大影响。例如，有的学生在噪音环境中会分散注意力，影响学习。

4. 生理状态

一般地说，身体健康和精力充沛的人，往往容易保持稳定的注意力。此外，在注意的过程中，由于注意的强度和持续时间的原因，也可能产生个人生理方面的疲倦或疲劳，从而影响注意力。

（三）培养注意力的方法

1. 利用课堂听讲锻炼自己的注意力

课堂上听老师授课是学生在学校学习的基本方式，占学生学习时间较多，如能重视课堂学习，注意听讲，不仅能掌握好课堂知识，还能发展自己的认识能力。长期坚持专心听讲，还能培养良好的注意品质。

2. 在阅读中培养自己的注意力

研究指出，注意力是集中还是涣散直接影响着读书的效果。读书的目的是理解书的精神实质，记住书的主要内容。要做到这些，就必须集中注意力，特别是在深入思考书中所讲内容的深刻含义时，必须聚精会神，高度集中注意力。所以把读书与训练注意力结合起来，能取得较好的学习效果。许多著名学者很注意这方面的训练，在读书时经常利用符号或文字在重要内容上做标记，以引起自己的注意。

三、考试紧张焦虑

考试焦虑是一种比较复杂的情绪现象，也就是通常所说的考试紧张，指由于担心考试失败或渴望获得更好的分数而产生的一种忧虑、紧张的心理状态。考试焦虑随着日期的临近而日益严重。

考试焦虑表现在对自己信心不足，对考试失败的后果想得过多；有的同学表现为考前拼命看书，夜以继日，导致严重失眠，头昏脑涨；有的同学表现在考场中出现思维阻碍等，这些表现都不同程度地影响了学习效率。

（一）造成考试焦虑的原因

引起学生考试焦虑的原因可分为外部原因和内部原因。外部原因指外界给予学生的压力，外部压力包括社会的压力、学校老师的压力、父母的期望、他人对自己的评价等。内部原因就是学生希望获得成就、实现自我的动机或某种思想认识而带来的心理压力。同样的考试情境在不同的人身上会出现不同的情绪反应，这是由个体之间的内部差别造成的，其中包括认知评价能力的差异、心理承受能力的差异、气质性格的差异、知识经验上的差异、生理成熟水平的差异。考试焦虑就是在一系列内外因素相互作用下形成的。

(二) 克服考试焦虑的方法

1. 正确对待考试焦虑的利和弊

我们习惯于把焦虑看成是一种消极情绪,不利于提高学习成绩,其实适当焦虑可以成为学习的推动力,有助于提高学习成绩。

研究发现:在小学阶段,焦虑会妨碍学习;到中学阶段,适当的焦虑水平会成为学习推动力,其推动作用超过它的阻碍作用。而大学阶段,焦虑程度越高,学习成绩就越好。事实上,缺乏焦虑感的学生,他们缺乏责任心,沉湎于眼前的满足,不顾行为的结果,意志松懈,却又盲目乐观。对考试过度的焦虑表现为紧张、慌乱、胆怯、行为失常、思维混乱或僵滞,常处于不安的心境之中,以至于妨碍睡眠,影响食欲,导致身体患病,成绩下降。因此,长时间的过度焦虑易患"神经过敏性焦虑",表现为对外界刺激特别敏感,很烦躁,易发怒,对愉快的事也易反应过度,狂欢狂喜,心境变化大,喜怒无常,难以预测。因此,过低、过高的焦虑都是不适当的表现,中等程度的焦虑才是有益的。

🔑 成长的烦恼

小敏是某重点综合大学社会科学专业的学生,她自幼学习上进,记忆力较强,深受老师的器重,每逢市里的一些学科竞赛,学校都推荐她参加,这使她的精神压力很大。小敏本人对数学兴趣不浓,但是教师仍然很看重她,她自己认为这是一种荣誉,是学校和老师对自己的器重,也不好违抗。数学竞赛考试前她一夜没睡,在考场上脑子很乱,原来复习过的内容也想不起来了,急得浑身出汗,心慌意乱,勉强交了试卷,最终考试失败。从此以后,小敏出现了睡眠障碍。考上大学以后,第一学期期末考试小敏就出现数学不及格,在中学学习时数学就不是强项,对数学不感兴趣,因而报考了社会科学专业,没想到这个专业也要学习数理统计,数学和统计学在大一、大二两个学年都要学,这给她带来了沉重的心理负担,每到期末复习考试临近期间就紧张焦虑,还伴有严重的睡眠障碍。

【案例分析】

案例中小敏的问题是以考试焦虑为中心的心理障碍,伴有睡眠障碍,主要是由于心理负担太重,使她的情绪一直不能平静,反而更影响了学习的效果。

2. 正视失败,提高挫折忍耐力

假如我们把平时学习中每做错一道题,就算是一次失败,在考试中没达到自己的预期水平也算是一次失败,从失败中吸取教训,这样能提高我们的挫折忍耐力。因为没有失败,就没有成功,不面对富有挑战的任务,就不会有进步。例如,不会简单算术,令我们失败,但我们永远也没有进步,永远不会体会到成就感。应该认识到失败的价值,失败就意味着自己未掌握某些知识技能,失败指明了自己努力的方向。所以应把失败看成是一种推动力,提高自己对失败和挫折的忍耐力。

再从掌握知识的角度看,失败有助于学生从正反两面掌握知识,不仅知道"是什么",而且知道"不是什么"。只有不怕失败,在哪里跌倒了,就立即从哪里站起来,才会降低考试焦虑。

3. 合理调整自己的期望值,增强自信心

考试焦虑的学生对考试的成败看得过重,自身压力过大,并常常伴随着消极的自我暗

示,这种消极的自我暗示是由自卑感产生的,而自卑感又是由于期望值过高,超过了自己的实际能力。在平时的学习中达不到既定目标而产生受挫感,在多次受挫后就会对自己的能力加以怀疑,进而对自己加以否定。合理调整自己的期望值的关键在于确定现实目标,就是把自己的真实水平与希望自己应该具有的水平区别开来,这样,制定的目标既能符合自己真实情况,可以为自己的学习提供方向和重点,使学习更具有挑战性,还能消除厌烦情绪,降低焦虑水平,更好地集中注意力,增强自己的自豪感、满足感、自信心。

4. 做好考前准备

考试焦虑的基本特征是担心。担心是由于考前准备工作做得不充分产生的。因此,做好考前准备工作有利于消除考试焦虑。考前准备包括认真复习,熟悉考题的类型和范围,了解考场环境,做好考前的物质准备,特别要做好心理准备。

随堂演练

学习性焦虑自测

1. 我感到比往常更加神经过敏和焦虑。(　　)
A. 很少有　　　　　　　　　　　　B. 有时有
C. 大部分时间有　　　　　　　　　D. 绝大多数时间有

2. 我无缘无故感到担心。(　　)
A. 很少有　　　　　　B. 有时有　　　　　　C. 大部分时间有

3. 我容易心烦意乱或感到恐慌。(　　)
A. 很少有　　　　　　B. 有时有　　　　　　C. 大部分时间有

4. 我感到我的身体好像被分成几块,支离破碎。(　　)
A. 很少有　　　　　　B. 有时有　　　　　　C. 大部分时间有

5. 我感到事事都很顺利,不会有倒霉的事情发生。(　　)
A. 很少有　　　　　　B. 有时有　　　　　　C. 大部分时间有

6. 我的四肢抖动和震颤。(　　)
A. 很少有　　　　　　B. 有时有　　　　　　C. 大部分时间有

7. 我因头痛、颈痛和背痛而烦恼。(　　)
A. 很少有　　　　　　B. 有时有　　　　　　C. 大部分时间有

8. 我感到无力而且容易疲劳。(　　)
A. 很少有　　　　　　B. 有时有　　　　　　C. 大部分时间有

9. 我感到很平静,能安静坐下来。(　　)
A. 很少有　　　　　　B. 有时有　　　　　　C. 大部分时间有

10. 我感到我的心跳较快。(　　)
A. 很少有　　　　　　B. 有时有　　　　　　C. 大部分时间有

11. 我因阵阵的眩晕而不舒服。(　　)
A. 很少有　　　　　　B. 有时有　　　　　　C. 大部分时间有

12. 我有阵阵要晕倒的感觉。（　　）

A. 很少有　　　　　　　B. 有时有　　　　　　　C. 大部分时间有

13. 我呼吸时进气和出气都不费力。（　　）

A. 很少有　　　　　　　B. 有时有　　　　　　　C. 大部分时间有

14. 我的手指和脚趾感到麻木和刺痛。（　　）

A. 很少有　　　　　　　B. 有时有　　　　　　　C. 大部分时间有

15. 我因胃痛和消化不良而苦恼。（　　）

A. 很少有　　　　　　　B. 有时有　　　　　　　C. 大部分时间有

16. 我必须频繁排尿。（　　）

A. 很少有　　　　　　　B. 有时有　　　　　　　C. 大部分时间有

17. 我的手总是温暖而干燥。（　　）

A. 很少有　　　　　　　B. 有时有　　　　　　　C. 大部分时间有

18. 我觉得脸发烧发红。（　　）

A. 很少有　　　　　　　　　　　　　　B. 有时有

C. 大部分时间有　　　　　　　　　　　D. 绝大多数时间有

19. 我容易入睡，晚上休息很好。（　　）

A. 很少有　　　　　　　　　　　　　　B. 有时有

C. 大部分时间有　　　　　　　　　　　D. 绝大多数时间有

20. 我做噩梦。（　　）

A. 很少有　　　　　　　　　　　　　　B. 有时有

C. 大部分时间有　　　　　　　　　　　D. 绝大多数时间有

【评分标准】

A:1分,B:2分,C:3分,D:4分,把各题的得分相加为粗分。粗分乘以1.25,四舍五入取整数即得标准分。其中第5、9、13、17、19题为反向计分项目。临界值为50分,分值越高,焦虑倾向越明显。

实践指导

提升学习能力训练

实践目的

提升大学生的学习能力,帮助他们更好地适应大学学习生活,在学习中获得成长和锻炼。

实践过程

(1) 各组大学生将自己的图画张贴在黑板上,选派一个或两个同学讲述他们在学习中的成功故事。

(2) 同学或指导老师提问:① 你认为你在学习上的成功最主要的原因是什么？② 你如果难以回想起大学学习中的成功经历,那么你对大学学习的感受是怎样的,为什么？

(3) 组织讨论:

① 有些大学生不会自主学习,有课就上,没课的时候不知干什么,随波逐流。

② 有些大学生天天在上课、上自习,但对究竟为了什么而学却是茫然不知,学习只是习惯化了的行为。

③ 有些大学生在学习上花了很多时间,很努力,但看不到学习的成效。

④ 有些大学生对什么都感兴趣,但常常顾了这头顾不了那头,结果两手空空。

⑤ 有些大学生平时不学,临近考试突击作战,考试成了一场惊心动魄的战争。

⑥ 有些大学生对学习漫不经心,对考试随便应付,本来努力了就可以取得好成绩的,结果不尽如人意的成绩常常让他们叹息:"早知如此……"

时 间 大 饼

实践目的

通过回忆自己在某段时间内的时间分配,来了解自己的价值观和生活目标。

实践步骤

(1) 尽量回忆在过去一周中参加的各项活动,然后根据每项活动所投入的时间多少,按照百分比分配在下面的圆形中。

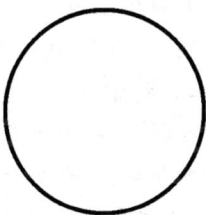

(2) 完成图形绘制后,请思考下面的问题:

① 你的价值观和生活目标是什么?

② 你的主要时间用来实现自己的价值观和生活目标了吗?

③ 你的时间管理是否有问题? 如果有,是什么导致的? 你希望怎样去改变?

思考与练习

1. 结合自身学习的实际,谈谈学习在现代社会中的重要意义。

2. 大学生常见的学习心理问题有哪些? 如何进行自我调适?

3. 请反思一下自己多年的学习方法,找出其中的优点与不足,并总结出适合自己的科学的学习方法。

第八章
大学生恋爱与心理健康

案例导读

"海报情书"亮相校园

"兰,请不要怀疑这份爱的真实性,因为对你的爱永远不会结束……"一天,一封贴在校园里的"海报情书"在武汉科技大学校园里引起了轰动。

一大早,在去红梅公寓的路上,一大群学生围着一张海报在看。海报的标题是"我多么想抱抱你"。仔细一看,原来是一个叫"爱你的杰"的男孩写给一个叫"兰"的女孩的情书。字迹工整流畅,吸引了一拨又一拨的路人。对于这封"海报情书",大学生们有自己的看法,有人认为它"太夸张",也有人说它"可以理解"。两个大三男生说:"真丢人! 他为什么这样做?这不像男子汉!"一个女孩和她的男朋友开玩笑,如果她也能收到这样一封情书,她将一生无憾。该校学生处表示,"海报情书"的出现越来越成为大学生恋爱的公开表现,学校既不干预也不提倡这种行为,希望学生在行动前三思。

学习提示

爱,是人类最美的语言;爱情,是人类最美丽的情感。提起爱情,想必很多人都充满了美好的憧憬和渴望,因为爱情是人际吸引最强烈的形式,是一种有着积极因素的高级情感,是一种令人神往的心理体验。对于大学生来讲,如果说进入了大学而从未想过恋爱的事情,那是不现实的。大学生恋爱具有这样一些特点,如恋爱低龄化、公开化、高速度进展和恋爱的多元化等,由于年轻、冲动,很容易使恋爱、性行为走入误区。

本章结合当代大学生的特点,分别探讨了大学生在恋爱和婚姻中所表现出来的特点以及所产生的困惑,提出如何建立正确、健康而向上的恋爱和婚姻观念。

第一节　大学生的恋爱观及心理特点

一、大学生恋爱的类型及心理原则

(一) 恋爱观的含义

恋爱观从广义上讲是指个体整个恋爱心理结构系统,从狭义上讲就是一般所说的恋爱观,它是指人们在恋爱过程中对男女双方爱情的认识和态度的观点体系,恋爱观的关键问题是对爱情的认识。

爱情是一对男女基于一定的客观物质条件和共同的人生理想,在各自内心形成的对另一个异性的最真挚的仰慕,并渴望对方成为自己终身伴侣的最强烈的、稳定的、专一的感情。这就是说,爱情不仅包括自然属性的内容,更重要的还包括社会属性的内容。它是人类的一种高级的精神生活,它不仅要求男女双方在思想、情感、趣味、气质等方面共鸣和谐,而且要求男女双方共同承担社会责任和义务。

恋爱是婚姻的前奏,爱情的获得与发展往往取决于恋爱过程。恋爱既是青年个体需要审慎对待的"大事",又是具有广泛、深刻社会内容的行为,因而个体在恋爱过程中必然表现出各种心理现象。对这些恋爱心理现象起统摄调控作用的是恋爱观。

拓展阅读

恋 爱 心 理

恋爱心理是指恋爱过程中的心理现象和心理活动规律。青春期在性激素的影响下对性刺激敏感,对异性的兴趣和吸引力增强。先是相互爱慕,相互接近。当彼此愿意相聚在一起经常交换自己的思想感情时,就为恋爱的发展建立了基础。频繁的约会和深入的倾诉,对分离彼此都感到伤感时,则已建立了较牢固的恋爱关系。随着感情的加深,将出现亲吻、拥抱、抚摸等身体亲密接触。此后,将向两个方向发展:一是经历一个冷静的思考期,对恋爱对象的优缺点进行较全面的评估,然后决定继续发展恋爱,直到结婚,或就此告一段落,不再发展。二是听凭感情发展,甚至发生性行为,随着相处日久,双方缺点暴露,相互不能谅解,导致感情破裂,恋爱结束,甚至产生悲剧的结局。

(二) 大学生恋爱的类型

虽然每个青年恋爱的途径各有不同,但他们在选择恋爱对象时所掌握的评判标准却有许多相似之处。一般来说,男生爱慕温文尔雅、端庄大方、性情温和的女性,希望自己的女友有思想、有头脑,对自己既有一定的依赖性,又有一定的独立性。女生比较重视男性的气质,希望自己的恋人性格刚毅、诚实正直、举止大方、活跃稳重、潇洒不俗、博学多识、勇于进取、兴趣广泛、关心体贴人。大学生之间的恋爱关系具体表现为以下几个类型。

1. 事业型

他们有正确的恋爱动机,能够以理智引导爱情,正确处理恋爱与学习、感情与爱情、情爱与性爱的关系。双方都有较强的事业心和进取精神,有共同的理想抱负,把事业的成功作为爱情持久的目标。他们不仅把恋爱看作人生的快乐,而且把幸福的爱情转化为学习和工作的动力。他们认为,恋爱既可以使双方进步,又可以使大学生活充实愉快。

2. 实际型

他们彼此的倾慕与向往也许不够强烈,但有确定的生活目标。进入大学后,毕业去向是他们最为关注的主题。恋爱无可非议地糅进毕业去向的条件,同时家庭条件和对方的发展前途也是各自关注的必不可少的条件。大三阶段是这类学生恋爱的高潮期,他们认为处朋友、谈恋爱,相互了解,信任程度高。这种爱情多是理智的、现实的,确定恋爱关系可能引起的非议也较少。

3. 时尚型

在大学校园里,恋爱已形成了风气。一些大学生看到身边很多同学都有了异性朋友,男同学为了不使自己显得无能,女同学为了不使自己显得无助,也学着别人的样子,匆匆地谈起"恋爱"。由于目的性不强,缺乏认真态度,常常是跟着感觉走,把谈恋爱看作是"一种精神上的补偿",常以"因为没有考虑那么多"为借口而各奔东西。这种恋爱带有很大的随意性和很浓的市侩味,是一种不健康心理的表现。

4. 消遣型

这类学生精神上较为空虚,同性朋友较少,时常感到孤独、烦闷,为了弥补精神世界的空虚,急欲与异性朋友交往,"恋爱"成为一种近景性的精神需求。

5. 浪漫型

这类学生情感比较丰富,罗曼蒂克的爱情对他们有着强烈的吸引。一些文艺作品对大学生有着潜移默化的影响,使他们对爱情浪漫色彩的追逐和窥探心理日趋强烈。他们并非不尊重爱情,而是觉得出没于花前月下的刺激比爱情这种富有理性的责任和义务更富有色彩和韵味。与这种色彩和韵味相比较,人物自身的品质被淡化了。他们追求和接受爱情时,对感情的缠绵悱恻有较深体验并深陷其中。

6. 功利型

这是以对方的门第、家产、地位、名誉、处所、职业、社交能力、驯服度等为恋爱前提的功利主义类型。某大学一份资料表明,该校尚未毕业的女大学生,有近70%的人在抽样调查中表示,希望自己未来的"白马王子"是一位商界老板。个别"超前"的女大学生甚至在校期间已和一些老板情来意往,建立了不同寻常的"关系"。女大学生择偶标准的悄然变化,是商品经济大潮中爱情被物化的结果,是恋爱的异化,有着深厚的功利色彩。

以上恋爱类型的划分是为了便于表述和进行理论探讨,现实生活中的大学生恋爱类型大多属于上述各种类型的不同混合。正因为如此,大学生的恋爱才变得过程复杂多变,令人眼花缭乱。心理障碍也就在这错综复杂的"恋爱"中表现出来,困扰着正在恋爱的学生们。

(三) 大学生恋爱的心理原则

恋爱的心理原则是其择偶的根本指导思想。大学生恋爱一般遵循以下原则:

(1) 相似性原则。大学生择偶,首先考虑的是那些在某方面与自己相似的人。相似性是指志趣、年龄、学历、职业等方面。

(2) 相同性原则。相同是指人生理想、奋斗目标以及对待爱情的认识和根本态度的一致。所谓"志同道合"就是这个意思。

(3) 互补性原则。互补性主要是指个性品质方面的互补。例如,一个脾气倔强的男生在选择对象时,会不由自主地喜欢温顺、随和的女生。现实生活中大量事实说明,恋人间个性互补比个性相似、相同更和谐,因为他们能彼此取长补短,相辅相成。

二、大学生恋爱心理的特点及其成因

(一) 大学生恋爱心理的特点

大学生恋爱,除具有一般青年人恋爱的互爱性、专一性、排他性等特性外,还具有自己独有的特点。

1. 注重恋爱过程,轻视恋爱结果

恋爱向来被看作是为了寻觅生活伴侣,是婚姻的前奏。但大学阶段的大学生往往把恋爱看成是"体验爱情的幸福""充实大学阶段的生活""赶恋爱风的时髦"等,很少把恋爱动机指向婚姻。由此可见,当代青年学生注意的是恋爱过程本身,至于恋爱的结果已经不太在意。

注重恋爱过程,有利于双方相互了解、加深认识,也有利于培养感情、增加心理相容度,同时也反映出大学生不愿落入世俗,着意追求爱的真谛。但是,只注重恋爱过程,强调爱的"现在进行时",把恋爱与婚姻相分离,不考虑爱的"将来完成时",未免失之偏颇。现在大学生中流传着一句顺口溜:"不求天长地久,只求曾经拥有。"一些大学生把恋爱当作一种感情体验,及时行乐,借以寻求刺激,满足精神享受;一些大学生为了充实课余生活,解除寂寞,填补空虚,把恋爱当作一种消遣文化。只注重恋爱过程,轻视恋爱结果,实质上是只强调爱的权利,而否认了爱的责任。

2. 主观学业第一,客观爱情至上

在对待学业与爱情的关系上,43.6%的大学生认为"学业高于爱情";49.6%的大学生认为"同等重要";只有6.8%的大学生认为"爱情高于学业"。调查结果说明绝大多数大学生能够正确看待学业与爱情的关系,他们赞成学习是学生的天职,大学阶段应以学习为主,爱情应当服从学业;或者希望学业和爱情双丰收,既渴求学业有成,又向往爱情幸福,总之,大都没有忘记学业,总想把学业放在首要的位置。但是,上述这些仅仅是大学生主观上、思想上的愿望而已。教育实践经验表明,真正在客观上、行为上能够正确处理好学业与爱情关系的大学生,虽然也有,但为数不多。更多的是一旦坠入情网就不能自拔,强烈的感情冲击一切,学习同样受到严重影响。有的大学生整天如痴如醉、想入非非,沉浸在卿卿我我的甜言蜜语之中;有的大学生中午、晚上不休息,加班加点谈恋爱,致使上课时倦意甚浓,无精打采;有的大学生干脆逃课,一心一意谈恋爱,成为恋爱"专业户"。

很多大学生在不知不觉中变得"儿女情长,英雄气短",成就事业的热情一天天冷却,爱情逐渐成为生活的唯一追求。可见,摆正学业与爱情的关系,是大学生难以控制而又必须正确处理的问题。

3. 恋爱观念开放,传统道德淡化

随着时代的发展,当代大学生的恋爱观念日益开放,传统道德逐渐淡化。大学生在回答"你认为'爱人只能有一个,情人可以有多个'这句话正确与否"时,虽然男生有55.1%、女生有54.54%认为不对,但认为"有一定道理"(男生28.57%,女生18.37%)和"正确"(男生12.24%,女生4.54%)相加,男生已达到40.81%,女生为22.91%。在回答对婚前性行为的看法时,有34%的学生不反对婚前性行为,其中有17%的学生赞成婚前性行为,9%的学生赞成但认为因住房条件较差,没有条件发生婚前性行为,另有9%的同学认为无所谓,只要顺其自然;不赞成婚前性行为的占53%,其中有28%的学生认为是"违背道德观念的",只有2%的学生提出了发生性关系后的责任问题。

中国传统文化及伦理道德观虽对大学生影响较深,但随着对外开放的范围不断扩大,国外近一些年的"试婚""一人连续多配偶制"等婚姻观逐渐影响到大学生,使得学生常常处于理智与感情矛盾的漩涡中,在理性认识上觉得应该保持贞操,应该遵守传统的伦理道德观,但在爱的激情下,又不愿再受传统观念的束缚,恋爱方式公开化,光明正大,洒脱热烈,不再

搞"地下工作",甚至一些大学生在公共场所、大庭广众之下,旁若无人,做出过分亲密的动作,有的竟搞多角恋爱。可见,加强恋爱道德教育势在必行。

4. 失恋态度宽容,承受能力较弱

大学生中"有情人"虽多,但"终成眷属"者少,这样就产生了一批失恋大军。例如,上海市一所大学的心理学研究机构对该校学生分年级做了抽样调查,结果显示,越来越多的大学生有了恋爱经历,从大一的不到20%按年级呈上升态势,大三、大四有近半数学生承认自己有此经历。值得注意的是恋爱受挫怎么办?北京科技大学的学生主张"不成恋人成朋友"为49%,"发奋学习驱散失恋的痛苦"为36.5%,"找新的对象抚平创伤"为10.6%,"报复对方"为2.4%,"悲观厌世"为1.6%。感情遭受挫折后出现一个时期的心理阴暗期是正常的,绝大多数大学生(80%以上)通过"找朋友诉说",或"理性思考",对自己和对方采取宽容的态度,尊重对方的选择。但仍有一部分学生摆脱不了"情感危机",有的失去信心,放弃对爱情的追求,立下誓言"横眉冷对秋波,俯首甘为光棍";有的一蹶不振,沉沦自弃,认为一切都失去了意义,以至于悲观厌世;有的视对方如仇人,肆意诽谤,甚至做出极端行为伤害对方。因失恋而失志、失德者,虽属少数,但影响很大。

心 理 辞 海

禁 果 效 应

"禁果"一词源于《圣经》,它讲的是夏娃被神秘智慧树上的禁果所吸引去偷吃,被贬到人间,这种被禁果所吸引的逆反心理现象,称之为"禁果"效应。由于青少年处在特殊的发育期,好奇心强,逆反心理重,因此常出现禁果效应。

它给我们的启示有两个:① 不要把不好的东西当成禁果,人为地增加对学生的吸引力。② 要把学生不喜欢而又有价值的事情人为地变成禁果以提高其吸引力。

(二) 大学生恋爱心理特点的成因

大学生恋爱心理特点的形成与社会、家庭、学校、自身等因素有关。

1. 社会因素

家庭作为社会的细胞,是一个特殊的人类文化空间,恋爱—婚姻在这个空间漫游,市场经济下的现代文化和传统文化均在用一只无形的手影响着这空间里的人的价值观、思维方式、行为准则。

随着对外开放,国外文化、思想的输入,在恋爱、婚姻方面"从一而终"式的传统婚姻正在被更现代化的婚姻所取代,出现了以下几种婚姻形态并存的格局:① 以爱情为基础的理想型婚姻有所上升;② 以综合条件为基础的现实型婚姻占据多数,这些条件是"感情+物质利益+社会地位+个人自然条件,"3/4属于非爱情因素,属功利型或现实型婚姻;③ 封建的包办买卖型婚姻依然存在;④ 计较利害关系的契约型婚姻已经出现;⑤ 一夫多妻的封建婚姻关系在个别地区有所出现。

大学生作为最敏感、最少保守思想的群体,虽然保持着纯真爱情的空间,但商品经济的冲击以及国外婚姻思想的糟粕对大学生的恋爱心理产生了相当消极的影响,如非理性主义、享乐主义宣扬游戏人生、逢场作戏,人活一世就是要充分享受。在这种反传统思潮的影响下，一些大学生在恋爱方面崇尚现实快乐、满足过程体验。西方提倡的"试婚""性自由"，被一些大学生接受，他们过分追求"浪漫"，传统观念逐渐淡化，约束力日益减弱。

2. 家庭因素

父母家长是最爱和最关心子女的，大部分父母家长对子女校园恋爱的态度游移不定，不少家长认为比起社会上，孩子在大学里找到与之"相配"的生活伴侣的机会可能更大，特别是一些女大学生家长，更担心日后"曲高和寡"，难以成家，所以希望子女在大学期间谈好对象以解后顾之忧。这种外在压力对大学生恋爱之风起到了推波助澜的作用。但同时家长们又对学生恋爱到底会不会影响学习表示担忧，而且更害怕一旦遇到情感挫折，会对涉世不深的孩子产生较大的负面影响。

3. 学校因素

高校的环境给大学生恋爱创造了客观条件。大学生年龄相同，才华相当，男女生一起学习、一起活动，交往频繁，这就为大学生发展爱情提供了优越的条件，使恋爱成为高校的普遍现象。高校对大学生恋爱问题的态度，从过去不许谈恋爱转变为不提倡、不制止，一些教师和辅导员采取的"不出问题不过问"的做法，实际上等于听之任之，放任自流，使得大学生把恋爱看作自然发展之必需，主动、大胆地追求爱情，恋爱方式公开化。面对恋爱普遍存在的现实，学校由于相关知识的教育、引导和管理措施跟不上，一些大学生在恋爱知识匮乏、心理条件不足的情况下，只是凭着本能而进入恋爱，这样一来，情感一旦受挫，行为一旦偏离，就会造成严重的心理压力，影响身心健康。面对恋爱普遍存在的现实，学校所采取的宽容态度，又使一些学生受色情文化的影响胆大妄为，出现违纪行为。学校一旦发现违纪行为，应立即给予严肃处理，避免一些学生断送前程，造成严重后果。

4. 自身因素

生理情感需求、从众心理是大学生恋爱的内在因素。

（1）生理发育成熟。大学生年龄大都处于18～22岁，正值青春发育成熟期，性意识增强，心理极度躁动不安，渴望与异性交朋友，恋爱欲望强烈，积极构思配偶的理想模式，并试图尽快付诸恋爱实践，因而一旦遇到接近理想的异性同学便会以各种借口，寻找各种机会进行试探和追求。

（2）情感需求。男女大学生经过十年寒窗之苦，奋力拼搏才进入大学校园。中学阶段由于升学负担而暂被压抑的丰富的青春期情感此时得以爆发，自我形象逐渐清晰，自我意识日益增强，情感需求渴望满足。而恋爱则是其情感满足的一种重要方式。

（3）从众心理。一些男女大学生虽暂时没有谈恋爱的需求，但因同宿舍的同学谈恋爱，看到人家亲亲热热，自然会激发起恋爱意识和行为。如果找不到合适的对象，或没有人向其求爱，孤独感、危机感、失落感就会涌现，造成很大的心理压力。

心理辞海

黑 暗 效 应

有这样一则故事：一位男子钟情于一位女子，但每次约会，他总觉得双方谈话不投机。有一天晚上，他约那位女子到一家光线比较暗的酒吧，结果这次谈话融洽投机。从此以后，这位男子将约会的地点都选择在光线比较暗的酒吧。几次约会之后，他俩终于决定结下百年之好。

心理学家认为,在光线比较暗的场所,约会双方彼此看不清对方表情,就很容易减少戒备感而产生安全感。在这种情况下,彼此产生亲近的可能性就会远远高于光线比较亮的场所。这就是我们常说的"黑暗效应"。

第二节　大学生恋爱心理的困惑与调适

现实中,大学生恋爱现象越来越普遍,已经渗入学习生活和工作的各个方面。然而大学生生理发育成熟而心理不成熟或渐趋成熟的矛盾,丰富的情感与脆弱的理智的矛盾,性意识的觉醒与性道德规范的矛盾,导致他们在恋爱过程中出现各种烦恼和痛苦,甚至遭受失恋的打击,直接影响着他们的身心健康与发展。因此,大学生学会调适恋爱过程中的各种心理困惑,正确对待失恋,有利于大学生的身心健康和全面发展。

一、大学生恋爱中的心理困惑

(一) 过度的恋爱情绪反应

恋爱是以感情为基础,随着恋爱的进程,双方必然在心理上和感情上发生很大变化,如初恋时的激动不安,等待恋人时的焦急烦躁,离别时的依依不舍等,这些反应是很正常的,是恋爱中常有的心理现象。但如果这些情绪反应过于强烈,就会影响正常的学习生活,损害身心健康。与恋人一会儿不见,便心神不宁,坐卧不安,恋人外出如同生死离别一样痛苦不堪,把古人的诗词发挥得淋漓尽致,"滴不尽相思血泪抛红豆","一寸相思一寸灰","一日不思量,不攒眉千度","才下眉头,却上心头","衣带渐宽终不悔,为伊消得人憔悴",整日沉湎于相思的苦海里不能自拔,致使学习不专心,上课走神,神思恍惚,精神萎靡,茶饭不思,辗转难眠,这些都是过度的情绪反应。为减轻这种反应,保持心理健康,要学会转移注意力,及时调整放松自己的情绪,做一些感兴趣的事情,积极参加有益的活动,不要把自己的全部精力都投入在恋爱上。因为恋爱本身并不是一个人生活的全部。鲁迅说:"不能只为了爱,——盲目的爱,——而将别的人生道义全盘疏忽了。"他又说,"人必生活着,爱才有所附着"。大学生毕竟还是学生,在学校的主要任务是学习,因为恋爱而荒废了学业是得不偿失的,犹如入宝山空手而归。理智地对待恋爱与其他相关问题,对于身心发展和人格塑造有着极为重要的意义。

(二) 恋爱中的波折

每个大学生都希望自己的恋爱过程能够一帆风顺。但实际上恋爱中总是要出现一些波折。因为恋爱本身就是双方加深认识和了解的过程,也是双方磨合的过程。因此,由于双方所受的教育、生活环境、兴趣爱好、性别、个性的差异,以及看问题角度不同,在恋爱过程中出现一些分歧和波折是正常的。但如果这种波折过于强烈或时间过长,就会使人处于焦虑状态,影响心理健康。

大学生正处于思想敏锐、情感丰富、血气方刚的年龄阶段。恋爱过程中出现一些过激言行,造成抱怨、分歧、误解甚至猜疑、嫉妒在所难免。问题是如何正确对待这些波折。相爱的大学生年轻的心往往敏感脆弱,经受不住一点风吹草动,恋爱中稍微遇到些波折,足以让他们的感情掀起狂风巨浪,心灵遭受沉重打击。

爱情的特点是排他的,热恋中的男女不希望其他人介入他们的亲密关系。他们组成一个具有特殊共享物和亲密感的系统,本能地抗拒他人亲近自己的恋爱对象。这种特点对维持爱情的稳定长久很有必要,但排他性发展到极点会引起青年人对恋人行动的猜疑,造成严重心理负担。大学生较同龄人具有更高的敏感性,能更好地捕捉人的心理活动轨迹,这也加强了发生猜疑的可能性。过度的猜疑甚至使某些恋人承受不了心理负担而轻生。对恋人产生怀疑,不相信对方忠诚,在很大程度上是自私心的表现。

具有自私心的人把恋人看成自己的私有财产,是一种病态的爱情心理。自私心理过强的人不允许恋人与其他异性有任何接触,认为恋人只属于自己。自私心理也包含有自卑,真正自信的人很少会有这种怯懦表现。因此,大学生要增强信心,相信自己,也相信恋人,共同品尝爱的琼浆。

一般地说,异性间从产生爱情之日起,嫉妒心理便应运而生。随着爱情的发展,一些人的嫉妒心理愈来愈强烈,但可能隐秘地存在而不轻易暴露。自私、猜疑、嫉妒控制在一定范围里是正常的。不能要求一个人不去嫉妒与自己爱慕对象关系密切的异性。但如果发展过度,就会成为病态的爱情嫉妒妄想。当一个人觉得自己的猜疑嫉妒已无法控制,自己调整不过来时,最好去寻求心理咨询工作者的帮助。对这种具有轻微病态心理的人只要加强指导,一般容易治愈。而嫉妒妄想对行为的影响很大,若不及时治疗,凶杀行为并非鲜见。大学生的恋爱纠纷打架事件中,有一些就是受到嫉妒妄想影响,这是一种有严重危害的心理障碍。

因此,大学生要正确对待恋爱中出现的波折和问题,善于与恋人沟通,彼此开诚布公,求同存异,豁达大度,珍视情缘,调整好自己的心理平衡,把隐患早日消除,防微杜渐,这样才能成功地采撷到爱情的硕果。

(三) 单相思

恋爱是两个人之间的感情交流,如果一方投入了感情,而对方毫无感觉或不想与之交流,就形成了单相思。单相思只是反映单方面的倾慕。由于这种倾慕者大部分是默默地表现着,又迫切希望自己的指向能够被接受,所以这种情感往往十分强烈,也容易受到伤害,产生心理疾病。单相思的形成大多是由于以下几种原因。

1. 爱情错觉

误把友情当爱情,把男女同学间正常的交往、朋友式的关怀和友谊误解为爱情,因而误解对方的言行、情感,想入非非,陶醉于遐想的"爱情"中,造成单相思。这种人应妥善处理好彼此关系,相爱不成友谊在,珍惜和发展友情,或许某一天水到渠成,友情可能会发展成爱情,但不宜操之过急,要慎之又慎,把握火候。

🔑 成长的烦恼

小威新年时送给小玲一张贺卡,小玲很礼貌地收下了,小威误认为小玲对自己有意,并找出小玲的多种优点,整天魂不守舍,朝思暮想,失眠,不想吃饭,神志恍惚,自言自语呼唤小玲跟他说情话(幻听)。他买了许多胸花和发卡摆到自己床上欣赏,对学习毫无兴趣。经专科医院诊断,小威患有青春型精神分裂。

【案例分析】

该案例中的小威是典型的单相思,他应该尽快熄灭自己点燃的爱火或大胆表白,多参加集体活动转移注意力,防止悲剧发生。

2. 理想模式

每个男女青年的心中都有自己的"白雪公主"或"白马王子",一旦在生活中遇到一位在容貌、才华、气质、风度上都与自己心中的理想模式吻合的人,就会产生难以抑制的爱情之火,这种爱在没有引起对方的感情共鸣时就形成了单相思。单相思的对象有的是同窗好友,有的是邂逅新朋,有的只是一面之交,也有的是影视明星或小说中的男女主人公。对于这种单相思者来说,要及时调整自己,面对现实,走出"爱情魔镜"。如果相思的对象就在自己身边,应积极主动地通过某种方式了解对方的态度,若对方有意,就可以由相思变为相爱。如果爱意没有得到对方的回报,说明这种爱不具备爱情基础。爱是两个人心灵的碰撞,当两颗充满激情的心撞出爱的火花时,双方就获得并体验到了爱情,当两颗心撞不出火花时,就应早断情思,另觅知音。如果相思的对象是个一面之交的人或某个明星,那等于自寻烦恼,因为你只是了解对方的一个侧面,而对方既不了解你的感情,也没有机会了解你,这无疑是在追求虚无缥缈的"空中楼阁",也是在白白浪费自己的感情。这时就要用理智之刀及时斩断情丝,早日走出感情的误区。

3. 自作多情

这种单相思者明知对方不爱自己,还是一味地追求、纠缠。这种人应及时止步,如果不顾现实,执意追求,"多情反被无情恼",不仅得不到真正的爱情,还会损害自己的形象。极少数大学生为了表明自己的"真心"和"痴情",做出一些偏激狂热行为,或天天送花,或站在寝室门口苦苦等待,或扯着嗓子大叫"我爱你",或站在对方窗下彻夜弹唱,甚至有的长跪不起,哭哭啼啼,反复乞求;有的为之割腕、服毒,以死相挟。如果对方真的没有爱,那么这些举动不仅感动不了对方,而且会让对方觉得幼稚可笑,从而招至对方的厌恶和轻视。因此,大学生应学会自尊自爱,遇到这种情况,应早日调转方向,寻找属于自己的那一片爱情天空。

4. 情感封拒

自己深爱对方,却不知对方的感情,又怯于表白,或者故意在对方面前装出一副不屑一顾的神情,甚至口是心非,欲爱却贬,从而苦苦相思,夜不成寐,处心积虑。心理学家把这种不正确的处理感情问题的方式,称作"情感封拒"。这种情感封拒会影响大学生情感的正常表达和交流,造成心情不佳,郁郁寡欢,"风乍起,吹皱一池春水","欲笺心事,独语斜阑"。这种感情的封闭和压抑,久而久之可能在情感方面"吊在半空中",心里七上八下,无所适从,甚至会造成心理疾病。因此,大学生遇到这种情况,要学会勇敢地去表达爱。对爱的渴望如同一盏灯,会使生命的隧道现出一束光亮。或许人生短暂,而获得了爱便获得了感觉的永恒。无论在生命的哪个驿站,对爱的无畏追求,天地都会为之动容。"精诚所至,金石为开"。不能总是"盈盈一水间,默默不得语"。应该大胆主动,这方面男子表现得更强烈些,害怕求爱的男子往往会错失良机,甚至遗憾终身。示爱的方式因人而异,但总的来说,男子主动、直接、大方,女子较被动含蓄,即使较为主动的女子,也只是暗示对方,或宁愿期待。

因此,大学生在恋爱中产生心理困惑时,要及时调适好自己的心理,必要时寻求心理咨询工作者的帮助,防患于未然。

🔑 成长的烦恼

小林是刚进大学的女生,面对陌生的环境和陌生的人,小林觉得很无助、孤单、寂寞。而就在这时,一个大二的师兄给了她很大帮助,经常关心她、安慰她,一来二去,两人关系更近了。一天,师兄提到两人关系,表示希望发展成为恋人。这让小林很惊慌,因为她并没有谈恋爱的打算,也没有感觉爱上师兄。但是,又想到师兄的好和自己对他的某种程度的依赖,小林不知道该怎么办了:拒绝还是答应?

【案例分析】

小林对师兄的"某种依赖"并不是爱,对师兄的亲密感是由于孤独感和无助感引起的而不是爱的吸引。在大学里,高年级的男生关心刚入校的小师妹是普遍现象,但也有很多男生试图通过这种关心把师妹变成自己的女朋友。因为刚入校的师妹受陌生环境带来的孤独感影响,很容易被攻破心理防线。因此,认清自己的感情是爱还是对孤独的逃避,这很重要。

二、大学生的失恋与调适

成功的恋爱令人陶醉和神往,可谁能断言,在爱情的江河里不会有惊涛骇浪、狂风巨澜呢?有恋爱就会有失恋,这是恋爱过程中的正常现象。因为每个人都有追求爱情的权利,对方也就有接受爱或拒绝爱的权利。失恋是痛苦的,在大学时代品尝爱情之果的亚当和夏娃,常会遇到这心酸的一幕。失恋会给人的身心带来极大的伤害,甚至会让人做出蠢事,铸成大错。大学生是高素质的人才,应冷静地、客观地面对失恋,"三思而后行"。

(一)失恋的原因

大学生失恋的原因千差万别,一般来说,主要由以下几个方面的原因造成失恋:

(1)家庭和社会舆论的压力。恋爱双方缺乏勇气和信心,慑于社会的偏见和父母的威严,如觉得双方门不当户不对,或相貌差异太大不相配等,只得痛苦地分手,即外界干涉造成的。

(2)环境条件不允许。由于毕业分配不到一起,或由于承担家庭重担及其他责任而不得不忍痛割爱。

(3)一方变心,见异思迁、移情别恋。

(4)双方在交往中彼此思想、个性、情感产生分歧。性格互补、脾气相投的人往往能撞出爱情火花,从而建立稳固的恋爱关系;反之,容易使爱情夭折。

(5)自身缺点反毁自身。缺点过多,又不加克制,同样会失去恋人的喜爱。尤其是过多猜疑、嫉妒、责备、埋怨、误解是爱情的毒药,它会摧残爱情的幼苗,使爱的花朵凋零。

(6)初恋的盲目性和恋爱动机不纯。有的大学生不懂爱情,见一个爱一个,"普遍撒网,重点捞鱼",到处"滥"爱的结果,只能使自己落个"竹篮打水一场空"的下场,人人都不爱他。

(二)失恋的态度

失恋引起的主要情绪反应是痛苦和烦恼。大多数失恋者能正确对待和处理好这种恋爱受挫现象,愉快地走向新的生活,然而,也有一些失恋者不能及时排解这种强烈的情绪,导致

心理失衡,性格反常。具体到不同的个体,常常出现以下几种消极心态:

(1)"从此无心爱良夜,任他明月下西楼"。有的失恋者感到羞愧难当,自卑迷惘,心灰意冷,走向怯懦封闭,甚至绝望、轻生,成为爱情的殉葬品。

(2)"不见去年人,泪湿春衫袖"。失恋者对抛弃自己的人一往情深,对爱情生活充满了美好的回忆和幻想,自欺欺人,不顾失恋的存在,从而陷入单相思的泥潭。也有人会出现一个特殊的感情矛盾——既爱又恨,不能自拔。

(3)"阁道峻曾,似我回肠恨乍平"。失恋者或因失恋而绝望暴怒,失去理智,产生报复心理,造成毁坏性的结局;或从此嫉俗厌世,怀疑一切,看什么都不顺眼,爱发牢骚;或从此玩世不恭,得过且过,寻求刺激,发泄心中不满。

失恋的种种心态会严重影响大学生的身心健康。所以,正为失恋而痛苦缠身的不幸者必须学会自我调整、自我拯救。

(三) 失恋的调适

失恋带给人的心理创伤,绝不是一朝一夕就能抚平的,需要人用坚强的意志来摆脱这种心灵的折磨,需要人学会调适自己,尽快从失恋的痛苦中崛起,用事业的成功体现自己生命的价值,最终获得真正的爱情。

1. 从认识上接受

失恋是正常的。古往今来,多少人品尝过失恋这颗苦果,从此失去了心中的太阳,再也看不见生活之树是常青的。其实,失恋——这爱情的苦果是酸涩的,但也必将使人从中获得思想的谷粒。对一个意志顽强的人来说,告别心中的金字塔,绝不等于失去所有爱的丰碑。高尚的情感之舵,会使人在失恋中体验到人生的无穷奥秘,体验到一种生活中内在的曲折、深邃的旋律,从而成熟起来,坚强起来。

(1) 失恋不失理智。一些大学生失恋后,万念俱灰,从此一蹶不振,作茧自缚,长期在痛苦的漩涡里不能自拔,心情抑郁,为人冷漠、孤僻,甚至积郁成疾。当感情失重的时候,大学生要把握理智的罗盘,脉脉的感情并非任何时候都是强心的药液,理智的思维常常是医治心灵创伤的良药。既然失恋已成为无法回避的既成事实,那么我们就要以足够的勇气和胆量去正视它,失恋不失理智,失恋不失命。《钢铁是怎样炼成的》作者奥斯特洛夫斯基说:"个人问题,恋爱问题,在我的思想里占的地位很小……即使失恋一百次,我也不会自杀的。"

失恋的痛苦是高尚的,就像秋天的树木坚毅地挺立着,既不埋怨萧瑟的秋风,也不哀伤失去的叶子,更不回避将临的冬天,因为它知道承受这一切就会有一个美好的春天。痛苦、幸福、悲欢离合,都是生活中灿烂的云霞。高尚的生活也有痛苦,但高尚的人能用高尚的人生态度对待生活中的痛苦,勇敢地正视人生,正视自己内心的感情,并在需要和她告别的时候,豪迈地挥手告别。"我挥一挥衣袖,不带走一片云彩"。居里夫人年轻的时候也曾失恋过,当时她也有过向尘世告别的念头,但理智终于使她获得前进的巨大力量,成为科学的巨人。这对每一个失恋的同学都应该是一种巨大的鼓舞。

(2) 失恋不失志。有的大学生失恋后心灰意懒,精神颓废,整天不思进取,悲观失望,一副"天涯沦落人"的凄凉。有的借酒消愁,以烟解闷,麻醉自己的精神,不愿醒来。殊不知"抽刀断水水更流,举杯消愁愁更愁",人为地麻醉自己不仅不能消除苦恼,而且还会给自己增添几分思想上的空虚。每个人都可能有软弱的时候,事业和理想却是人生的支柱。越是痛苦的时候，越需要这些坚实的东西。人们常说："痛苦的时候，工作就是良药。"失恋的时候，不妨转移注意力，积极地投入学习、工作中，用好成绩来补偿失恋的痛苦。"失之东隅，收之桑榆"。伟大的导师恩格斯在这方面为我们做出了表率。他在年轻时曾两次失恋。第一次失恋后，便翻越阿尔卑斯山到意大利散心；第二次失恋后，便发愤创作《英国工人阶级状况》一书。正是在这种情况下，才使得他"像抹掉粘在脸上的蛛丝一样地抹掉失恋的痛苦"。大学生只有努力学习，勤奋工作，才能战胜痛苦，恢复炽热和旺盛的精力。这时会让人感到："回首向来萧瑟处，也无风雨也无晴。"莫里哀说："爱情是一位伟大的导师，它教会我们重新做人。"不管爱情的结局如何，我们都应该勇敢地接受。失恋不失志，应是当代大学生所具备的品质。

（3）失恋不灰心。毛泽东年轻时写过这样自信豪迈的诗句：自信人生二百年，会当击水三千里。大学生一次失恋就断定自己不讨人喜欢，对异性没有吸引力，是自卑且缺乏自信的表现。失恋的时候决不能自暴自弃，意志消沉，应该培养自信，增强自身的魅力。失恋或许会成为一件好事，使人能够拨开爱情的迷雾，对问题看得更清楚。正如海伦·凯勒所言："一扇幸福之门对你关闭的同时，另一扇幸福之门却在你面前打开了。"失恋本身正意味着自己又有了重新选择真正爱情的良机，只有从失恋中重新认识自己，充满信心，才有可能在吸取前车之鉴的情况下，重新架起通往爱情的桥梁。贝多芬一生失恋多次，但他从没有灰心丧气过，而是创下了辉煌的乐章。擦掉吧，伤心的泪，切莫让失恋的痛苦把你的心揉碎。"天涯何处无芳草，爱情时时有知音"，爱情的曙光就在你的眼前闪亮。

（4）失恋不失德。有的大学生失恋后攻击报复对方。"结亲不成反结怨"，揭露对方隐私，无端造谣中伤，恋爱时说不尽的甜言蜜语，而一旦告吹，马上便成了不共戴天的仇敌。更有甚者，为此大打出手，刀刀相见，说什么"活不成大家死在一起"，结果非但追不回失去的爱情，反而受到公众舆论的谴责，有的甚至成为千夫所指的罪人。其实，失恋后的任何怨恨、报复的举动都是害人害己的，只能给沉闷的心胸再增加几片乌云，令自己的精神再雪上加霜。俗话说："萝卜白菜，各有所爱"，"强扭的瓜不甜"，既然对方不爱你，又何必苦苦强求别人的施舍与怜悯，以至于不能释怀，总想伺机报复，以解心头之恨。

有人说，失恋像一块试金石，可以测试一个人的思想、道德、意志如何。那种因失恋而失德的人是生活中的懦夫。失恋不失德，懂得恋爱道德价值内涵的人，才是生活中的强者。大学生要以豁达、宽广的胸怀，从失恋中认识自己，宽容他人，完成思想上、感情上的升华，这样才无愧于美好的青春年华。

2. 从情绪行为上调节

失恋的人可以采用以下方式调控自己的情绪与行为：

（1）及时倾诉宣泄。内心的烦闷是一种能量，若久不释放，就会像定时炸弹一样，一旦触发即可酿成大难。但若及时地将苦闷宣泄出去，就可以用倾诉或自我倾诉（如写日记）方式取得内心平衡。因此，失恋后，切不可将心事深埋心底，在将这些烦恼向值得依赖的亲人或朋友倾诉后，你会觉得自己的情绪好多了；如果你不善言谈，那么你可以奋笔疾书，让情感在笔端发泄；你也可关门大哭一场，因为痛哭是一种纯真感情的爆发，是一种自我保护性反应。另外，去打球，去参加文娱活动都能消除心中的郁结，解除失恋带来的心理压力。

（2）学会自我安慰。即"酸葡萄"与"甜柠檬"的效应。酸葡萄效应是指失恋者为了缓解内心痛苦，像伊索寓言里的狐狸那样说"葡萄是酸的"，指出以前恋人的一些缺点，有助于打破理想化倾向。"甜柠檬"效应则是指罗列自己的各项优点，找出自己的美好之处，可以恢复自信,从而减轻痛苦。

(3) 采用吐纳气功使心情平静。吐纳气功也是一种排解忧郁情绪的积极方法。首先,要尽量使自己安静下来,自然站立,尽量放松,深吸气,吸气时默念"啊",呼气时默念"嘘"。周而复始,共呼吸 6～18 次。同时想象把忧郁"啊""嘘"了出来。这样你就会气愤全消,心平气和。因为吸气时默念"啊"音,可宣泄心火、安神定志;而呼气时默念"嘘"音,可起疏肝理气、祛怒解郁的作用。

爱情是男女双方共同孕育的,它不是纪念碑式的建筑,它是一条生命的河流。产于巴基斯坦的溪里谷玫瑰,尚未开放,就已凋谢,但移植于湿地即能再生。如果你献出了美好的感情,却又只能成为一株溪里谷玫瑰,那就不要害怕迁移,湿润的沃土到处都有。决不要让你感情的小舟老是在失恋的痛苦的海洋中颠簸,理性的太阳应该升起,真正的勇士决不甘于在失恋中彷徨、忧伤,而是迅速振作起来,勇敢地去迎接生活,做好感情转移和空间转移,做到失恋不失志,失恋不失理智,失恋不失命,失恋不失德。

第三节　大学生健康恋爱心理的培养

恋爱的过程是感情发展的过程,是彼此了解、相互促进、共同发展的过程。青年学生健康的恋爱心理、文明的恋爱行为有助于缔造纯洁完美的爱情,因此,形成健康的恋爱心理和恋爱行为,不仅是酿造爱情美酒的粮食,也是对青年学生成长、成才的必然要求。

一、树立健康的恋爱观

恋爱观是指人们对待恋爱问题所持的基本观点。健康的恋爱观对大学生来说是十分重要的。它是青年学生品尝爱情甘露和事业硕果的关键,对青年学生的成才也将起到巨大的推动作用。健康的恋爱观包括以下三个方面的内容。

(一) 树立健康的恋爱心理

恋爱心理的产生是以人的生理成熟为基础,以社会环境为外界条件,以自我意识为标志,三位一体综合作用的结果。大学生正值青春期,性意识不断成熟,自我意识不断完善,又有异性间充分交往的时间和空间,因此必然产生各种恋爱心理。大学生健康的恋爱心理应包括以下几个因素。

1. 恋爱动机必须单纯

恋爱是男女之间的私事,但又是一种人类的社会行为。恋爱的目的应该是为了寻求一个能与自己在未来的人生道路上志同道合、同舟共济的终身伴侣,而不应该把其作为改变自己社会地位的手段和交易。因而,一旦把恋爱对象的外貌、金钱、职业、地位和权势等杂念作为自己恋爱的主导动机,就会破坏真正的爱情。因此,恋爱动机的单纯性是获得真正爱情的前提。当然,恋爱并不是空中楼阁,其目标是缔结婚姻,成家立业,需要一定的物质保障。因而,在恋爱过程中适当考虑对方的职业、相貌、家庭、经济状况等外在因素是无可非议的。但绝不能把这些因素作为恋爱的主导动机,追求那种虚伪、浅薄的"爱情",更不能把爱情当作一种手段和交易,这样只能亵渎爱情。

2. 追求思想感情的一致

思想感情一致是真正爱情的思想基础。最近有人提出文化的"门当户对",其实就是指双方思想感情的相通相融。因为男女之爱包含着丰富的内容,其中既有本能的、不可能抗拒的性冲动,又有人类崇高的人情和理性;既有自发性,又有自觉性;既有欲望,又有克制。爱情是肉欲、激情及理智的结合,是生理、心理美感和道德的体验;思想感情的统一,理想信念的合拍,才能使恋爱双方水乳交融、甘苦与共,携手走过人生的风雨历程。

3. 心理的相容

恋人之间的心理相容是恋爱成功的心理背景。心理相容可以巩固和发展爱情。一对恋人如果彼此心理相容,就能体验到欢乐、幸福与美好。否则,就会感到痛苦、惆怅和失望。双方心理相容的程度越高,爱情就越和谐,婚姻就越美满,其中恋爱双方的观点、信念、情操与感情是否一致是决定心理相容的最重要的因素。当然,我们所说的心理相容,并不是要求两个人的兴趣、爱好、性格、气质等个性心理特征绝对一致,而是指双方在共同思想认识的基础上,通过彼此间的相互理解、相互承认、相互弥补、相互影响来取人之长,补己之短,形成和谐互助、相得益彰的最佳效果。

4. 理智健康

爱情从根本上说,是性欲和理智相结合的产物,也就是说,二者缺少其一,就不能成为健康的恋爱心理和行为。同时,恋爱是一个逐步认识对方、发展感情的过程,而不是转瞬即逝的激情或一时的感情冲动。在恋爱之初,要在理智的指导下冷静地观察对方,客观地认识对方。在热恋阶段,更需要用理智去调整、克制感情,使自己的行为与社会规范相符合。有些大学生在恋爱过程中,缺乏健康的理智感,过早地被甜言蜜语所迷惑,陷入卿卿我我、绵绵柔情中不能自拔,致使出现判断错误,或失去贞操,成为错误爱情的牺牲品。可见,理智是恋爱时不可缺少的"哨兵"。

(二) 树立正确的恋爱态度

苏霍姆林斯基说过:"爱情的道德的纯洁性,是人类灵魂的一面镜子。"这就是说,爱情是反映人们灵魂美与丑、善与恶的一面镜子。通过对待爱情的态度,可以折射出一个人的精神境界和道德情操。因此,大学生要以正确的态度对待爱情。

1. 真正的爱情需要真诚

爱情是纯洁的,具有一种美化心灵、净化人格的巨大力量。恋爱双方以诚相待,互相献上纯洁的心灵和真挚的感情,不能存在任何不良的目的和动机,更不能互相欺骗。恋爱双方应忠诚坦白,互相依赖,把自己的优点、弱点及各方面的情况如实告诉双方,这是恋爱双方全面了解和充分信任的基础,也是互相尊重的表现。那种有意隐匿自己的不足,甚至用欺骗手段获得的爱情不会长久。只有两颗真诚之心的撞击才能产生绚丽的爱情火花。

2. 高尚的爱情需要专一

爱情是一种高尚的道德情感,贵在专一。爱情专一,是指男女双方一旦确立了恋爱关系,就要经得起时间、空间和条件变化的考验,专心和精心地培养感情,并以此来约束自己。不因财穷而爱尽,不因色衰而思迁,甚至脚踏两只船。因为爱情具有强烈的排他性,爱情所包含的特有感情和所承担的义务只存在于恋爱双方之中,男女青年一旦相爱,就排斥任何第三者对自己的任何亲近行为。爱情的排他性决定了恋爱的专一性。一个在爱情上不忠贞、不专一的人,不仅得不到纯洁的爱情,而且也很难成为一个品德高尚的人。所以,大学生要用高尚的思想情操,去追求至真、至善的爱情生活,培育纯洁、崇高、永恒的爱情。

3. 美满的爱情需要互相尊重、理解

恋人之间的互相尊重、互相理解是恋爱成功的保障,是婚姻幸福的土壤。离开了尊重和理解,爱情之树就会枯萎。大学生在恋爱过程中要学会尊重对方,具体地说,就是尊重对方的工作、学习、家庭,尊重对方的兴趣、爱好、特长,尊重对方的行为方式、生活习惯,尊重对方的人格和尊严。要在互相尊重的基础上培养平等、纯真、高尚、美好的爱情。那种居高临下的思想意识和行为方式,直接违背互相尊重的原则,不利于真正爱情的培养、巩固和发展。"理解是爱情的别名",恋人之间贵在相知。没有理解和信任,互相猜疑、互相设防,美好的爱情就会失去光彩。因此,恋人之间要襟怀坦白、光明磊落,"长相知,不相疑"。用真诚、理解和信任去浇灌、培育爱情,使爱情之树常青。

(三) 选择恰当的恋爱方式

在恋爱过程中,选择什么方式表达爱情,不仅仅反映了一个人的道德情操、思想修养,而且对恋爱的成败也起着至关重要的作用。

1. 提倡文明理智的恋爱方式

恋爱是一种强烈的情感,热恋中的男女常常表现出强烈的对恋人亲近的欲望,有些大学生不顾时间、地点、场合的限制,做出过分亲昵的举动,甚至发生婚前性行为,不仅违背了恋爱的道德,也给纯洁的爱情蒙上了阴影,甚至由此出现裂痕,使爱情枯萎,给对方身心造成挫折和痛苦。因此,在恋爱过程中,提倡文明理智的恋爱方式十分重要。大学生要注意行为端正、举止文明,用理智控制行为,用道德约束举止,用文明的方式表达对恋人的爱慕之情,切不可不分场合地放纵自己的行为。

2. 准确地把握住感情的分寸

在恋爱过程中,由初恋到产生真正的爱情,要有一个培养和发展感情的过程。一般而言,成功的爱情的形成要经过一个由低到高的发展,即由同志感情到友谊,最后再发展到爱情。任何超越恋爱的感情发展阶段"飞跃"而成的爱情,都会缺乏真正的了解和认识,缺乏必要的感情基础。因此,在恋爱过程中,恋爱双方要准确把握住恋爱中感情的分寸,既不要在"不到火候"的情况下做出过分亲昵的举动,吓跑对方,也不要时机成熟时关起感情的闸门,使对方产生误解,以致错失良机,影响爱情的进一步发展。

3. 学会调适热恋中的性冲动

青年男女在恋爱过程中,随着感情的发展会产生强烈的性冲动,这是青年人性成熟的必然表现,也是恋爱过程中的正常生理反应。如果不会调适这种性冲动,过分放纵或压抑,都会给青年人的身心带来损害,严重的还会导致心理变态。因此,大学生要学会调适热恋中的性冲动,当热恋中的大学生凭借坚强的理智战胜了最剧烈的感情冲动,克制了性的纷扰和不安,从而保持了爱情的纯洁性的时候,就会欣喜地发现,爱情变得更深沉、更理性、更成熟、更崇高了。

总之,健康的恋爱观是大学生生活幸福的保障,是恋爱成功的翅膀,它会使生命之树常青,爱情之花灿烂。

🔑 成长的烦恼

小峰,男,21岁,大学三年级学生,来自农村。一年前,酒后与女友发生性关系。酒醒后认为自己的行为不可理喻,感到对不起女友,深深地自责。希望女友提出分手,但女友对自己更好了。此后两人时有口角发生,令女友伤心落泪,小峰便更觉对不起女友,一直有负罪感。当时临近期末考试,小峰心绪极差,无心复习。小峰学习一直很努力,成绩也较优秀,他担心考不好,睡不着觉。后来发展到没到期末就睡不好觉了。现在更是一开学就睡不着觉。曾服药,但效果不好,为此深感烦恼。

【案例分析】

小峰的症状在情绪方面表现为紧张、焦虑、不安、苦恼,在自我意识方面表现为自责,有负罪感,不能接受自己;在行为方面表现为与女友拌嘴,睡不好觉。造成小峰心理问题的原因是:第一,小峰来自农村,对自己要求较严格,受传统道德观念影响较深,其道德价值观对婚前性行为持否定态度。第二,性知识缺乏。恋爱中的青年男女有些性的冲动,也是正常的生理和心理反应。小峰由于性知识缺乏,不了解大学生的性生理和性心理,其道德价值观不认可这一正常的生理、心理现象,当自己在意识薄弱时(酒后)与女友发生性行为后,因性的困惑加剧了内心冲突。第三,不了解恋爱中的女性心理。女性将性与爱联系在一起的倾向很强,一旦发生了性关系,不想轻易分离,而是因性关系在感情上产生更大的依赖。所以,小峰的问题表面上是睡眠障碍,其实深层次的问题是性生理和性心理与性道德的冲突,故诊断为道德焦虑。

二、培养健康的恋爱行为

(一) 健康恋爱行为的基本要求

(1) 恋爱言谈要文雅,讲究语言美。交谈中要诚恳坦率,不要为显示自己而装腔作势、矫揉造作,否则会使人厌恶,不利于感情的培养。

(2) 恋爱行为要大方。马克思说:"在我看来,真正的爱情是表现在恋人对他的偶像采取含蓄、谦让甚至羞涩的态度,而绝不是表现在随意流露热情和过早的亲昵。"恋爱中的男女会逐渐从一时的羞涩与紧张走向自然大方的交往,不过这时期要注意行为举止的检点。大学生的恋爱行为要讲究含蓄、高雅、委婉、细腻、谦恭、庄重和自尊,同时注意感情表达的时间和空间。

(3) 亲热动作要高雅,避免粗俗化。粗俗鲁莽的亲昵动作只会有损于爱情的纯洁与尊严,有害于恋爱者的心理卫生,对他人的影响也不好。

(4) 恋爱过程中要平等相待,相敬如宾。不要拿自身的优点去比较对方的不足,以戏弄压低对方,借以抬高自己;不要想方设法考验对方或摆架子,这些都会影响双方感情的发展,因为每个人都是有自尊心的。

(5) 善于控制感情、理智行事。恋爱中出现的性冲动,一方面要注意克制和调节,另一方面要注意转移和升华。积极参加各种文娱活动,与恋人多谈学习和工作,把恋爱行为限制在社会规范内,不致越轨,要使爱情沿着健康的道路发展。莎士比亚说:"爱,和炭相同,烧起来,得想办法叫它冷却,让它任意着,就会把一颗心烧焦。"真正的爱情固然离不开真挚感情的交流,但更离不开理智的指导和调节。

（二）培养爱的能力与责任

惠特曼说："爱，不是一种单纯的行为，是我们生活中的一种气候，一种需要我们终生学习、发现和不断前进的活动。"爱融会于生活的各个方面，父母的眷眷之爱，朋友的坦诚之爱，男女之间的缠绵之爱，没有爱，这个世界无法想象。学习和发展爱的能力是贯穿一生的任务，也是受益一生的。

1. 迎接爱的能力

首先是施爱的能力。一个人心中有了爱，在理智分析之后，敢于表达，善于表达，是一种爱的能力。如果一心想爱而不知付出，那就是私心太重，别人就会回避，自然不觉得你美丽可爱。一个没有爱心的人是个自私自利的人，他愿意"受爱"而不愿意"施爱"。弗罗姆说："爱主要是给予，而不是接受。"其次是受爱的能力。一个人面对别人的施爱，能及时、准确地对爱做出判断，并做出接受、谢绝或再观察的选择，是一种爱的能力。缺乏这种爱的能力的人，或是匆忙行事或是无从把握。

大学生要具有迎接爱的能力，就应该懂得爱是什么。要有健康的恋爱价值观，就应了解自己，知道自己喜欢什么、需要什么、适合什么，就应对自己、对他人都保持敏感和热情，应主动关心他人、热爱他人。"一个青年人如果不爱他父母、同志和朋友，他就永远不会爱他所选作他妻子的那个女人。"应有一种健康心理，能坦然地表达爱或接受爱，能承受求爱拒绝或拒绝求爱所引起的心理扰乱。

2. 拒绝爱的能力

敢于理智地拒绝不希望得到的爱情。在一份并不希望得到的爱情到来时，优柔寡断，或屈从于对方的穷追不舍的做法都是有害的。因为爱情来不得半点勉强和将就，因此，要学会勇敢地说"不"。

3. 发展爱的能力

发展爱的能力，并不是非要具体到对某一异性的爱，可以是更广意义上的爱。我们的亲人，我们的同学朋友，我们的祖国和人民，都值得我们热爱。弗罗姆说："爱是对我所爱的生命，即人或物成长的主动关注。"发展爱的能力，就是培养我们无私的品格和奉献精神，或者说是一种牺牲精神；发展爱的能力，还要培养善于处理矛盾的能力，有效地消除恋爱和家庭生活中的矛盾、纠纷。从恋爱到结婚，是爱情生活的转折，爱情从浪漫变得实际，从炽热变得冷静；如何使家庭不成为爱情的坟墓，如何使爱情不断更新、不断发展，这都需要有发展爱的能力。发展爱的能力，培养爱的责任，为恋人负责，为社会负责，发展健康文明的恋爱心理与行为，树立正确的爱情价值观和婚恋观，创造出幸福美满的婚恋。同学们，为了你的爱情之花盛开不败，请你努力去开掘人生，建立正确的恋爱观，选择合适的恋爱对象，培养理智的行为方式，塑造自身良好的人格，你一定能酿就芳香四溢的爱的美酒，找到真正属于自己的爱的停泊地。让生命的温度永远保持在春天，让灿烂的阳光照亮一生。

随堂演练

爱情温度计——测测你的恋爱观

恋爱观就是人们对恋爱问题的看法，它决定着爱情的心理和行为，包括对美的认知和评价标准、择偶的标准与条件、恋爱的目的和方式、对幸福的理解等多方面的内容。渴望爱情的你在行动之前,不妨先来了解一下自己的恋爱观。

1. 你认为恋爱作为人生一个极其重要的环节,其最终所要达到的目的应当是(　　)。

A. 找到一个情投意合的伴侣　　　　B. 成家过日子,抚育儿女

C. 满足性的饥渴　　　　　　　　　D. 只是觉得新鲜有趣,没有明确的想法

2.(男女单独做)

(1) 如果你是位先生,你对未来妻子的要求最主要的是(　　)。

A. 善于持家,利落能干　　　　　　B. 容貌漂亮,气质高雅

C. 人品不错,能体贴帮助自己　　　D. 只要我爱她,其他一切都无所谓

(2) 如果你是位女士,你在选择丈夫时首先考虑的是(　　)。

A. 潇洒大方,有男子气度

B. 有钱有势,社交能力强

C. 为人诚实正直,有进取心,待人和蔼可亲

D. 只要他爱我,其他都不考虑

3. 你决定和对方建立恋爱关系的心理依据是(　　)。

A. 彼此各有想法,但大体相互尊重　　B. 我比对方优越

C. 对方比我优越　　　　　　　　　　D. 没想过

4. 你对最佳恋爱时间的考虑是(　　)。

A. 自己已经成熟,懂得了人生的意义和爱情的内涵,并且明确了事业上的主要方向

B. 随着年龄的增长,自有贤妻或佳婿相伴,"月老"不会忘记任何人

C. 先下手为强,越早越主动

D. 还没想过

5. 你希望自己结识恋人的方式是(　　)。

A. 青梅竹马,情深意长　　　　　　B. 一见钟情,难舍难分

C. 在工作和学习中逐渐产生恋情　　D. 经熟人介绍

6. 你认为增进爱情的良策是(　　)。

A. 极力讨好取悦对方　　　　　　　B. 尽力使自己变得更完美

C. 百依百顺,言听计从　　　　　　D. 无计可施

7. 人们通常认为,恋爱过程是个相互了解、相互适应和培养感情的过程,但了解、适应就需要花时间。那么,你希望恋爱的时间是(　　)。

A. 越短越好,最好是"闪电式"　　　B. 时间依进展而定

C. 时间要拖长些　　　　　　　　　D. 自己无主张,全听对方的

8. 谁都希望完整、全面地了解对方,你觉得了解他(她)的最佳途径是(　　)。

A. 精心安排特殊场面,不断对恋人进行考验

B. 坦诚地交谈,细心地观察

C. 通过朋友打听

D. 没想过

9. 你十分倾心于你的恋人,但交往一段时间后,却发现对方有一些缺点,这时你(　　)。

A. 采用婉转的方式告知对方并帮助对方改进

B. 因出乎意料而伤脑筋

C. 嫌弃对方,犹豫动摇

D. 不知道如何是好

10. 当你已在爱河之中,一位条件更好的异性向你表示爱慕时,你会（　　）。

A. 说明实情,忠实于恋人　　　　　　B. 对其冷淡,但维持友谊

C. 向其谄媚并瞒着恋人和其来往　　　D. 感到茫然无措

11. 当你忽然发现爱慕已久的异性另有所爱时,你（　　）。

A. 静观待变,进退自如　　　　　　　B. 参与角逐,继续穷追

C. 抽身止步,成人之美　　　　　　　D. 不知道

12. 恋爱过程很少会一帆风顺,当恋爱中出现矛盾和波折时,你感到（　　）。

A. 既然已经出现,也是件好事,双方正好趁此了解和考验对方

B. 伤心难过,认为这是不幸的

C. 疑虑顿生,就此提出分手

D. 束手无策

13. 由于性情不合或其他原因,你们的恋爱搁浅了,对方提出分手,这时你（　　）。

A. 千方百计缠着对方　　　　　　　　B. 到处诋毁对方名誉

C. 说声再见,各奔前程　　　　　　　D. 不知所措

14. 当你十分信赖的恋人背信弃义甩掉你之后,你（　　）。

A. 只当自己眼瞎,认错了人　　　　　B. 既然他(她)不仁,休怪我不义

C. 吸取教训,重新开始　　　　　　　D. 痛苦得难以自拔

15. 你的爱情路途坎坷,多次恋爱均告失败,随着年龄增长,已进入"男大当婚,女大当嫁"行列的你会（　　）。

A. 一如从前,宁缺毋滥　　　　　　　B. 厌弃追求,随便凑合一个

C. 检查一下自己的择偶标准是否实际　D. 叹息命运不佳,从此绝望

根据下面表格的评分标准计算你的总分。

题　号	A	B	C	D
1	3分	2分	1分	1分
2	2分	1分	3分	1分
3	3分	2分	1分	0分
4	3分	2分	1分	0分
5	2分	1分	3分	1分
6	1分	3分	2分	0分
7	1分	3分	2分	0分
8	1分	3分	2分	0分
9	3分	2分	1分	0分
10	3分	2分	1分	0分

续　表

题　号	A	B	C	D
11	2分	1分	3分	0分
12	3分	2分	1分	0分
13	2分	1分	3分	0分
14	2分	1分	3分	0分
15	2分	1分	3分	0分

【结果解释】

总分35～45分为A型,总分25～34分为B型,总分15～24分为C型,7道以上题目得0分为D型。

A型:恋爱观成熟正确。

你是一个成熟的青年,你懂得爱什么和为什么爱,这是你进入情场的最佳入场券。不要怕挫折和失败,它们是考验你的"纸老虎",终将在你的高尚和热忱面前逃遁。尽管大胆地走向你梦中的恋人吧,你的婚姻注定美满幸福。

B型:恋爱观尚可。

你向往真挚而美好的爱情,然而屡屡失败,一时难以如愿。不妨多看看成功的朋友,并将恋爱作为圣洁无比的追求,不断校正爱情的航线,这样你与幸福就相隔不远了。

C型:恋爱观需要认真端正。

你的恋爱观存在不少问题,甚至有不健康之处。它们使你辛勤播撒的爱情种子难以萌芽,更难以结出甜蜜的果实。如果你已经轻率地开始恋爱,最好及早退出。

D型:恋爱观尚未形成。

你或许年龄还小,不谙世事;你或许年纪虽已不小,却仍天真幼稚。爱情对于你来说还是个迷惘未知的世界,你需要防范圈套和袭击。建议你读几本关于两性关系的书籍,待变成熟后,再涉爱河也不迟。

实践指导

两性对比:男生女生"爱"不同

实践目的

了解两性在恋爱方面的差异,学会理智地看待冲突,化解恋爱僵局。

实践过程

(1) 每5～10个同性别的同学组成一个小组,将小组同学的意见和说法综合起来,回答下列问题:

选择恋爱对象时,你认为对方具有哪方面的特质最重要?

① 面对心仪的异性,你会怎样接近他(她)?

② 你怎么样向恋人表达你对他(她)的关心?

③ 你怎么样向恋人表达你对他(她)的感谢?

④ 你怎么样向恋人表达你对他(她)的不满?

⑤ 你怎么样向恋人表达你自己心情低落?

⑥ 你怎么样向恋人表达你最近生活压力很大?

⑦ 你会以何种方式应对两人相处时出现的冷战局面?

⑧ 你怎么看待爱情与性的关系?

（2）待各个小组完成讨论以后,各组同学一起猜想另一半同学的答案。最后,由老师组织安排男、女生小组在全班范围内做本小组总结汇报,方便大家了解自己的猜想与对方实际答案的吻合程度。

角色扮演:分手与失恋

实践目的

学习正确对待失恋的方法,学会在失恋的痛苦中实现心智的成长。

实践过程

（1）七嘴八舌话失恋。尽管失恋是痛苦和不幸的,但是也不是完全没有益处的,因此请同学们以各小组为单位,分别列举失恋的好处。每个小组最多可以列举十条,然后在全班范围内由全体同学共同评比出最有说服力的内容,并将此作为全班共同的"失恋战线宣言"。

（2）转换角度看失恋。小组讨论在失恋时做哪些事情可以有效地缓解低落的情绪,并将讨论结果公布讨论。（要求涉及的内容越具体越好,比如,看电影是缓解痛苦的方法,那么具体哪一部电影是值得推荐给失恋的人看的呢）

思考与练习

1. 如何获得真挚的爱情?

2. 简述大学生恋爱心理的特点。

3. 大学生恋爱心理存在哪些问题?

4. 大学生应如何调适恋爱心理?

第九章
大学生的情绪健康

📖 **案例导读**

大学生张靓的心情日记

在深冬的早晨,我刚从温暖的被窝里起来,手立刻变冷了。这么冷的天气,真想待在床上,但是想想期末考试一周后就要到了,很焦虑。经过长时间的思想斗争,我很不情愿地强迫自己起床。走出宿舍楼时,我发现天空乌云密布,北风呼啸,忍不住发抖。

路过学院的公告栏,我惊讶地看到马倩被评为"××优秀会员"。她和我是亲密的朋友,有着共同的兴趣,无话不说。按道理,我应该为她获得如此高的荣誉感到高兴,并首先打电话祝贺她。不知道为什么,我站在那里,感到有点失落,甚至有点嫉妒。

在图书馆,我发现复习的人越来越多了。环顾四周,我突然发现自己喜欢的赵欣也在图书馆,心开始怦怦跳得厉害,好想上去和他打个招呼,又怕他发现我的异样,还是按捺住了内心的激动,选择在一个角落看起书来。

复习渐入佳境,电话铃声突然响起,我慌忙跑到外面接了电话。是团委老师打来的,说是为迎接评估,需要赶做一个海报。心里不禁烦躁起来,都什么时候了,还要做海报?电话那边老师一直在说不好意思、打扰复习之类的话,虽然有十万个不愿意,我还是忍住了,答应尽快赶好,心情低落至极点。

忙碌了一天回到寝室,接到新生班班长的一个电话,他说有事找我,让我到操场上去一趟。虽然很累了,但是作为学长,我还是满口答应了他的要求。到了操场,发现没人,正要离开,只听到"祝你生日快乐"的歌声飘来,循声望去,只见全体新生班的学弟学妹们捧着插满蜡烛的生日蛋糕向我走来。我愣住了,感动的眼泪情不自禁就流了下来。那一刻,觉得自己是天底下最幸福的人了!

学习提示

"人非草木,孰能无情。"生活中总会有各种情绪伴在大学生的左右,有时焦虑不安,有时开心和喜悦,有时孤独和恐惧,有时悲伤难过,有时气愤,有时憎恶,有时又羡慕甚至嫉妒……就像张靓的一天,情绪像空气一样围绕着她,成为她行动、思考的心理背景。

认识情绪、了解情绪,合理地调节和管理自己的情绪对一个人有重要的作用。本章内容着重讲述大学生的情绪表现及如何有效地管理好情绪。

第一节 情绪的表现与功能

一、情绪的表现

情绪的表现是指人的身体和精神上的变化,具体包括生理唤醒、主观感受、认知过程和行为反应。

(一) 生理唤醒

情绪反应伴随人的大脑、神经系统和荷尔蒙的生理作用,一个人的情绪被唤醒的同时,其身体也被唤醒。强烈或持续的情绪反应会耗费个体的精力,从而削弱其对疾病的抵抗力。

(二) 主观感受

情绪反映一个人的主观感受,即愉快或不愉快、喜欢或不喜欢等体验。因此,对一个人情绪的研究,在很大程度上要依靠主观感受。

(三) 认知过程

一个人的情绪涉及记忆、知觉、期望和解释等认知过程。个体对某个事件的认识会极大地影响他对该事件的看法和态度。

(四) 行为反应

情绪还表现为许多行为反应,包括表达型反应和工具型反应。表达型反应是指一个人通过面部表情、手势姿势和声调语气等方式来帮助其表达自己的感受。工具型反应是指可以提高个体对环境的适应性的反应,如因忧虑而哭泣或因害怕危险而逃跑等。

一般情况下,人们的情绪反应是以上四个方面的综合。例如,人们遇到好朋友时,生理唤醒可能表现为平稳的心跳,主观感受是积极而愉快的,认知过程包括与朋友相关的记忆、知觉、期望以及对所处环境积极的解释,行为反应可能是微笑的表情。

二、情绪的功能

心理学家们一致认为在决定成功的各种因素中,智商只占 20%,而另外 80% 则由其他因素决定,其中包括情商。情商包括自我意识、情绪控制、自我动机、延迟满足和大众技能。其中,情绪控制具有重要的作用,之所以如此,和情绪的功能有密不可分的关系。一般而言,情绪有动机功能和社会功能。

(一) 动机功能

情绪可以促进、引导并维持个体的行为,直到达到特定的目标。例如,当个体爱上一个人时,快乐的情绪会促使他愿意去接近和保护对方,为对方做任何事情。但是,情绪对人的行为动机也有反作用。当任务太难、太复杂时,如果人的情绪过于急躁和冒进,他的工作绩效也会下滑。

心理辞海

自我悦纳

自我悦纳是指个体能正确评价自己、接受自己，并在此基础上使自我得到良好的发展。自我悦纳不仅指接纳自己人格中的优点、长处，更要接受自己的缺点与不足。在接受不足这个情况的基础上，努力改进自己、完善自己，而不是妄自菲薄，失去信心。

悦纳自我是心理健康的表现。当你快乐地接受了自己，你的整个心胸便会舒展和开阔，同时你会发现，你也更加容易接受他人了。

良好的自我悦纳可以有效缓解发展中的矛盾冲突，使个体得到健康发展。马斯洛的需要理论认为：人有自尊的需要，这是仅次于自我实现需要的第二高层次的需要。自我悦纳即产生高自尊。

(二) 社会功能

当信息不能通过语言准确地表达出来时，情绪也是人际沟通与交流的重要手段。心理学家发现，在人际交往过程中，70％以上的信息是依靠非言语（如说话的语气、态度等）传达的。人们只有关注他人的各种情绪变化，并做出相应的回应，才能更好地适应周围的环境。如果个体无法感受他人的情绪，没有做出相应的回应，就很可能会造成人际交往的矛盾，或丧失与他人建立良好关系的机会。

情绪的社会功能还体现在助人行为上。心理学家发现，当个体处于最佳情绪状态时，他们更愿意做出各种助人行为；当个体对自己的过失感到内疚时，也更愿意提供义务帮助，因为这样可以减轻他们心中的内疚感。

第二节　情绪的特点与分类

一、情绪的特点

一般认为，情绪具有复杂性、周期性和普遍性三个特点。

(一) 复杂性

鉴于情绪是如此复杂的一个模式，有时候我们会难以说清楚自己的情绪感受，尤其是男性。

哈佛大学的研究者借助磁共振影像技术进行研究发现，对于女性来说，小女孩进入青春期后，她的消极情绪会从杏仁体这个脑干的原始部位进入脑皮层，激活了她的语言中枢，这方便了她报告自己的情绪；而青春期男性的消极情绪仍留在杏仁体，所以如果问他有什么感受，他会说"不知道"。

(二) 周期性

我们可能前一刻还很郁闷，但后一刻就被人逗得乐开了怀，这并非人的善变，但确实反映了情绪的不断变动性。有的学生说"我看某某同学天天都很乐呵的，我就愿意像他那样无忧无虑"，愿望是好的，但不切实际。情绪会围绕着正常水平波动，在高峰和低谷间波动，处于适度的波幅之内就没问题。有一个比较简单的评断方法：如果某个人的情绪始终在高峰，就很可能患了躁狂症；如果某个人的情绪始终在低谷，就很可能患了抑郁症；如果在高峰和低谷间大幅度振荡，那可能是双向情感障碍（躁郁症）。

（三）普遍性

达尔文认为，人类的情绪是天生的，而且像骨骼系统一样是有系统、有规律的。借助于调节面部表情和躯体运动的肌肉系统，我们向他人表达了自己的情绪，而这种表达又往往是无意识的，它是一种本能而非后天习得的行为。情绪的交流是基因决定的，当我们还在摇篮里时，就能识别成人的脸，还能通过解读他们脸上的表情来感知他们的态度。而且，在不同的种族之间，情绪表现出了惊人的一致性。给生活在新几内亚岛上的土著人出示一张板着脸的高加索人的照片，前者能毫不费力地指出后者在生气。从衣食住行到婚礼庆典，不同的文化在诸多细节上都存在大大小小的地域差异，但我们却天生具有一套相同的、最为基本的心理结构。

二、情绪的分类

一般认为，快乐、愤怒、恐惧和悲哀是人类最基本的四种情绪。这些情绪与人的基本需要相联系，是与生俱来的。

（一）快乐

快乐是指个体达到一定目的后，紧张的状态得以消除，从而产生的情绪体验。例如，一个人经过积极准备考取理想大学后产生的情绪体验。心理学家一般将快乐分为满意、愉快、异常的欢乐和狂喜四个等级。个体的快乐程度取决于目标的重要性和达到目标的意外性。一个人追求的目标越重要，或者达到的目标越意外，他就会感到越快乐。

（二）愤怒

愤怒是指个体因目标不能实现或在实现目标时受到挫折而逐渐积累起来的情绪体验。一个人对挫折的认识影响他愤怒情绪的产生。如果一个人认为挫折和阻挠是不合理的，甚至是恶意的，他就很容易产生愤怒的情绪。一般来说，根据程度的不同，愤怒可以分为轻微的不满、生气、愠、怒、大怒和暴怒六个等级。

（三）恐惧

恐惧是指个体在企图摆脱或逃避某种情境，但又感到无能为力时所产生的情绪体验。例如，人们在遇到地震，感到无力应对时，往往会感到十分恐惧。一般来说，人们产生恐惧是因为他们缺乏有效应对恐惧情境的力量，有时也因为他们熟悉的环境发生了意想不到的变化。

（四）悲哀

悲哀是指个体在失去内心盼望的、自认为有价值的东西时所产生的情绪体验。例如，一个人失去亲人后会产生悲哀的情绪。一般来说，悲哀按程度可以分为遗憾、失望、难过、悲伤和悲痛。悲哀情绪的程度取决于人们所失去事物的价值。失去事物的价值越大，悲哀的情绪就越强烈。悲哀所带来的过度紧张可以通过哭泣来释放，人在哭泣之后往往会精力衰竭，同时因紧张得以释放也会感到轻松。

也有研究者认为人类有快乐、悲伤、厌恶、愤怒、恐惧、惊讶六种基本情绪,这六种情绪可以相互组合,并派生出其余各种各样的复合情绪,如忧郁、紧张、焦虑等。

第三节　有效地管理情绪

人们的情绪管理可以说是一首五部曲,即认识情绪、标定情绪、接纳情绪、改变不良情绪和创造积极情绪。也可以说是回答"三个 W"的问题,即"What——我现在有什么情绪","Why——我为什么会有这种感觉(情绪)","How——如何有效处理情绪"。情绪无所谓好坏,我们要允许自己有不好的感觉,遵循情绪管理的原则,改掉我们不想要的、引入我们想要的,这样我们就拥有了良好的情绪状态。

一、情绪管理的原则

美国著名心理咨询师辛德勒博士认为情绪稳定与成熟就像是一个硬币的两面,成熟也就意味着在逆境中依然情绪稳定,这是一种保持沉着、勇敢、谦让、果断、快乐的能力;而不成熟的人在同样的环境中则会表现出忧虑、恐惧、焦急、挫败等负面情绪。所以我们的情绪管理的原则说到底是要让自己成长、成熟起来,面对现实、承担责任、积极行动。总体来说,情绪管理应遵循"四不"原则,即不责备、不逃避、不遗忘和不委曲求全。

(一) 不责备

不责备包括不自责和不责备别人。陷入自责而耽搁行动是不明智的,而责备别人只会引起新的矛盾,你要做的首先是澄清事实,然后表达你的感受,最后说出你自己能做的事以及你期望对方做的部分。

(二) 不逃避

常常有女同学说当自己不开心的时候就大吃,女同学在大吃之后又会为体重问题而纠结;男同学可能还会去喝个大醉,而醉后严重的不适感也会让他们的身体几天都缓不过来。还有一些网络成瘾的同学,就是因为在现实世界中有很多的遗憾和痛苦,转而到虚幻世界中寻找满足。不要采用逃避或麻痹自己的方式,不要去当一只把头埋进沙子里的鸵鸟,要承认痛苦或者错误的存在,并且勇敢面对。

🔑 成长的烦恼

李同学,男,21 岁,某高校三年级学生,觉得生活没意义,对什么事情都不感兴趣,情绪低落,失眠、烦躁近三年。李同学称其出生于高级知识分子家庭,家庭教育严格,养成了较为内向的性格。父母非常看重他的学习成绩,他在小学、中学时学习很努力,是家长、老师心目中的好孩子、同学心目中的好班长,高考以优异的成绩考入了名牌大学。升入大学后他依然努力学习,但成绩不理想,有一种失落感。总想提高成绩,但却事与愿违,在班上的排名不升反降,大学一年级的期末考试,居然排倒数第二,为此父母极为严厉地批评了他。他开始觉得自己很没用,感到父母、老师及同学都看不起自己,从此情绪非常低落,闷闷不乐,打不起精神,觉得活着没意思,因此什么也不想干,对什么都不感兴趣,也不愿意与别人交流,后来还出现失眠、烦躁不安。他想自杀又没有勇气,觉得很苦恼。

【案例分析】

本案例是典型的抑郁性神经症。抑郁性神经症的诊断要从以下几个方面进行分析:第一,从病程上分析,抑郁性神经症病程应在两年以上;第二,从精神痛苦程度上分析,自己摆脱不了,需要别人帮助或别人帮助也无法摆脱;第三,从社会功能上分析,学习、工作、人际交往不得不减少或回避,甚至无法学习、工作和人际交往;第四,从躯体上分析,没有躯体器质性疾病;第五,从心理矛盾冲突上分析:没有现实意义或没有道德色彩。

(三) 不遗忘

有人说:"睡吧睡吧,睡一觉第二天一切就都好了。"不要相信这样的话,它只是用来暂时安慰人的。人们总以为把问题搁置到一边,当它不存在,遗忘了就好了。其实不是这样的,这个问题只是从意识层面沉入了当事者的潜意识,它就像一颗不定时炸弹,说不定会在当事者将来的生活里制造更大麻烦。

(四) 不委曲求全

有的学生在人际交往中总是习惯做老好人,不会说"不",自己原本不想做的却去做了,自己原本想做那件事结果做的却是这件事。这些学生总在违逆自己的意愿、忽略自我的渴求,这实际上是将攻击转向自己,带来的只能是抑郁。

二、大学生情绪健康的标准

一般而言,情绪健康的标志是情绪稳定和心情愉快。大学生正处在富有朝气的年龄阶段,应该是愉快情绪多于负面情绪,乐观开朗,富有朝气,对生活充满希望。健康情绪和不健康情绪的区别是相对的,很难有严格的界限。目前大多数人所采用的一种观点认为,健康的情绪应当符合以下几个标准。

(一) 情绪反应有适当的原因

根据心理学的研究,情绪的反应都是有其原因或对象的。同时,当事人一般都能觉察到,并且周围的人也能觉察到情绪产生的原因,或赞同其对情绪做出解释。毫无原因的情绪反应不是健康的情绪反应。

(二) 情绪反应强度适中

情绪较稳定,善于控制与调节自己的情绪,既能克制又能合理地宣泄。情绪反应的强度应和引起它的情境相适应,过于强烈或淡漠的情绪反应都不是健康的情绪反应。

(三) 情绪反应随情境变化而转移

在日常生活中,人们的情绪反应的持续时间是不同的。当引起情绪的因素消失后,情绪反应将在较短的时间内恢复平静。但有的情绪(如面对失恋、亲人的死亡)则需要长时间才能恢复到正常状态。不能随客观环境变化而变化的情绪反应,不是健康的情绪反应。

三、大学生情绪管理的方法

良好的情绪对大学生人格的完善和身心的健康都具有重要作用。因此,大学生应当以恰当的方式管理自己的情绪,积极地调节自己的情绪,培养乐观开朗的性格,从而使自己快乐地度过大学生活。

(一) 提高自我认识

提高自我认识的方法有以下几点:

(1) 正确评价自我。个体产生什么样的情绪,很大程度上与他的认知评价有关。当一个人对周围的事物、行为或价值形成负面的认识和评价时,他就会产生各种消极的情绪。例如,一个人有过一次失败的经历,就会在主观上认为自己能力不够,不能胜任该工作。此后再遇到类似情况时他也会这样评价自己,以致产生畏难情绪。因此,要产生积极的情绪体验,首先要形成积极的自我认知,学会以正确的方式来看待自己。

大学生要正确地评价自我,首先要学会悦纳自己,接受自己所有的特性,包括相貌、身材、能力、性格、家庭背景等。只有从内心深处接受了自己,才会认识到自己的价值,对自己产生认同和欣赏。相反,如果不能接受自己,就会被消极的情绪所困扰。要正确地评价自我,还应当运用合理的方法进行比较。如果一味地与差距较大的人进行比较,就很容易产生消极情绪;如果改变比较的策略,和自己的过去比较或与自己类似的人比较,就容易获得心理上的平衡,从而增强自信心。

(2) 消除不合理信念。要消除不合理的信念,关键是要用一个新的信念或看法代替原有的信念或看法,从而得到新的情绪。当代大学生自我意识很强,他们希望自己得到他人的肯定,所以经常会给自己定下一些目标。例如,一些大学生为了显示自己具有很强的领导能力,暗暗下决心"一定要在这次学生干部竞选中取胜"。这样的决心给他们造成了巨大的心理压力,一旦失败,他们就会产生自责、失落的情绪,并使自我价值感降低。所以,大学生应当转变一些不合理的信念。这样无论出现何种结果,他们都能以平和的心态去面对。

🔑 成长的烦恼

小周以当地第一名的成绩考入北京的某重点高校。第一学期期末,本来踌躇满志、准备获取奖学金的他未能如愿,从此情绪一落千丈,变得郁郁寡欢,做什么都提不起兴趣,无心学习,也无法处理好与同学的人际关系,还经常失眠。最后,小周不得不去医院精神科检查,诊断结果是他患了抑郁症。

【案例分析】

考试失利的确会影响人的心情,但小周没有很好地控制和调整自己的情绪,从此郁郁寡欢,最后患了抑郁症,这很不可取。

此外,大学生社会意识和公平意识的增强,使他们在与人交往时产生了一些不合理的观念。例如,一位大学生说:"在我的朋友遇到困难时,我主动帮了他,而当我遇到困难时,他却视而不见,为此我感到被欺骗了。"这位学生的不合理观念是"我帮了他,他就应该帮我",而合理的观念应将"应该"改成"希望",即"我的朋友遇到困难时,我帮了他,是我自愿的,并且我也希望当我遇到困难时,他同样会帮我。但当我真的遇到了困难,他却没帮我,我为此感到遗憾,虽然不高兴,但我仍可以接受和理解他的做法"。

(3) 积极的自我暗示。自我暗示就是一个人通过语言、形象、想象等方式对自己施加影响的心理过程。法国医生库埃于1920年首次提出了"自我暗示"这一概念。他要求他的病人不断重复"我每天在各方面都变得越来越好",从而使许多病人得以康复。他的这一做法就是给病人一个积极的自我暗示,使他们保持良好的心情、乐观的情绪、战胜疾病的信心,从而调动其内在因素,发挥其主观能动性。古语"情极百病增,情舒百病除"说的就是这个道理。

自我暗示分为积极的自我暗示和消极的自我暗示。积极的自我暗示是在不知不觉中对自己的情绪、心理及生理状态产生积极的影响,从而使个体发挥主观能动性,最终战胜挫折、适应环境。消极的自我暗示则强化了个体的弱点,唤醒了个体内心深处的自卑、怯懦、嫉妒等消极的情绪。大学生可以运用积极的自我暗示来调适和放松紧张的心理状态,保持心理平衡,使不良情绪得到缓解。例如,一个人在情绪不佳时,可以找个安静的地方坐下来,在内心默念"喜笑颜开""兴高采烈""我非常开心"之类的话,那么他心里自然会产生一种快乐的情绪体验。

大学生在运用自我暗示时需要注意以下几点:

① 暗示的语言要简洁,不多于 5 个字,如"别灰心""你是最好的"。

② 暗示的语言要积极、肯定,千万不要用"我完了""我无能为力"之类消极、否定的语言。

③ 运用暗示的方式要温和,避免强制性。

④ 不重复使用暗示,等过一段时间再重新进行自我暗示。

⑤ 每次暗示时重复 3~5 次最佳。

⑥ 在一段时间内,最好只用一种暗示语。

心理辞海

"蝴蝶效应"

一只小小的蝴蝶在巴西上空振动翅膀,它煽动起来的风与其他气流汇合,可能引起一个月后美国得克萨斯州的一场风暴,这就是混沌学理论中著名的"蝴蝶效应"。

人们在情绪上也有类似的"蝴蝶效应",一丝不快的心情或许会导致一天的心境不佳,或许还会引起诸多烦恼,甚至可能带来一连串的厄运。有这样一组漫画,一个人在单位被领导训了一顿,心里很不快,回家后冲妻子发起了脾气。妻子因莫名其妙被训也很生气,甩门而出。在街上,一条宠物狗挡住了她的去路,还一个劲地叫唤,妻子更生气了,就一脚踢过去。宠物狗从来没受过如此对待,惊慌地狂奔而去,吓到了一位老人。正巧这位老人有心脏病,当场心脏病发作,不治身亡。一种不良情绪的发泄导致一位老人丧生,这个漫画看起来似乎是天方夜谭,但在现实生活中却不乏实例。

"蝴蝶效应"告诫人们,要注意初始条件的微小变化,及时调整自己的心态和情绪,时刻保持一种健康清醒的心态。如果用一种健康的心态面对生活,生活自然会充满阳光。

(二) 加强行为训练

加强行为训练的方法有以下几类:

(1) 放松训练。紧张、焦虑等消极情绪不仅会降低人的工作和学习效率,而且会使人血压升高、心跳加快、头痛和失眠。人们可以通过各种放松训练,抑制紧张的生理和心理反应,减轻紧张、焦虑的情绪。放松训练的方法很多，主要有全身肌肉放松训练、深呼吸放松训练以及想象放松训练等。

① 全身肌肉放松训练。训练者选择一个安静且不受干扰的地方躺着或坐着，闭上双眼，减少意识活动，把注意力从一块肌肉转移到另一块肌肉，自然而然地放松，体会肌肉紧张再松弛的感觉。训练者每天要练习 1～2 次，每次 20 分钟，每块肌肉收缩 5～8 秒，然后放松 20～30 秒。

② 深呼吸放松训练。深呼吸具有解除精神紧张、压抑、焦虑和疲劳的作用。深呼吸放松法简便易行，不受场所、时间等的限制，行、坐、站、卧都能进行。在进行深呼吸放松训练时，训练者的呼吸应尽可能慢而深，首先用鼻子慢慢地吸气，并进入腹部的丹田，然后缓慢地呼气。呼吸时全身放松，体会腹部的上下起伏，注意力集中在呼吸时的气息以及通过的身体部位上。训练者每天要练习 1～2 次，每次 5～10 分钟，1～2 周后可以将练习时间延长至 20 分钟。

③ 想象放松训练。训练者可通过想象现实生活中的挫折情境，使自己感到紧张、焦虑，并学会在想象的情境中放松自己，从而达到克服不良情绪的目的。在想象放松训练中，训练者首先要学会有效地放松，然后把挫折事件按紧张的等级由低到高排列出来，制成等级表，再依据等级表由低到高逐步进行想象放松训练。在进行想象放松训练时，要求训练者想象的情境必须是生动和真实的，训练者在这一情境中可以分辨出声音、气味、色彩、图像等。如果一个人能在想象中逐步消除紧张、焦虑的情绪，他就能在日常生活中应对同样的问题。

（2）系统脱敏疗法。系统脱敏疗法由美国学者沃尔帕创立。这种方法主要是向求治者逐级呈现导致其产生焦虑、恐惧的情境，并通过各种放松训练来对抗这种情绪，从而达到消除焦虑或恐惧的目的。在实施系统脱敏疗法时，实施者应逐渐加大刺激的程度。

当某个情境不再引起求治者的焦虑和恐惧反应时，实施者便可向求治者呈现另一个刺激略强的情境。如果一个情境经过多次反复呈现，不再使求治者感到焦虑和恐惧，治疗的目的也就达到了。系统脱敏疗法可以分为现实系统脱敏和想象系统脱敏两种方法。现实系统脱敏的整个操作过程是在真实的情境中进行的，而想象系统脱敏则是在想象的恐惧或焦虑情境中进行的。

（3）注意力转移法。注意力转移法就是一个人把注意力从引起不良情绪反应的情境转移到其他事物上或其他活动中的行为训练方法。当一个人的情绪不佳时，他可以将注意力转移到他所感兴趣的事情上，如外出散步、看电影、打球、下棋、与朋友聊天等，从而使自己的不佳情绪得以改善。转移注意力的方法一方面终止了不良刺激对人的消极影响，防止了不良情绪的泛化和蔓延，另一方面也使人通过参与感兴趣的活动而获得了积极的情绪体验。

（4）合理宣泄。情绪宣泄是个体进行自我保护的一种方式。如果一个人产生了焦虑、愤怒等强烈的情绪体验，不及时地宣泄出来，积压在心底，长久下去就会对其身心健康造成极大的危害。情绪宣泄的方式有很多，冷漠、退化、固执、攻击行为甚至轻生等方式都不是合理的宣泄方式。合理的宣泄方式是指在不危害自己、他人和社会的前提下，将内心的情绪发泄出来，以缓解、消除紧张的情绪，积极地应对挫折。合理宣泄主要包括以下几种具体的方式：

① 倾诉。这是一种最常见的宣泄方式。当一个人产生了不良情绪时，可以找心理咨询

师、朋友、同学聊一聊，将心里的烦恼、郁闷倾吐出来，以减轻内心的压力，增加克服挫折的信心。

② 呐喊。当一个人情绪不佳时，可以在空旷的原野、树林中大喊、大哭、大笑或者大声朗读、唱歌，以此宣泄内心的消极情绪，达到放松心态的目的。

③ 寻求社会支持。社会支持是指一个人通过社会关系在物质或精神上获得他人的帮助，从而增强对挫折的承受力、消除紧张的情绪。一个完善的社会支持系统包括亲人、朋友、同学、同事、邻里、老师、上下级、合作伙伴等。大学生在情绪不佳时不要把自己封闭起来，应尽快找自己的好友或家人进行沟通，寻求他们的支持和帮助。当陷入极端恶劣的情绪中不能自拔，亲朋好友也无能为力时，大学生应及时向心理咨询机构求助。

拓展阅读

不良情绪对健康的影响

1. 不良情绪与癌症

国内外大量研究表明，长期压抑和不满的情绪，诸如抑郁、悲哀、恐惧、愤怒等，都容易诱发癌症。心爱的人突然死亡或突然失去安全保障，也是癌症发生的诱因。情绪与癌症的治疗效果、癌症的复发率也有着明显的联系。愉快的情绪有利于癌症的治疗，悲观、绝望的情绪往往使癌症加剧。

2. 不良情绪与高血压病

血压对于情绪的变化是极为敏感的，情绪状态的改变可以引起血压和心率的变化。例如，愤怒、仇恨、焦虑、恐惧、抑郁等情绪可使血压升高，有人甚至认为，被抑制的敌视情绪可能是血压升高的重要原因。

3. 不良情绪与心脏病

心脏和血管对情绪反应最为敏感。反复而持续出现的不良情绪，是导致心血管疾病的主要因素。长期焦虑、恐惧、愤怒、悲哀情绪者的冠心病发病率或复发率较高。许多研究表明，高度焦虑者的心绞痛发病率为低焦虑者的 2 倍。这些不良情绪以及情绪突变还容易导致猝死。许多冠心病患者就是在不良情绪刺激下导致心绞痛和心肌梗死发作，甚至死亡。

4. 不良情绪与胃肠疾病

消化系统是对情绪反应的敏感器官。情绪与胃肠的功能状态有着密切的联系。人在恐惧或悲痛时，胃黏膜会变白，胃酸停止分泌，可引起消化不良；而在焦虑、愤怒、怨恨时，胃黏膜会充血，胃酸分泌增多，长期如此可导致胃溃疡。有研究表明，动物因受焦虑、恐惧、不安、紧张情绪的持续影响，几乎都患了胃溃疡。可见，不良情绪对胃肠疾病的发生有着很大的作用。

（5）音乐调节。音乐作为一种艺术，是人的情绪、情感的表现方式之一，不同的音乐可以使人产生不同的情绪体验。音乐对调节人的不良情绪具有特殊的作用。通过倾听舒缓、悠扬的音乐，可以达到心情放松、缓解焦虑的目的。

（6）适度运动。人们在运动时身体会发热流汗，新陈代谢、血液循环会加快，身体中的有害物质会被排出体外。因此，运动可以调节神经紧张、脑力疲乏、情绪不佳的状态。人们在情绪不佳时，可以通过适度的运动转移注意力、拓展思路、放松身心，减轻紧张和焦虑。此外，通过参加运动还能获得自尊、自信、自豪感，增强战胜困难的勇气。

(三) 培养情绪智力

情绪智力是一个多元概念,包括认识情绪的能力、管理情绪的能力、自我激励的能力、理解和认知他人情绪的能力、处理人际关系的能力和领导力等。

(1) 自制力的培养。自制力是一个人驾驭情感和行为的能力。具有良好自制力的人无论在什么场合、面临什么问题、受到什么影响都能始终如一,将自己的情绪、行为控制在预定的范围内,从而牢牢把握学习和生活的正确方向。

心理学家曾做过一个有趣的实验。研究者把一群4岁的孩子集中在一间小屋子里,并告诉他们,每人马上就可以拿一朵漂亮的花,但如果谁能等他办完事回来再拿,就可以得到两朵。结果发现,等研究者走后,孩子们的表现各不相同,有的孩子等门一关就迫不及待地拿了一朵,而有的孩子则能抵御诱惑,一直等到研究者回来。对这些孩子进行多年的跟踪研究后发现,那些用坚韧、顽强的毅力克制自己欲望的孩子更稳重可靠,更能适应环境,更受人们欢迎;而那些克制力差的孩子则显得固执、孤僻、易受挫折、承受力低、面对竞争时容易退缩。这个实验很好地说明了自制力对于一个人的影响。

(2) 理解力的培养。理解力是指人们在人际交往中表现出来的理解、认知他人情绪的能力,它是一个人能否准确、恰当地理解他人所传达的意图的能力。理解力也称为共情的能力,即指一个人站在对方的立场、从对方的需要出发关注对方的一种能力。心理学家威廉·詹姆斯曾说:"人性深处,无不渴望被赞赏。"任何人无论地位高低、个性如何,内心都有被尊重、被关注、被理解的需要。当一个人传达出对他人的体谅、欣赏与兴趣时,他人不仅会感激他,而且会把他当作可信任的人。

一个人要培养理解力,首先要学会倾听。倾听不仅能显示出一个人的修养,而且能显示出这个人对他人的接纳、承认和喜欢,促使他人也产生积极的态度,从而有利于良好人际关系的形成。倾听并非只用耳朵而更需要用心。任何一个表情、动作都会传达出一个人的内心想法,倾听者只有善于用心观察对方,才能更好地理解对方的情感。

(3) 领导力的培养。领导力是一个人管理情绪、有效地影响他人以及开展团队合作所必需的能力。大学生虽然不能从事管理工作,但在实际生活中可以不同程度地发挥其组织管理才能。大学生可以在学生会、学生社团、班级、宿舍中承担一定的组织、领导和协调职责,开展一些有效的社会实践服务,从而不断提高自己的管理能力。

(4) 表达力的培养。表达力指一个人将体验到的情绪有效地表达出来的能力。大学生应努力培养自己表达情绪的能力。因为表达积极的情绪有助于他们增加愉快的体验、提升彼此的信任和了解,从而使他们的人际关系更加和谐。同时,表达消极的情绪有利于他们释放紧张和压力,从而促进心理健康。

随堂演练

情 绪 日 记

请你记录一天的情绪,并觉察自己这一天的情绪状态以及情绪的作用。

今天从起床到现在,你都产生过哪些情绪?请写下来。

选择其中最强烈的一种，想一想它是怎样产生的。

再想一想，产生这种情绪后，你做了什么、说了什么，你的行为产生了什么后果。

最后想一想，这种后果是建设性的（有益于健康、工作、人际关系）还是破坏性的（有害于健康、工作、人际关系）。

注：好的情绪要与人分享，糟的情绪要与人分担。在表达负性情绪时要注意一个原则，就事论事，对事不对人。上述情绪日记是觉察情绪并对其进行梳理的过程。坚持记录，并对情绪的周期及变化原因做分析总结，不仅能够增加情绪的觉察与识别能力，而且能够洞悉情绪与事件、想法之间的因果关系。

实践指导

学会自我情绪管理

实践目的

帮助大学生了解情绪与认知、行为的关系，大学生情绪特点，大学生情绪心理问题的表现，学会自我情绪管理。

实践准备

（1）纸条若干张。数量根据小组数来确定，每一张纸条上写上如"路上与小李打招呼，而他竟没理我""我是班长，班里搞活动时，小张总是对我的主张持反对意见"等事件。

（2）"心灵鸡汤"卡若干张（根据人数而定）。

"心灵鸡汤"卡设计模板见下表：通过参加小组活动，对××问题，我的想法发生了变化。

问　题	原来的想法	新的想法

实践过程

（1）上课时，请同学们随机组成7人左右的小组。

（2）小组成员尽量围绕而坐，每个小组选出一名小组长为大家服务，同时也负责小组活动的主持和记录。

（3）每个小组领取一张纸条，每位小组成员就纸条上的事件谈谈会由此引发的各种情绪与想法。

（4）完成第3步后，再次请每位小组成员谈谈自己在听了别人说的情绪和想法之后有什么心得，并记录到卡片上。

（5）小组内选出代表在班上分享（不是代表的组员可予补充）。

（6）指导教师提问：① 你觉得情绪与行为、认知之间的关系是怎样的？ ② 对于同样的情绪，人们的表现方式有什么相同和不同的地方？ ③ 情绪对你有什么影响？ 有情绪好不好？ ④ 若缺失某种或多种情绪，会出现什么状况？

体验与收获

实践目的

让学生了解自己的情绪反应,学会健康的情绪表达方式。

实践准备

纸条若干。

实践过程

每个同学准备一些纸条,上面写出一些情绪内容,如高兴、忧伤、愤怒、悲痛等。以小组的形式活动。请一部分同学表演,另一部分同学根据表演者的动作、表情进行猜测,提高情绪感受能力。

看看自己在不同情绪面前的反应,并和小组同学分享。

当我愤怒时,我常常_____。

当我高兴时,我常常_____。

当我焦虑时,我常常_____。

当我郁闷时,我常常_____。

思考与练习

1. 如何理解情绪?

2. 结合自己的经历谈谈情绪的功能。

3. 举例说明你有哪些情绪体验。

4. 当前的大学生主要面临哪些困惑? 你是如何理解这些困惑的?

5. 如何学会调节情绪?

第十章
大学生的网络心理健康

案例导读

网络自我迷失和自我认同混乱

黄阿根，在计算机方面是自学成才者；杨柯，某大学计算机专业毕业生。两人是好朋友，经常在一起上网、纵情冲浪、开怀聊天，品味"彻底放松"的感觉，领略"精骛八极，心游万仞"之妙处。黄阿根、杨柯二人知道，网上有许多境外广告，只要点击，广告商便会付酬。一天，他们在网上看到一篇文章说，要提高网站访问量，使"客房"参观者云集，有许多立竿见影的技巧，譬如添加色情内容。黄阿根、杨柯动心了……

据警方查证，2019年8—11月，黄阿根、杨柯二人一口气在互联网上申请了一百多个免费个人主页空间，用极为隐蔽的手法制作色情站点，同时将境外一些广告商的广告页链接到这些站点上牟利。为提高站点的访问量，增加广告点击数，牟取更大利益，他们从境外的色情网站上下载了大量的淫秽图片、色情小说，还设法购买了淫秽光盘，对"节目"进行剪辑，制作了淫秽小电影，通过他们的色情站点传播淫秽图片达7 200多幅、淫秽小说94篇、淫秽小电影2部，两人还在国内许多网站上大肆宣传、主动链接自己的"酷美女网际乐园"色情站点。由于该站点设计精美考究，内容极为淫秽，堪称"高质量"，因而受到了境外如"花花公子"等同类网站的青睐，并与之"友情链接"。

据网易排行榜统计，"酷美女网际乐园"曾创下日访问量5万多人次的纪录，一度跻身排行榜前10名。在不到两个月的时间里，该站点境内外访问总量竟然高达24万人次。2019年11月初，××省公安厅计算机监察处民警在互联网上例行检查时发现了"酷美女网际乐园"站点，并确认在我国境内。在电信部门的配合下，民警经过烦琐的技术分析和排查，终于确认了"酷美女网际乐园"站长的两部电话都在××省××市。12月17日，××省警方在××市的两处民宅中分别将黄阿根和杨柯揪了出来。在虚拟世界里翻云覆雨、违法犯罪的高手，在现实世界里却手无缚鸡之力，警方的抓捕工作几乎没费多大力气。

2020年9月1日上午9时，××市梁园区人民法院开庭审理黄阿根、杨柯网上传黄一案。面对国家公诉人的公诉和大量犯罪事实，黄阿根、杨柯如梦初醒，当庭流下了悔恨的泪水。二人均表示，已经深刻认识到了自己行为的社会危害性，愿意改正错误，请求法庭从轻处罚，给他们一个改过自新的机会。

某些大学生对一些社会现象愤懑不满，他们想通过上网发泄不满，逃避现实，希望在网上有一个"清洁"的交往环境，构建一个良好的自我。然而网上充斥的色情图文、脏话、无聊的帖子、庸俗的话题，使他们又对网络产生了失望。

在以计算机为终端的网络中,由于匿名性而隐去了身份,许多现实社会中的规范、规则、道德在虚拟世界中遭到冻结。大学生上网者在表现个人自我时,把社会自我抛得越来越远,甚至企图借助网络在现实社会中凸显自我,将自我凌驾于社会之上,网络黑客、网络犯罪就是这方面的典型例子。

学习提示

网络作为一种新型的信息传播和人际交往工具,对大学生的学习、生活和心理健康产生着越来越重要的影响。如何发挥网络积极的心理效应,控制和减少其消极作用,是大学生面临的一个全新课题。本章从分析大学生网络心理的特点及网络对大学生的影响入手,阐述了大学生不良的网络心理及其调适方法,并结合大学生的特点提出了培养健康网络心理的举措。

第一节　大学生的网络心理特点

互联网,即国际信息互联网络(Internet,因特网),特指集通信网络、计算机、数据库以及日用电子产品于一体的电子信息交换系统。它能使每个人随时随地将文本、声音、图像、电视信息传递给设有终端设备的任何地方、任何人。互联网被称为继报刊、广播、电视等传统大众传媒之后新兴的第四媒体。如今,互联网已变成一个丰富多彩的全新世界,它作为一种崭新的信息技术,已把人们带进了一个真正的信息时代。大学生以好奇、向往的目光,抱着求知、学习、交友的心态,投身到网络虚拟世界里,成为网民中的主力军。大学生虽然具有创造性强、接纳新鲜事物快等特点,但由于涉世不深、追求刺激、喜欢娱乐、自我控制力较弱,使得他们成为互联网极大受益者的同时,也容易沉迷于网络,从而在心理健康方面受到负面影响。

一、互联网的特征

互联网之所以受到如此广泛的欢迎并得以迅速地发展,是因为它具有开放性、全球性、虚拟性、非中心化与个性化等特性。

(一) 开放性特征

互联网的本质是计算机之间的互联互通,以便能够做到信息共享。而且,计算机之间互联互通的程度越充分,共享信息越多,开放性越高,互联网所起的作用就越大。互联网的这种开放性,主要体现在以下几个方面:一是对用户开放。互联网是一个对用户充分开放的系统。在这里任何人只要具备上网的硬件条件,就可以体会网上冲浪的乐趣;二是对服务者开放。互联网上的信息来自不同的提供者,网络为用户提供一个开放的接入环境,互联网上的每一个节点,都可以自愿地、轻而易举地为互联网提供信息服务;三是对未来的改进开放。互联网的这一特点,使得互联网上的子网可以有不同的风格和体系,可以根据不同的需要随时对任何一个子网进行更改而不影响整个互联网的运行。

心理辞海

网络依赖症

网络依赖症又称网络性心理障碍，是指患者往往没有一定的理由，无节制地花费大量时间和精力在国际互联网上持续聊天、浏览，以致影响生活质量，降低工作效率，损害身体健康，并出现各种行为异常、人格障碍、交感神经功能部分失调。其典型症状表现为情绪低落、无愉快感或兴趣丧失、睡眠障碍、生物钟紊乱、食欲下降和体重减轻、精力不足、精神运动性迟缓和激动、自我评价降低和能力下降、思维迟缓、有自杀意念和行为、社会活动减少、大量吸烟、饮酒和依赖药物等。

(二) 全球性特征

网络拓展了人类的认识和实践空间，庞大的地球在不知不觉中变成了"地球村""电子社区"，人人都可以进入这个"地球村"，成为这个"电子社区"的一员，人人都可以在网络上使用最新的软件和资料库，不同的观念和行为的冲突、碰撞、融合就变得直接和现实。互联网无论在广度上还是在深度上都在我们无法想象的空间中蔓延、伸展着，它突破了种族、国家、地区等各种各样的有形或无形的"疆界"，真正体现了全球范围内的人类交往，体现了人与人之间的"无限互联"。

(三) 虚拟性特征

网络世界是人类通过数字化方式，链接各计算机节点，综合计算机三维技术、模拟技术、传感技术、人机界面技术等一系列技术生成的一个逼真的三维感觉世界。进入网络世界的人，其基本的生存环境是一种不同于现实的物理空间的电子网络空间。这样，一方面网际关系的虚拟性是与实体性相对的。交往主体隔着"面纱"，以某种虚拟的形象和身份沟通、交流着，交往活动也不再像一般社会行动那样依附于特定的物理实体和时空位置；另一方面网际关系的虚拟性并非与虚假性等同。在人工构造的虚拟情境中，网络赋予人一种在现实中非实在的体验，从功能效应上说这是真实的，所发生的虚假在于交往者的个人品德，而与网络的上述功能无关。

(四) 非中心化特征

互联网以令人惊异的发展速度，把社会各部门、各行业乃至各国、各地区联成一个整体，形成了一个相对自由的"网络时空"。互联网是由世界上许多国家的局域网所构成的，它采用离散结构，不设置拥有最高权力的中央控制设备或机构，是一个没有绝对中心的网络世界。一旦进入这个由光纤电缆和调制解调器构成的世界，你就变成了电子化的飞速运动的"符号"存在。互联网技术消灭了"客体"这个字眼，消灭了权威式中心化的主体意志，而代之以自由的主体间交往，所形成的网际关系是非中心化的。

(五) 个性化特征

互联网是世界上最大的计算机网络的集合，它将世界上数以万计的计算机、网络互联在一起，既互通信息、共享资源，又相互独立、各自分散管理，没有人比其他人享有更多的特权，每个网民都有可能成为中心，人与人之间趋于平等，不再受等级制度的控制，个体的个性意识逐渐增强。网络呈现出的分散性、自主性和隐蔽性等特点正是网民生活个性化的表现。这种表现,包括上网时间和地点带有很大的随意性和不确定性,上网目的、浏览内容的多样性以及上网身份的不实性。在网上,每个网民的目的不同,需要各异。可以说,网络为人的个性发展提供了广阔的空间,使个体的创造性能够获得极大的张扬。

··········心·理·辞·海··········

沉默的螺旋效应

沉默的螺旋是一个政治学和大众传播理论。理论基本描述了这样一个现象:人们在表达自己想法和观点的时候,如果看到自己赞同的观点且受到广泛欢迎,就会积极参与进来,越发大胆地发表和扩散这类观点;而发觉某一观点无人或很少有人理会(有时会有群起而攻之的遭遇),即使自己赞同它,也会保持沉默。意见一方的沉默造成另一方意见的增势,如此循环往复,便形成一方的声音越来越强大,另一方越来越沉默下去的螺旋发展过程。这个效应说明,大多数个人会力图避免由于单独持有某些态度和信念而产生的孤立。

··

二、互联网对大学生的影响

(一) 互联网的积极影响

作为一个信息媒体,网络正日益成为大学生获取知识和信息的重要手段。它可以使大学生随时通过网络了解国内外发生的事件,做到"足不出户,尽知天下事";也可以使大学生通过网络接受远程教育,获得科技知识,增加才干;更可以让大学生与远隔万里的朋友或他人交流思想,探讨问题,进入"天涯若比邻"之境界。

1. 激发大学生的好奇心与求知欲

互联网是一个信息宝库,学术、经济、娱乐信息及其他各种各样的新闻无奇不有,内容丰富、新鲜且生动形象;加之互联网增加了大学生接触外界的机会,每一次接触都是为新知识开启的大门。这一切均能满足大学生对新生事物的好奇心,促使他们积极利用互联网的便利性去了解更多的新事物,以开阔其视野,更新自己的知识和调整自身的知识结构。在传统的教育方式下,学生学习知识主要依靠老师、书本等有限的资源,而网络信息量大,正好可以大大拓宽学生的知识来源,同时还改变了他们的学习方式。有调查显示,63.9%的大学生认为网络对自己的学习影响最大的是增加了学习资料的来源,还有36.5%的人认为对自己的第二影响是改变了自己的学习方式。

2. 为大学生个性的发展创造了自由的空间

互联网的非中心化、个性化为大学生提供了全新的能充分展现自我的舞台。大学生"最怕和别人不一样,但更怕和别人一样",他们强烈追求能充分体现个性的东西。具有极大自由度的互联网络,一直是一些大学生感到无拘无束的空间。在互联网上,大学生不仅可以随心所欲地在 BBS 中高谈阔论,而且可以自由设计个人主页,吸引众多的人来访,与所有来访者自由交谈与沟通。他们通过制作主页、设立网站等形式强化和扩大自我认同。

3. 拓展了大学生的人际交往范围,使其敞开紧闭的心扉

随着年龄的增长,生活空间的扩展,社会阅历的不断增加,大学生表现出比以往更加迫

切的人际交往愿望。由于人际关系的社会复杂性和大学生心理的单纯性,常会使部分学生在交往中遭受挫折,表现出了不同的人际交往障碍。而在互联网上,人与人之间的交流既是直接的,又是间接的。直接性是指人们通过互联网可以进行同时性的交互谈话;间接性是指人与人之间的交往通过网络这一媒介时,"千言万语"都可以化为字母和语句,使人们相互听不到声音,也看不到面容,彼此无性别、年龄、肤色、国界之分。正是这种隐蔽性增强了交往的神秘性,激发了大学生美好的想象和交往热情。由于在网上谈话不用及时回应对方,这就给予了双方充分的思考时间和空间,使其显得格外从容、机智与幽默;加之因性别的差异、年龄的代沟不复存在,容易与对方保持良好关系。同时,网上交往又是广泛的,大学生可以在"茫茫人海"中选择交往对象并同时与其中许多人交往,寻找知音的机会大大多于现实的狭小范围;另外,在网上,大学生往往不知道对方的真实身份,所以不必担忧因泄露自己的隐私或秘密从而失去面子或危及自身利益,它具有相对安全性。网络交往的这种虚拟性、广泛性与安全性正好符合大学生渴望交往又害怕现实交往、渴望真情又怀疑真情的心理。互联网使大学生对它一见钟情,也使大学生之间不见也能相互钟情。

4. 满足了大学生被关注、被接纳的心理需要

网络的互动性和交互性,使得网络对于大学生来说不仅仅是构筑了一个交流的平台。在网络中他们被关注、被需要、被赞赏、被尊重,他们本来的样子被接纳,他们感觉到自己的重要,感觉到爱,感觉到自己对网络伙伴的帮助。有一天不见,就会有网友关心地询问;帮助了别人,也有网友毫不吝啬地给予感谢;个人的喜怒哀乐,也有网友共同分享。通过网络,通过与网友的交往,大学生这些重要的心理需要得到满足。

(二)互联网的消极影响

网络在给大学生带来巨大效益和提供前所未有的机遇的同时,也带来了严重的负面影响。

1. 道德标准产生模糊

互联网是一个庞大的信息资源库,在网上可以领略到各种文化思潮。而大学生毕竟年轻,对互联网上大量涌入的信息还难以做出正确的鉴别,潜移默化中弱化了自己的道德意识。因为在有益信息传播的同时,各种垃圾信息也畅通无阻,各种色情信息、暴力信息、虚假信息等泛滥成灾,并且传播速度很快。而大学生又往往好奇心重,模仿能力强,分辨是非、善恶的能力则相对较弱,在这些不健康信息的直接辐射下,他们往往很容易迷失方向,降低道德标准,丧失崇高的理想。

2. 虚拟世界的情感诱惑

互联网是一个自由的天空,大学生在网上可以"口"无遮拦,无须对谁负责。在网上没有人知道"我"是谁,自己的个人情况无人知晓,活动在网上的只是自己的虚拟角色。即使平时不善言谈的大学生,也可以去掉任何心理压力,无拘无束、尽情地发表演讲,宣泄情感,获得满足。而当大学生在这个虚拟世界获得的乐趣比现实世界多时,就会把更多的时间和精力投入网络中来,特别是在现实中碰壁、发生不愉快时,更会寻找网络发泄,寻求网友的安慰。

🔑 成长的烦恼

大一学生小王酷爱网络,每天必须花大量时间在网络上才能抑制住内心烦躁的感觉。他曾经在家长和辅导员的劝说下下决心戒掉网络游戏,但屡次破戒重返网络。他几乎把所

有的空余时间都拿来打游戏,并拒绝参加同学聚会和活动。大约两个月后,他发现自己的思维跟不上同学的节奏,脑子里想的都是游戏里发生的事,遇到事情会首先用游戏中的规则来考虑。因此,他便认为自己已经无药可救,放任自己在网络世界里流连忘返。他说,只有在网上他才觉得自己活得像个人。

【案例分析】

小王迷恋网络而无法自拔,认为在网络上他才活得像个人,这些都表明年轻的他对事物的认知都还处于一个似懂非懂的阶段,容易将网上那些想象中的东西当成现实,相信在网络中可以找到独特的自己。一旦这种心理发展到一定程度,他便会发生心理扭曲,极易对自身健康造成不利。

3. 感受性降低

网络改变了传统的人际交往方式,使人与人之间的交流变成了人与机器之间的交流。在现实中,人们交流可以借助行为、表情、体态等非语言系统来了解对方;而在网络中,双方交流连性别都无法知晓,完全是一种虚拟的人际关系。人的情感是需要与现实社会的交往来维持的,长期沉迷于网络,便产生对网络的依赖,冷淡真实的人际关系,与现实群体产生隔阂,对周围的人际情感降低感受性。此外,网络具有极大的信息储量,大学生可以在网上浏览丰富多彩的信息。它的神奇与精彩降低了大学生对外界其他事物的关注。即使离开了网络,头脑中也充塞着大量的网上信息,使其难以容纳其他信息,干扰了对社会上人与事的敏感性,降低了对真实社会人与事的感受性。

4. 导致"网络成瘾"

网络成瘾是指上网者沉溺在互联网上,在他们心目中,网络是至高无上的,他们可以什么都放弃,但绝不能没有网络。该症状的典型表现包括情绪低落、无愉快感或兴趣丧失、睡眠障碍、生物钟紊乱、食欲下降和体重减轻、精力不足、精神运动性迟缓或激动、自我评价降低和能力下降、思维迟缓、有自杀意念和行为、社会活动减少、大量吸烟、饮酒和滥用药物等。迷恋上网实际上是大学生内心寻求理想化状态的一种途径,他们认为大学生活和想象中的有较大的出入,面对现实与梦想的冲突,他们找不到自己的位置和坐标,盲目寻求自己的精神寄托,一部分学生就开始"触网"。随着其上网时间不断延长,记忆力开始下降,对学习也逐渐产生厌烦感,而对于上网的渴望却逐渐加深。随着网络迷恋的加重,这些学生对网络的依赖更加严重,其表现为逃课上网,导致学业的荒废;对大学生活中的各种活动漠不关心,进取意识减弱;性格孤僻,与周围同学关系紧张等。同时,在现实生活中受到打击或者遭遇挫折的大学生,其自我控制和调节能力较弱,而网络的理想化和成就感恰恰弥补了现实的缺憾。随着这些学生上网时间的增加和对现实的漠视,由于其精神世界得不到充实,造成了对网络依恋的进一步加深。

5. 导致性变异

互联网是各色信息的大杂烩,其中不仅有各种学术信息、娱乐信息、经济信息,也充斥着各种各样的黄色、暴力的信息。有关调查发现,在互联网上非学术信息中47%与色情有关。而且,它更具有其他三大媒体所不具备的自由、无限制性等特点。大学生正处于青春期,性意识正日益萌发,对各种黄色信息十分敏感,尤其性心理又很幼稚,意志力不坚强,抵抗不良信息影响的能力差,严重者可能会导致性变态,甚至性犯罪。

三、大学生的网络心理特点

心理学研究表明，我们所处的环境会影响我们的思维、情感、意志、行为方式和人际关系。如前所述，网络的出现正在全面改变人们的世界观、价值观及生产和生活方式。从整体上了解大学生上网心理，是开展大学生网络心理健康教育的重要前提。大学生上网的心理特征主要表现在以下几个方面。

（一）尝试心理特点

网络的平等、开放和互动，激励了当代大学生的尝试心理。网络与传统的传播媒介（如广播、电视、报刊）相比，区别是明显的。对于传统媒介，接受者没有更多的选择余地，只是单纯地处于被动接受的境地，而网络的出现则使这一状况得到了彻底改变。不管大学生身处何地，只要进入了因特网，就可以在统一的平台上，以互相平等的方式从事信息文化的制造、交流与利用。由于网络可以以匿名的方式进入，可以在毫无顾忌、不受约束的情况下畅所欲言、展现自我，大学生的烦恼、苦闷、喜悦、理想在这里都可以得到尽情的表达和宣泄。对崇尚民主、自由和平等的大学生而言，网络世界无疑是一个崭新的时空，网络交往是一次最新的革命。在这里，大学生能够充分地体会到主人的自豪感，而不受任何时空的约束，不受各种清规戒律的束缚，因此，大学生产生这样的尝试心理是很正常的。

（二）猎奇心理特点

猎奇是青年大学生的个性特点。网络资源的丰富、内容的刺激更催化了大学生的猎奇心理。网络上超乎想象的丰富信息资源是其他媒体所不具备的。因特网作为最大的广域网，把不计其数的局域网连接起来，成为全球最大的图书馆和信息数据库，内容涉及社会生活的方方面面。政治、经济、文化、科学、教育、艺术、生活无所不在，大大拓展了大学生的视野，为大学生带来了全新的生活体验。很大一部分大学生上网的目的是猎奇，即追寻一种在现实生活中难以了解，通过正当渠道难以获得的奇、艳事物或信息，并借以获得感官刺激。他们往往会出于好奇或冲动的心理刻意去寻找一些色情、暴力信息。

（三）满足心理特点

一般来说，人的生理、生存等基本需要满足以后，还有一个更高级的需要即自我实现的需要。自我实现的需要就是人对于自我发挥和完成的欲望，也是一种使潜力得以实现的倾向。正是由于人有自我实现的需要，才使得个体的潜能得以实现。在现今的高考制度下，考试成绩是评价学生的唯一标准。在中学，学习成绩优秀的学生可以凭借其优异的成绩获得老师的青睐和同学们的关注，然而，进入大学后，面对来自各地成绩优异的同学，一些学生的成绩优势没有了，由中学时老师的宠儿变成了一个普通的大学生。有的学生不能够很好地适应这种角色的变化，自信心受到严重影响，于是，失落感和自卑感油然而生，为找回昔日"自我"，一些同学便在网络上寻找满足感。

（四）减压心理特点

随着社会竞争的日益激烈，社会对人才质量的要求越来越高。许多大学生在这种情况下承受着巨大的心理压力，造成了大学生的学业负担相对较轻，而心理压力相对较重的现象。面对求学与就业中的竞争、冲突、矛盾和挫折，他们对社会环境以及校园生活中的诸多不完善的方面大为不满。网络的隐匿性、开放性、便捷性和互动性等特点,给大学生适时地转移、倾诉和宣泄自己的不良情绪提供了机会和场所。通过这一方式,可以宣泄被压抑的不良情绪,获得一定的心理治疗效果。

(五) 娱乐心理特点

网络被称为继报刊、广播和电视之后的第四媒体,它具有传播速度快捷、彻底打破地域、拉近传播者与受众之间距离的优势。网络传播中,网络受众可以主动接受所需要的信息,改变了传统媒体中受众的被动性;网络受众可以随心所欲地点击所需要的信息,可以参与媒体的传播活动,或与媒体传播者交流沟通,成为媒体的一部分。在网上参加游戏、聊天、听音乐、看在线播放电影、读娱乐性网上文章是大学生网上娱乐的重要方式。网络传媒的这些特征和功能正好和大学生具有的好奇、浪漫、喜欢惊险刺激,对新事物、新知识反应迅速的心理特征相匹配,故上网冲浪成为他们业余休闲的重要方式。

(六) 价值心理特点

社会心理学认为,为了使自己的人生具有价值,获得明确的自我价值感,大学生既需要了解别人,也需要通过别人来了解自己,需要爱与被爱,需要归属和依赖,需要有机会显示自己的优越,展示自己的专长。所有这些,都使大学生需要与别人进行交往,需要同别人建立并保持一定的人际关系。大学生的思想比较活跃,渴望友谊和同学之间的相互理解和支持。随着年龄的增长,生活空间的扩展,社会阅历的不断增加,大学生的交往愿望也就越来越强烈。网络这个虚拟的世界为当代大学生满足自己的价值感提供了便利条件。不论天涯海角,在互联网上人们可以跨越时空,彼此相识。原本陌生的人可以相见、发展友谊甚至产生爱情,在互联网上形成一种理性而又持久的亲密朋友关系。当自我价值得到确立时,在主观上就会产生一种自信、自尊和自我稳定的感受。相反,如果他们的自我价值得不到确立,就会缺乏自信、自尊和自我稳定感。

(七) 情感表达心理特点

通过上网寻求人与人之间的以互相关心、互相理解和互相尊重为要素的广义的人类之爱,是一种潜藏在大学生内心深处的极为深刻的上网动机。他们在网络中结识朋友,获得现实生活中无法得到的情感交流、尊重和满足感。网络给他们提供了一个最好的,使每个人都有的,对爱的需要得以满足的场所。在网络里,他们表达情感的方式主要有聊天、建立个人主页、网恋和在 BBS 上发表自己的观点及见解。

(八) 逃避现实的解脱心理特点

大部分学生在大学生活中都会遇到这样那样的挫折和危机,诸如学习上的、感情上的、人际关系上的。同时,复杂的社会生活也会使思想相对不成熟的青年学生感到难以应对。但遗憾的是,部分学生在现实中受挫时,往往愿意到虚幻的网络空间去倾诉,互联网成了他们逃避现实、寻求自我解脱的渠道和环境。

(九) 虚拟的自我实现心理特点

强烈的自我意识是大学生群体的一个显著特征,虚拟的网络可以成为大学生实现自我的一个理想王国。在网络上,大学生可以享受到网络特有的平等、自由、成功、刺激的感觉,学习与就业的压力、社会与家长的希望造成的心理上的压抑与孤独,在网络上一扫而光;部分大学生上网玩游戏,在游戏获胜后有一种成就感,满足了他们的自我实现需要。虚拟的自我实现心理还会导致一些不道德的行为甚至是犯罪行为。有些大学生不能很好地理解自我实现、自我价值的真实含义,往往意图在网络中"大展宏图"。他们为了能展示自己的能力,大胆地制造网络病毒,盗用他人电脑信息,窥探他人隐私,非法通过银行及信用卡盗窃和诈骗,给社会和他人带来严重的损失。

现实生活告诉我们,网络在给我们带来美好的同时,无形中也在影响着人们的心理。目前,因迷恋网络而导致成绩下降、留级或退学的大学生人数和比例在不断地增多,有的学生被网络迷惑,学业日渐荒废,以致出现精神障碍,甚至导致犯罪。

第二节　大学生常见的网络心理障碍

一、大学生常见的网络心理障碍及表现

网络心理障碍,是指没有一定的理由,无节制地花费大量时间和精力在互联网上持续聊天、浏览,以致损害身体健康,并在生活中出现各种行为异常、心理障碍、交感神经功能部分失调等症状。典型表现包括情绪低落、无愉快或兴趣丧失、睡眠障碍、生物钟紊乱、食欲下降和体重减轻、精神运动性迟缓和激动、自我评价降低和能力下降、有自杀意念和行为、社会活动减少、大量吸烟、饮酒等。

在网络心理障碍的早期,患者先逐渐感受到上网的乐趣,然后上网时间不断延长,由此出现记忆力下降。有些患者晚上起床解手时都会情不自禁地打开电脑到网络上"溜达溜达"。开始是精神上的依赖、渴望上网,后来发展为躯体依赖,表现为每天起床后情绪低落、思维迟缓、头昏眼花、双手颤抖、疲乏无力和食欲不振,上网以后精神状态才能恢复至正常水平。大学生网络心理障碍大多数表现为感情上迷失自我、角色上混淆自我、道德上失落自我、心理上自我脆弱、交往上自我失落,主要包括下列几类。

(一) 网络依恋障碍

长时间地沉溺于网络游戏、上网聊天、网络技术(安装各种软件,下载使用文件,制作网页),醉心于网上信息,网上猎奇,造成对网络的过度依赖和依恋,导致个人生理受损,正常学习、工作、生活及社会交往受到严重影响。网络迷恋心理障碍包括以下几种类型:

(1) 网络色情迷恋。迷恋网上的所有的色情音乐、图片以及影像。

(2) 网络交际迷恋。利用各种聊天软件以及网站开设聊天室长时间聊天。

(3) 网络游戏迷恋。沉迷于网络设计的各种游戏中,他们或与计算机对打,或通过互联网与网友联机进行游戏对抗。

(4) 网络恋情迷恋。沉醉在网络所创造的虚幻的罗曼蒂克的网恋中;网络信息收集成瘾,强迫性地从网上收集无关紧要的或者不迫切需要的信息,堆积和传播这些信息。

(5) 网络制作迷恋。下载使用各种软件,追求网页制作的完美性和编制多种程序。

(6) 网络信息收集成瘾。

在这六种类型中,网络交际迷恋者、网络游戏迷恋者、网络恋情迷恋者及网络信息收集

成瘾者占大学生网络迷恋群体中的多数。

🔑 成长的烦恼

女大学生宋某，容貌姣好，有许多网友，大家都聊得很好。渐渐地，她发现和其中一个男生特别投机。一次不太在意的见面，却让宋某对该男生更加心仪，因为她发现男孩比想象中还要好很多，从此网恋就变成了现实中的恋爱。长时间的相处后，宋某发现该男生有许多像她这样从网上认识的女朋友，一直在欺骗她。这就如晴天霹雳，宋某心里接受不了这样的事实，没有心思做任何事，甚至要割腕自杀。

【案例分析】

宋某的这种网络心理障碍属于情景性忧郁，她把自己真实的感情给了一个并不真实的人，真正相处了以后，发现他根本没有网上那么优秀，感觉也不像在网上那么好，只是虚有其表而已，更没想到男孩是一个专在网上欺骗女孩感情的人，因此造成心理障碍甚至想要自杀。而从男孩的角度来看，这也是一种网络心理障碍。他经常欺骗网上的女孩，表现了他在平时生活中存在着自卑心理，这样的人特别希望得到关注。他们虚有一个好的外表，就好像"绣花枕头烂稻草"。他在网上把自己说得天花乱坠，其实是一无所有。网络是虚拟的，它可以让人们随意幻想，有些男孩把自己想成白马王子，女孩把自己想成白雪公主，过度的幻想就产生了病态心理。

(二) 网络自卑障碍

大学新生特别是来自经济落后地区的农村学生，之前几乎没有接触过互联网或接触很少。当他们进入大学，面对色彩斑斓的网络界面，看到周围的同学熟练地使用电脑，尽情地畅游在网络世界里，一部分学生感到害怕和自卑，怕自己学不会或学不好计算机操作，以至于不能有效利用网络来学习和生活，甚至可能成为"网盲"，怕自己掌握不好网络技术而被他人嘲笑为无能或赶不上他人而落伍，"无能感"油然而生。大学新生常产生这种网络心理畏惧与自卑，另外，一些对网络比较熟悉的大学生也有这样的障碍，他们对网络的畏惧主要是害怕跟不上网络的快速发展，怕掌握不了新的网络技术而被淘汰。

(三) 网络孤独障碍

网络孤独是指希望通过网络娱乐、网上交际、收集信息等方式来改变自己，但通过上网却未能改变自己，甚至加重了原有的孤独感，或因触网而引发孤独感这样一类不良的心理状态。一些大学生由于种种原因，喜欢长时间与电脑独处，向网友述说自己的"心情故事"。这种方式必然会减少他们与身边的群体接触交往的机会，降低他们的社会适应能力，久而久之，就产生逃避现实的心理与行为，使自己趋于孤立，进而产生焦虑、孤僻、冷漠等心理问题。即使把一些"心情故事"向网友宣泄后，得到网友心理支持，自己心情得到了一时的放松，但当回到现实生活中后，情况依旧，又倍感孤独。于是上网下网，循环反复，陷入恶性循环之中。

(四) 网络自我迷失和自我认同混乱障碍

在以计算机为终端的网络中，由于匿名性而隐去了身份，许多现实社会中的规范、规则、道德在虚拟世界中均冻结，大学生上网者在表现个人自我时，把社会自我抛得越来越远，甚至企图借助网络在现实社会中凸显自我，将自我凌驾于社会之上，网络黑客、网络犯罪就是这方面的典型例子。此外,某些大学生对一些社会现象愤懑不满,他们想通过上网发泄不满,希望在网上有一个"清洁"的交往环境,构建一个良好的自我。然而网上充斥的色情图文、脏话、无聊的帖子、庸俗的话题,使他们在对社会产生失望之后又对网络产生了失望。

心理辞海

微 博 控

微博控,指的是对微博极度喜爱的人。控来自 Complex,即情结,极度喜欢的意思,随着微博的火爆,越来越多人见面就聊起微博,但由于"迷恋"微博,网友中出现一大批"微博控",他们没日没夜地上微博,一上就是十多个小时,甚至放弃睡眠时间。有些网友每天打开电脑第一件事就是查看微博,每天要发微博 10 条以上,经常毫无原因地反复打开微博,反复刷新微博页面。有的人甚至已经患上微博强迫症,不仅上课上微博,上班上微博,下班也上微博,吃饭玩微博,上厕所也玩微博,一天到晚时刻保持高度兴奋的状态,连休息时间也被微博挤掉。事实上,微博成瘾的病例越来越多,各大医院心理科都出现类似病人。

(五)网络成瘾障碍

网络成瘾者常常长时间沉溺于网络游戏、上网聊天、网络技术(安装各种软件、下载使用文件、制作网页),醉心于网上信息、网上猎奇,造成对网络的过度依赖和迷恋,导致正常学习、工作、生活及社会交往受到严重影响,甚至损害身体健康,出现心理问题。网络成瘾心理包括网络色情成瘾、网络交际成瘾、网络游戏成瘾、网络恋情成瘾、网络信息收集成瘾、网络制作成瘾。

二、大学生网络心理障碍的特点

(一)病症发现的隐蔽性

网络心理障碍是人类进入以互联网为标志的信息时代高科技环境下的产物,是伴随着计算机科学的发展和网络的普及而出现的新疾病,是网络用户在现实环境和网络虚拟环境的巨大反差下形成的特殊心理状态。因此,对于网络心理障碍的认定本身就存在诸多的困难。患者自身也很难意识到自己已经患有此种病症,其周围人员也无法在患者患病初期进行确认。一般网络心理疾病患者的发现都是在中后期,而网络心理障碍一旦发展到一定的程度,患者的心理会发生严重的扭曲,极易做出对自身健康和社会安全构成危害的行为。

(二)生理疾病的并发性

网络心理障碍是以长时间上网为基础的,上网持续时间过长,就会使大脑神经中枢持续处于高度兴奋状态,引起肾上腺素水平异常增高,交感神经过度兴奋,血压升高。这些改变可引起一系列复杂的生理和生物化学变化,尤其是自主神经紊乱、体内激素水平失衡,会使免疫功能降低,诱发多种生理的并发疾患,如心血管疾患、胃肠疾患、紧张性头痛等。同时,由于眼睛长时间注视计算机显示屏,视网膜上的感光物质视紫红质消耗过多,未能及时补充其合成物质维生素 A 和相关蛋白质,就会导致视力下降、眼痛、怕光、暗适应能力降低等。

（三）治疗手段的模糊性

网络心理障碍产生的根源在于人脑的潜意识发生了病变,其特征业已突破了传统心理疾病的特点,因而现代医学的各种医疗手段和心理学的理论并不能彻底地治疗此种病症。同时,网络心理障碍涉及计算机科学、医学、心理学和思想政治学的范畴,所以很难单纯依靠医务人员或心理专家单方面来对此类疾病进行治疗,而医学界和心理学界对此种疾病的认识也只处于起步阶段,尚需深入研究和探讨。目前较普遍的做法是心理疏导结合思想政治教育,而是否能够达到标本兼治的目的还有待实践的检验。

（四）预防和治疗的紧迫性

许多心理障碍(包括网络心理障碍)都是文化抑制的结果,也就是说,一个人受教育程度越高,所受的文化禁忌越深,内心的冲突也就越强烈。因此,大学生上网过多,就很容易形成网络心理障碍。随着网络在高等院校的普及,网络心理障碍的患者将出现快速增长的趋势,如果采取的措施不及时、效果不理想,就会导致网络心理障碍的蔓延。

三、大学生网络心理障碍产生的原因

专家认为,一般来说,大学生沉溺于上网而不能自拔,产生网络心理障碍,包括内、外两部分因素。

（一）外部因素

1. 学校以及社会环境

大学生对外部世界充满渴求,他们上网时间多在课余,放下了繁重的课程,上网时便希望能放松,而不是再学习。在没有人正确引导的情况下,聊天、游戏等大众化的消遣性娱乐自然成了大学生们的最爱。而事实是高校周边往往是网吧集中的地方。这些网吧为了能够吸引学生昼夜上网,用尽所能,从试营业期间的免费到通宵优惠以及给顾客留位等。高校学生管理队伍数量不足,精力投入有限,加之教育方式不当,也是造成这种现象的重要原因。

2. 人际关系

当大学生进入大学校园后,他们的独立性和自主性增强,安全感、社会支持和归属感也越来越依赖与同伴形成的关系。但是向熟悉的人暴露过多的个人隐私会令双方都体验到压力和不安。在现实生活中,有些大学生渴望交流却因人际适应不良,他们怀念过去,憧憬未来,对现实却感到悲哀、无助,就到网上寻找支持和满足,以致不能自拔。除此之外,大学生,尤其是男生,上网具有一定的群体性,一个人上网通常可以带动一个宿舍,好朋友成瘾,自己也往往不能幸免。这种情况在新生入学初、实习前、毕业前表现得更为突出。

（二）内部因素

1. 学习目标不明确

很多大学生对专业学习缺少计划。对专业学习不感兴趣,虽然想学,但不知学什么、怎样学,感到无聊,便上网打发时光。当大学生发现自己综合素质不强,学习成绩不理想,计算机、外语没过级等,将来很难在就业竞争中取胜时,又觉得时间不够,压力太大,对自己失去信心,就上网逃避现实。

2. 有一定的人格缺陷

有研究表明:那些成天沉溺于网络的大学生多为性格内向,不善于交际,自卑,情感压抑,性情孤僻,孤独感过重的人。这些学生自我意识过强,经常是理想脱离实际,容易对环境适应不良,学习兴趣也不大,面对现实的困难和挫折,他们不是积极认真地去面对,而是消极逃避,试图在虚拟的网络中寻找精神的慰藉和心理的平衡。

3. 意志力薄弱,缺乏自我约束能力

过度依赖网络不仅阻断了广大学生正常社会化的情感渠道,而且还会导致他们在思维、情感、意志、个性方面都受到不同程度的破坏,强化对现实生活的恐惧,结果严重弱化了学生社会化的进程。

第三节 大学生网络素质的调适与培养

高等院校是中国社会"网络化"发展的前沿阵地之一。网络时代,维护心理健康,培养心理素质,是个体心理发展的需要,也是网络时代心理健康教育的重要任务。面对计算机及网络发展的状况和未来社会需要,对每个人进行行之有效的心理教育是培养个体具有健全的人格,是使个体充满个性、和谐发展的保证,是个体健康成长的支撑点。高校教育工作者应该密切关注大学生网络心理发展的动态,了解其规律和特点,积极培养大学生健康的网络心理。

一、大学生网络心理素质的自我调适

(一) 正确认识和运用网络

互联网的出现,宣告了信息时代的到来,拓展了人类交往的空间,也深刻地改变着人与人之间的关系,变革着人类的生活方式。大学生应该认识到网络资源是人类社会不可缺少的财富,应掌握这个工具,有效地利用它来为提高自己服务。但是,大学生还应该认识到,互联网是一把双刃剑,既是一个发展自己、展现自我的平台,也是一个充满着诱惑与陷阱的危险之地,只有正确认知网络,才能科学使用网络,共享信息资源,避免网络带来的心理问题。

首先,我们必须掌握互联网这个新的工具,吸取全世界优秀的文化成果,同时也在网上向世界展示中华民族的伟大形象和灿烂文化。

其次,我们应该吸取其精华部分,剔除其糟粕部分,积极关注网络的发展变化,把握机遇,借鉴网络,积极创造新的生活方式。

再次,我们要树立高尚的网德。团中央、教育部等单位联合向社会发布的《全国青少年网络文明公约》,明确提出"五要五不":"要善于网上学习,不浏览不良信息;要诚实友好交流,不侮辱欺诈他人;要增强自护意识,不随意约会网友;要维护网络安全,不破坏网络秩序;要有益身心健康,不沉溺虚拟时空。"大学生应自觉遵守网络的社会法律规范和道德规范,营造网上健康文明的道德氛围,培养自身的网上自我教育和自我控制能力,做个高尚的、真正的网络人。

拓展阅读

合肥警方处理多名编造和传播疫情谎言者

2020年春,在全国抗击新冠肺炎疫情之际,少数网民出于各种目的,在网络上随意发布或转发虚假信息,甚至恶意编造和传播与疫情相关的谣言,造成社会恐慌。这种行为受到了警方的严厉处罚。自疫情暴发以来,合肥警方已经处理了多名编造和传播疫情谣言者。

2020年1月25日下午,一名网友在微信群中发布了"长丰县朱巷镇两村民从武汉回来并出现发烧症状"的信息,在互联网上迅速传播,引发了大众的恐慌,并造成了不良的社会影响。长丰县公安局迅速成立专班展开调查,发现该信息涉及的两名村民身体情况正常,微信群中所言消息不实,系网民恶意造谣。后经调查,该虚假消息系朱巷镇居民梁某洋为泄私愤所发。随即,辖区公安机关于1月26日依法对梁某洋给予行政拘留5日的处罚。

2020年2月6日,一段"钟南山到合肥指导疫情防控工作"的视频开始在网上传播,导致网民误以为合肥疫情升级,引发部分网民恐慌。合肥警方发现线索后迅速介入调查。经查,张某日前路过安医大一附院时看见一群人检查工作,其中一人长相与钟南山相似,张某随即拍下视频,发送至朋友微信群,并称"钟南山来合肥了",后被李某等人相继转发。张某被公安机关依法行政拘留。

合肥警方提醒广大网民,一定要从官方途径了解疫情信息,切勿轻信、转发互联网自媒体平台上出现的与疫情相关的不实信息,更不要编造、发布不实信息。网络不是法外之地,在网上发布信息、言论应遵守法律法规,对于编造、传播、散布谣言,扰乱社会秩序的违法行为,将依法查处,绝不姑息。

(二)加强自律与自我管理

大学生要特别重视自我教育意识的培养,并且通过这种培养进一步加强自己的心理素质,提高自己的自律能力,学会自学、自护、自辨、自制、自省。过多地沉迷于网络是对现实的一种逃避,一种退缩,也是一种社会责任感的淡化,它不仅不能真正地解决大学生正在面临的现实问题,反而会更多地产生自我迷失,丧失生活重心,造成人际沟通能力障碍,产生非理性的甚至是反社会的行为。在缺乏较强他律或几乎难以感受到较为直接的他律影响力的网络社会,自律的重要性与意义显得尤为突出:一个缺乏自律的人不可能是一个自尊自重的人,也不可能是一个获得自由与自我价值实现的人。大学生应合理安排好自己的日常生活,保持正常的生活、工作、学习规律,控制上网时间。

(三)积极参加社会活动,逐步摆脱对网络的依赖

由于人们生活水平的逐渐提高,相当部分的大学生室内活动多,户外活动少;模拟体验多,生活体验少;间接体验多,直接体验少。大学阶段是人际交往能力与人际关系形成的重要时期,而网络交往与传统的有亲和感的人际交往大不相同,往往难以形成真实可信和安全的人际关系。在网络上,人们摄取信息时越来越依赖于间接和抽象的符号系统,使他们以一种彻底的外表化、符号化的方式和冷冰冰的操作伦理来对待整个人类和真实的社会,形成了一定的网络交流文化,这样个人势必会在一定程度上弱化自己与真实世界交往的能力,也会产生紧张、孤僻、情感缺乏等症状,有些甚至产生了人格障碍和人际交往障碍,只会纸上谈

兵,无法面对真实的社会。因此,大学生多参加社会实践活动,多参加户外活动,多接触大自然,不失为摆脱网络束缚的一剂良方。

(四) 积极主动地接受心理疏导,自觉提高免疫力

热衷于上网的心理,使大学生们大大减少了与社会的联系,疏远了现实中的人际关系,这就对大学生主动提高免疫力,增强自身心理素质提出了更高的要求。提高大学生心理素质、抵制网络对心理健康的不良影响,最有效的途径之一,就是大学生主动接受心理疏导。当前,各高校大都开设了大学生心理健康教育课,这是高校进行广泛普及心理健康教育与疏导的基本方式。大部分高校还建立起了心理咨询中心,开通了心理网站、热线电话等通道,为大学生们打下了主动接受心理教育与疏导的基石。所以,大学生们应合理利用这些便利条件,主动接受心理教育与疏导,自觉提高自己的免疫力,抵御网络的不良影响。

🔑 成长的烦恼

李智以优异的成绩考入大学,在刚进大学之初,他充满了抱负和希冀,但是后来发现达不到自己的期望。虽然学习不顺利,但在网络游戏技术上进步很快,在游戏中,他找到了成就感和满足感。在与同学和老师的交往中,也失去了中学时期的中心位置,感觉受到了冷落。在网络中他却交到了很多的朋友,网络让他摆脱了现实的孤独寂寞。一段时间之后,他对网络的使用和游戏有强烈的渴求和冲动感,与同学交流渐渐减少,性格变得内向,时有自卑感,情绪低落,甚至与家长对抗,对数学知识、体育运动和其他事物兴趣下降,出现一系列的心理问题,并经常逃课,彻夜不归。经同学和班主任劝告,一段时间内李智停止了网络游戏,但出现周身不适、心烦意乱、易激动、上课注意力不集中、睡眠障碍等现象,后来他再次沉迷网络和游戏,网络已经成为其逃避问题或缓解不良情绪的途径。

【案例分析】

很明显,这是典型的网络成瘾问题。由于在大学的学习和生活中达不到自己的期望,出现不满和失落感。在学习和生活中缺少约束,自控力又不强,对网络存在依赖性,导致深陷网络深渊。

对于刚进大学校门的大一新生,家长、学校应及时引导他们树立正确的人生观、价值观,使大学生形成正确看待网络、使用网络的意识,正确引导大学生在网络中的求知欲,有效地利用互联网的优势,让大学生在网络中得到的是知识,做到"取其精华,去其糟粕",而不是毫无目的地在利用网络消磨时间、浪费青春。

二、加强大学生良好网络心理素质的培养

除了大学生本人自我调适之外,社会、家庭、学校应加大各方面的力量为大学生创造良好的信息网络环境,使其真正成为大学生自我学习、自我提高、互相促进、共同进步的阵地。

(一) 加强网络的人文教育,培养大学生的网络道德素质

从最本质的意义上来说,网络为全人类提供了一个极其便利的交际工具。如果说计算机网络原理类课程是教会学生如何制造、维修和使用这个"工具",那么电脑和网络的人文教育课程则应该是教会学生如何正确、高效、人文地使用这个"工具"。

当前,大学生对网络知识的认识,普遍偏重于技术的掌握和运用,但是对于网络对自身

素质发展的影响、网络对社会道德的冲击、网络对人类生活的改变等问题缺乏深刻的认识和思考。网络道德偏差行为正是学生缺乏道德责任感的直接体现和反映。因此教育工作者应该加强科学道德责任教育，平时关心、理解学生，使思想政治工作贴近学生的思想、生活和学习的实际，达到人情、入理、入境。这样不仅可以积极预防网络道德失范行为，同时又可以有效避免学生出现孤僻、固执和不合群等网络心理障碍。网络道德是一个新生事物，它的建立有一个过程，高校应当遵循社会主义精神文明重在建设的指导方针，去发现问题，研究问题，解决问题，并提出适合我国传统文化的网络道德规范，从而建立有序的网络秩序。

（二）进行人际关系指导，培植社会支持系统

亚里士多德曾说："人是社会性的动物。"马克思也下过著名论断："人的本质是一切社会关系的总和。"无论何时何地，人总是存在于一个相互联系、相互作用的社会系统中，人们在社会生产和生活中与他人一直发生着各种各样的联系。"社会性"是人的最本质的属性，脱离社会而存在和发展的人是没有意义的，社会性也规定并制约着人的发展。网络时代计算机和网络必然是构成我们社会生活的最重要的组成部分，可以说，我们离不开它们，也正是这种依赖性，才是问题产生的关键。在由网络构成的虚拟世界中，缺乏人与人之间的直接对话，易产生人格障碍、心理疾病、人情冷漠等消极的心理现象，进而导致人际交往的障碍。网络时代的心理健康教育一方面要肯定大学生上网积极的一面，另一方面针对其易出现人际交往障碍的缺点，必须加强对人际关系的指导。第一，要引导人们重视自然生活，走出键盘世界，加强面对面的交流，培育亲情、友情，享受自然生活；第二，要对不同个性的人的交往进行技巧指导，让每个人在交往中发现乐趣，提高自我，发展自我，并丰富自己的个性。只有这样，才有利于个体提高生活情趣，有助于人与人之间建立相互支持和相互合作的交往系统。形成良性的社会支持系统，可以有效地促成社会成员间的沟通与合作，降低心理压力，提高心理素质，也有利于个体形成同情、尊重和关心他人的良好品质。良性的社会支持系统的建立，可以增强社会凝聚力，为战胜各种不良心理和不道德行为提供有力支持。

（三）进行健全性格培养，促进个性的健康发展

正如前文所述，性格对网络心理健康有着重要的内在影响力。加强健全的性格培养，成为网络时代心理健康教育的重要任务。首先，要对不同性格进行区分，找出每种性格的积极面和消极面，培养积极的性格特征，矫正、克服消极的性格特征；其次，努力促成不同性格之间互补的同时，弘扬人性特征魅力；最后，创造性是网络时代最重要的个性品质，这是心理健康教育自始至终关注的重点。

（四）改善网络环境

随着计算机网络技术的不断发展更新，网络环境将成为人们生存和发展环境的一个重要组成部分，人们将越来越难以离开网络。网络环境不仅造就人们崭新的学习和交流环境，而且会改变人，甚至改造人。良好的网络环境培育健全的人格，恶劣的网络环境造就有缺陷的人格。为了保障大学生网络心理的健康发展，还需要社会、学校等多方力量共同关注大学生的成长，优化网络环境，为大学生提供一个良好的发展平台。

首先，加快网络信息控制技术研究，净化网络信息。净化网络信息，必须对网络及网络信息进行有效的管理，从技术上解决网络管理的难题。网络信息的控制在于对信息的过滤、选择。通过对信息的过滤，净化信息，从技术上保证大学生免受互联网上非法内容的侵害，为网络心理健康发展提供技术保证。加强信息的控制还需要建立网络行为监督机制，将道德监督和法律约束机制引入电子空间，健全有关电子信息网络的法律规定，对违规者进行必要处罚。

其次，积极组织优秀传统文化与先进文化上网，这是优化网络环境的积极步骤。随着国际互联网的发展，全球化不可逆转的挺进，东西方文化将受到全方位的巨大的碰撞、冲突、交流、消融和吸收，会给大学生原有的价值观念带来许多影响，使其产生认知偏差与心理矛盾。改革开放的中国，不仅要与世界进行经济与物质的双向交流，更要进行文化与精神的双向交流。只有用进步的思想与文化教育大学生网民，才有可能塑造出健康成长的大学生。

再次，适应网络时代特点，改进高校教育与管理。高校教育与管理工作的重点是培养大学生鉴别是非的能力，积极开展各种网络活动，自身装备"网络心理健康防火墙"，使大学生自觉地维护和保护自己的身心健康。高校应该帮助建立各种团体，在学生参加团体组织的活动过程中，满足他们被接纳、关爱和归属的需要。为了加强大学生的网络责任意识，高校还应加强法规制度的宣传教育，对网络违法行为严格教育。

最后，开展网上心理咨询。开展网络咨询应从各方面入手：一是利用网络快捷、保密性好、传播面广的优势，开设网上心理咨询，如设立心理咨询网站，传播心理知识，进行网上行为训练的指导，开设在线心理咨询。二是抓好学生上网的心理、网络人际交往的心理特征、网络心理障碍、虚拟与现实的人际关系的比较等大学生网络心理问题的研究，确立一套可操作的、有效性强的网络心理障碍咨询方案。

随堂演练

网络成瘾自测量表

这是一份大学生网络成瘾的诊断量表，一共有 28 个问题。如果下列题项中描述的情形与你相符，则在其后的括号里填"Y"，不符合则在其后的括号里填"N"。

1. 我曾尝试让自己花更少的时间在网络上，但无法做到。 （　）
2. 我只要有一段时间没上网，就会觉得心里不舒服。 （　）
3. 由于上网，我和父母、老师及同学的交流、相处时间减少了。 （　）
4. 我曾不止一次因为上网而导致睡眠不足 5 个小时。 （　）
5. 比起以前，我必须花更多的时间上网才能感到满足。 （　）
6. 我只要有一段时间没上网，就会觉得自己好像错过了什么。 （　）
7. 由于上网，我花在以前喜欢的活动上的时间减少了。 （　）
8. 我经常上网。 （　）
9. 我常常因为熬夜上网而导致白天精神不振。 （　）
10. 我每次下网后，其实是要去做别的事，却又忍不住再次上网看看。 （　）
11. 我只要有一段时间没上网，就会情绪低落。 （　）
12. 由于上网，我与周围人的关系不如以前好了，但我仍没有减少上网时间。 （　）
13. 我习惯减少睡眠时间，以便能有更多时间上网。 （　）

14. 从上学期以来,我每周上网的时间增加了许多。　　　　　　（　　）

15. 我常常不能控制自己上网的行动。　　　　　　　　　　　　（　　）

16. 我非常喜欢上网。　　　　　　　　　　　　　　　　　　　（　　）

17. 由于上网,我的学习成绩越来越落后了。　　　　　　　　　　（　　）

18. 我曾因为上网而没有按时吃饭。　　　　　　　　　　　　　　（　　）

19. 我每天一有空,想到的第一件事就是上网。　　　　　　　　　（　　）

20. 没有网络,我的生活就毫无趣味可言。　　　　　　　　　　　（　　）

21. 上网使我的健康状况越来越差。　　　　　　　　　　　　　　（　　）

22. 我觉得自己花在网络上的时间比一般人少。　　　　　　　　　（　　）

23. 其实我每次都只想上一会儿网,但常常一上网就很久下不来。　（　　）

24. 每次只要一上网,我就有兴奋及满足的感觉。　　　　　　　　（　　）

25. 我从来没有上过网。　　　　　　　　　　　　　　　　　　　（　　）

26. 别人曾不止一次地对我说:"你花了太多时间在网络上。"　　　（　　）

27. 我非常讨厌上网。　　　　　　　　　　　　　　　　　　　　（　　）

28. 我曾不止一次因为上网而逃课。　　　　　　　　　　　　　　（　　）

【网络成瘾的判断标准】

上述题项均以 1 分法记分,"Y"得 1 分,"N"为 0 分。28 个题项中若有 15 个及以上的题项为肯定回答(即总分大于等于 15 分),便可大体判定其对网络的依赖已达成瘾程度。

实践指导

消除网络心理障碍

实践目的

以团队的形式就团体成员面对的网络心理问题共同商讨,提供网络心理行为训练的机会。

实践过程

(1) 每人说一句网络流行语。

(2) 各成员分别讲述各自的上网经历,并做自我评价,让其他成员获得和他人一样的体验,产生情感与心灵的共鸣。

(3) 开展对网上信息认识的讨论交流,引导成员正确评价网上信息,共同为提高自身的信息素养出谋划策。

(4) 展开网络与网络技术的研讨,使他们懂得网络的两面性、技术中立性和网络技术的工具性。

(5) 小组讨论上网行为的自我管理,彼此订立互相监督的契约。

构筑心灵的防火墙

实践目的

教师引导学生明辨是非,对网络资源正确地加以取舍应用,取其精华,去其糟粕。

实践过程

（1）让学生课前收集资料，让他们在参与过程中初步了解网络的利与弊。

（2）让学生观看关于迷恋网络带来危害的录像、资料等，让他们进一步了解网络的负面影响。

（3）通过诉说家长的真情实话，让学生明白家长的心情，以真情打动他们，让他们注意避免沉迷网络。

（4）让同学在讨论、交流中，找到正确对待网络的方法。

思考与练习

1. 结合实际，简述大学生的网络心理特点。

2. 你认为网络对大学生有何影响？

3. 网络性心理障碍的表现及其成因是什么？

4. 试述大学生健康网络心理的培养。

5. 网络成瘾者有哪几种类型？网络成瘾者的调适方法是什么？

6. 我们应该如何正确对待网络？

第十一章
大学生职业生涯规划与就业心理

📖 **案例导读**

我们需要一盏指路明灯

带着丰富多彩的梦想和无限的希望，我们走进了大学校门。然而，转眼间，一学期就过去了。在下一学年，我们将应付计算机二级和英语四级考试……

刚进大学的时候，我们总是觉得无事可做。我们被作业包围的日子突然过去了。相反，我们整天上一些无聊的基础课，然后就是参加各种社区活动和学生会活动，或者待在宿舍上网、玩游戏和看电影。日子就这样从身边流过，我们无助，我们无奈。我们想过得充实点。我们以为努力学习可以解决问题，但最后我们忍不住问自己：学习的目的是什么，只是为了在期末考试中获得高分，通过计算机和英语水平考试吗？我们又一次不知所措。

浙江大学校长竺可桢1936年9月在浙大开学典礼上的演讲中说："你们来浙大干什么？大学毕业后你们想干什么？"我们中的很多人会说，为了将来能找到一份好工作。当然有些人的目标是考研，但考研的目的又是什么呢？应该还是在为自己的职业生涯做铺垫吧。

不知从几时开始，曾经有着傲人光环的天之骄子们在就业的大潮中被打湿，被淹没。在这一大潮中，不仅饭碗成了泥捏的，甚至连找一个合适的饭碗都变得相当困难，不管我们承认与否，这是一个职业危机的时代。

新一轮的毕业生就业开始了，看看那些奔波于各种招聘会的大学生们，看看那些在说及未来工作的时候，大学生迷茫的眼神和焦虑的心情，看看新闻媒体的大标题中触目惊心的"就业难"……

我们应该怎么办？大学四年转瞬即逝，在这短暂的大学生活中，我们该干些什么？我们需要一盏指路明灯。

学习提示

大学四年是职业生涯规划的重要阶段。职业生涯规划的意义在于寻找适合自身发展需要的职业，实现个体与职业的匹配，体现个体价值的最大化。然而目前在大学生中普遍缺乏职业生涯规划意识，即使有规划，也是非常不明确或太过理想化。对于每一位大学生来说，合理规划自己的职业生涯，对今后的发展有着十分重要的意义。在目前就业形势比较严峻的情况下，大学生的就业问题显得日益突出，在具体择业的过程中也容易出现一些认识上的误区。

本章先从职业生涯规划的介绍开始，结合当今就业形势，针对大学生在职业生涯规划过程中和就业过程中容易产生的心理困惑，提出了具体的应对方法。

第一节 大学生就业的心理表现与矛盾冲突

俗话说"养兵千日，用兵一时"，对于大学生来说也是如此。读了十几年的书，如今要工作，要生活，要报答父母的养育之恩……不管怎么说，重要的是要选一个好工作。什么是好工作呢？怎么选呢？选择是双向的，一方面是本人喜欢，另一方面，是用人单位录用，两者缺一不可。在某种程度上，用人单位是决定因素。眼下正值社会转型期，由于党和国家工作重点的转移，生产关系和上层建筑以至管理方式都发生了根本的转变，经济制度改革带动了人事制度改革、工资制度改革，乃至毕业生分配制度改革。这一切都极大地影响着大学生的就业观念。

一、大学生就业的心理表现

青年学生职业选择的心理主要从他们的就业动机、情绪和情感、意志等方面表现出来。

（一）动机表现

动机是推动人们行为的内部原因。每个人的行为总是由一定的动机推动指引的，可以说，凡是有关行为发生的原因或条件，皆可称之为动机。而青年学生的就业动机则是引起他们选择职业的动力或原因，即他们为什么一定要选择这个工作，而不选择那个工作呢？是什么主导着学生的就业动机呢？研究毕业生的就业动机就是要了解他们选择职业的内部驱动力。动机的种类很多，一般分为三种。

1. 生理性动机

生理性动机起源于身体内部生理平衡状态的变化，这是生物共同的需要，称为原始性驱动力或生理性动机。它是由一般性需要或有机体需要产生的。青年学生的就业动机，首先是为了生活，他们需要自食其力，结束十几年来依靠父母或亲人供养的生活状态；其次是他们到了恋爱、结婚的年龄，毕业后要考虑成立自己的家庭；最后还要尽赡养父母的责任。特别是家庭生活比较困难的毕业生，想以自己的劳动很好地回报父母，让他们过上富裕的生活。这些从生活角度考虑的动机是学生毕业时最现实的想法。因此，在就业时，职业的经济报酬、职业对组织家庭的作用等是影响他们选择职业的重要因素。

2. 衍生性动机

衍生性动机起源于心理和社会因素，是后天经过学习而产生的动机，包括爱情、亲情、成就、独立、社会赞许等。青年学生经过多年的学校生活，他们的世界观、人生观、价值观发生了很大的变化。毕业生对于职业的社会地位比较注意，即关注社会对于所从事职业的所有制形式、行业与工种声望的评价；同时，职业的社会意义和职业的劳动强度等方面的因素也是毕业生关注的重点。而毕业前的大学生在选择就业地区和就业城市方面，所考虑的因素则侧重于个人就业发展的机会、城市开放的程度及现代化程度、对社会的贡献、社会人文环境和生活条件等，经济因素对于毕业生来说已不在首选。另外，对社会的贡献和政策导向也已引起毕业生的注意。

3. 优势性动机

优势性动机是指在众多就业动机中起主导作用的动机。尽管青年学生就业的动机比较复杂,但是毕竟有一种动机起主导作用。那么,哪一种动机是毕业生的优势动机呢? 不同时代的青年学生有不同的优势动机。20 世纪 70 年代末到 80 年代初,大学毕业生们"有自己的理想,但服从国家分配"。80 年代中后期,毕业生们"既要地位高,也要挣得多"。90 年代前期,毕业生们"第一职业求稳定,第二职业求发展"。90 年代中后期到现在,毕业生们表示"我要找到最佳结合点"。这些就业动机变化最突出的一点是,毕业生们越来越重视自己发展的空间,重视知识的价值,"科学技术是第一生产力"的思想在他们的头脑中逐渐占据重要的地位了。

(二) 情绪和情感表现

情绪和情感是人的感情活动,是人对客观事物是否满足自己的需要的主观体验。即将毕业的大学生面对社会的选择,感情活动复杂。他们中的大多数人表现出激动、兴奋、满意的积极情绪。大学学业即将结束,许多人将踏上工作岗位,检验自己十几年的学习所得,发挥自己的潜力、特长、优势,一展青春风采,从一个毛头小伙子、黄毛丫头,很快就会成为祖国各条战线的栋梁。无论回顾往事,还是审视今天,或者展望未来,青年学生都感到幸福、成功和振奋。因而,他们对"双向选择"充满了自信,对后期学习生活、同学友谊十分珍惜,对父母亲人一往情深,渴望着获得母校美好的评价,期盼着为社会所欢迎,早日踏上适合自己的岗位。

当然,青年学生中也有一些人表现出高度焦虑、紧张不安的情绪状态。可能因为学业不佳,能力不强,他人评价不高,也可能因为所在学校名声小,所读专业不热门,所属人事关系不硬气,或许因为异性朋友要分手、家里生活困难,等等。大学毕业生面对职业选择忧心忡忡,怕毕不了业,怕失去友谊,怕找不到称心的单位,怕就业不顺利,怕未来职业不稳定、收入少、难发展。总之,这些人经常感到空虚无聊,失眠恍惚,茶饭不思,无所事事,也有的不惜旷课,无目标地四处奔波,打探就业信息,竭力推销自己。

心理辞海

不值得定律

不值得定律最直观的表述是:不值得做的事情,就不值得做好,这个定律似乎再简单不过了,但它的重要性却时时被人们疏忽。不值得定律反映出人们的一种心理,一个人如果从事的是一份自认为不值得做的事情,往往会保持冷嘲热讽,敷衍了事的态度,不仅成功率小,而且即使成功,也不会觉得有多大的成就感。

哪些事值得做呢? 一般而言,这取决于三个因素:① 价值观。关于价值观我们已经谈了很多,只有符合我们价值观的事,我们才会满怀热情去做。② 个性和气质。一个人如果做一份与他的个性气质完全背离的工作,他是很难做好的。例如,一个好交往的人成了档案员,或一个害羞者不得不每天和不同的人打交道。③ 现实的处境。同样一份工作,在不同的处境下去做,给我们的感受也是不同的。例如,在一家大公司,如果你最初做的是打杂跑腿的工作,你很可能认为是不值得的,可是,一旦你被提升为领班或部门经理,你就不会这样认为了。

值得做的工作是:符合我们的价值观,适合我们的个性与气质,并能让我们看到期望。

如果你的工作不具备这三个因素,你就要考虑换一个更合适的工作,并努力做好它。因此,对个人来说,应在多种可供选择的奋斗目标及价值观中挑选一种,然后为之而奋斗。

(三) 意志表现

意志是人自觉地确定目的,调节行动,克服困难,实现预定目的的心理过程。毕业生的职业选择是一个体现意志的过程。在激烈的竞争中,独立、自信、坚强是当代大学生应有的意志品质。毕业生积极应聘,在学业、人格、面试技巧等方面做了充分的准备。这几年我们欣喜地看到,在"双向选择"会场上,毕业生手持各种证件,精神饱满地、满怀信心地穿梭于招聘单位的摊位之间。有的毕业生为了吸引用人单位的注意,还制作了精美的简历表。例如,一个女同学在自己的简历上贴上民间剪纸,以替代印刷体标题;一位男生在简历上面打印彩色图片,以彩图按时间顺序排列了他大学生活的成绩和经历,令人一目了然;有的毕业生拿着自己制作的电脑硬件去应聘,让人感到很有创意;有的学生在毕业之前就通过了外语、计算机等级考试,甚至还拿到了机动车驾驶执照,大大增加了竞争力;还有的同学不远千里,背着旅行包,从大西北赶到祖国的南方参加"双选会",其精神感人至深。以上这些都体现了大学生优秀的意志品质。但是,也有的毕业生表现得不尽如人意。

(1) 存在盲目性。据一份调查显示,在回答"你考大学报志愿时,是否考虑将来从事的职业",只有36.2%的学生回答"考虑过",63.8%的学生回答"没有考虑"。20世纪90年代,几乎60%的大学生就像赶大潮一般选择去沿海城市,而近年来,又集中于上海、北京、深圳等大城市。一个毕业生的话最有代表性:"这里发展机会多,我们寝室几个同学都去,我也想去。"

(2) 存在依赖性。一些大学生存在着严重的依赖心理,即依赖学校,等待用人单位找上门;依赖父母,甚至连表格都由父母代填,岗位也是父母代定,面试也由父母陪同。

(3) 缺乏独立性和果断性。一些毕业生在求职过程中缺乏独立性,不能根据自己的认识与信念独立地采取决定,犹豫不定,挑肥拣瘦。还有的毕业生情绪易冲动,看到同学去了比自己好的单位,心中又动荡不安,后悔莫及,甚至不讲诚信,签约之后又毁约。

总之,青年学生在职业选择中的心态,既有主动积极的一面,又存在不成熟的一面。我们对其积极方面要鼓励和支持,对其不成熟方面还要教育和引导。

二、大学生就业的心理冲突与心理矛盾

当前社会发展日益迅猛,引起人们比以往任何历史时期更大的心理冲击和更为明显的心理困惑。当代大学生的就业意向深受社会变革的冲击与震荡,并表现出鲜明的时代特征,其就业心理问题逐渐为社会普遍关注。

(一) 大学生就业的心理冲突

心理冲突是指在一个人心目中存在着两种互不相容或相互排斥的目标。毕业生在就业过程中,有时会在心理上同时产生两个或两个以上互相抵触的行为动机,这时就会发生动机斗争或动机冲突。常见的动机冲突可分为三类。

1. 趋向—趋向冲突

当毕业生在就业时,遇到两个或两个以上都想达到而又不能同时都达到的目标时,就产生了趋向—趋向的动机冲突,即"鱼和熊掌不可兼得"。例如,一个毕业生同时被两个单位看

中,一个单位与其所学专业对口,但要到基层去工作;另一个单位就在城市,但与其所学专业不对口。这两个单位对他都有吸引力,那么选取哪个呢? 在专业对口和就业地点之间,这个毕业生遇到了两难选择。

2. 回避—回避冲突

当毕业生在就业时,遇到了两个各有缺陷的岗位又必须选择其中之一时,就产生了回避—回避的动机冲突。例如,一个毕业生在就业时遇到两个单位,一个单位能让他施展抱负,但地方较偏僻(如地处山区的大型水电站、实验基地等);另一个单位也能让他施展抱负,但经营风险较大,且在人们心目中对该职业评价不高(如城市民营企业、乡镇企业)。在这种情况下,这位大学生非常需要工作岗位,但他既不想到偏远的地方去忍受寂寞之苦;也不愿意到职业评价低、稳定性差的单位去工作。在这种情况下,他在工作地点与职业评价之间,遇到了两个躲不掉的选择。

3. 趋向—回避冲突

当毕业生在就业时,面临两个同时具有吸引力和排斥力的目标,需要做出选择时所产生的动机冲突。例如,在挑选就业单位的时候,一个单位名气大,很有吸引力,是他梦寐以求的好单位,但用人条件苛刻,甚至不合理,被录用的机会少;而另一个单位的录用条件不高,当场即能签约,能满足他的求职需要,但单位小,知名度低。这位毕业生既向往名气大的单位,又希望能很快签约。怎么办? 他遇到了大单位的知名度和求职命中率低的两难选择。由于就业动机的冲突,导致了毕业生就业的矛盾心理。

🔑 成长的烦恼

梁鹏是电影学院导演系的研究生,个子高高的,长得也很帅,但几年下来他有一个很悲观的想法:做导演需要出名,而真正出名的导演又有几个呢? 自己家是外地的,从本科到研究生一路走来实在太累了,要协调各方面的关系,这种压力压得他喘不过气来。最终,他办理了退学手续。学校的老师、同学无不为他惋惜。

【案例分析】

大学生现在面临的压力过大,造成的心理落差比较大,与整个社会发展的形势和家庭的影响是分不开的。首先是大学生的就业问题,大学的扩招让一些学生在上学之初就因毕业后的就业问题产生焦虑。另外,自我和家庭对学生前途所定的目标过高,有的学生有一种"为家长读书"的想法,想的是将来要怎样报答家长,有的给自己定了一个不太符合实际的目标,这些都可能在最终结果上产生很大的心理落差。大学生应找准自己的位置,正确评价和认识自己,无论怎样,知足常乐是不变法则。另外,不要好高骛远,要脚踏实地,一步步走好自己的路。

(二) 大学生就业的矛盾心理

在就业过程中,毕业生既想为理想的目标而奋斗,又抵御不了眼前的诱惑;既认识到实现自身的价值必须有所失,但又不想放弃唾手可得的利益;既对每一次投入感到十分刺激,但回过头来又觉得怅然若失;既知道机遇十分珍贵,又不愿意付出更大的努力。因此,他们在就业、就业态度上表现出种种矛盾心理。归纳起来,主要有以下几种。

1. 求职的盲目性与理智性并存

大学生在求职过程中,心理上既存在盲目性又存在一定的理智。这是因为学校与社会毕竟存在着距离,大学生缺乏社会实践经验,对所学的知识是否能用上,自己能否适应就业岗位心中没底,以致求职具有盲目性。一些学生未能从自己的实际出发,不顾所学的专业特点和自身条件,对把握不大的单位也要去试一试,甚至明知不能胜任某种工作,但见别人都去追求,担心自己不去竞争一下就会"掉价",也要去碰碰运气。还有不少学生在选择岗位时,认为只要待遇好就行,至于符合不符合自己的兴趣,与所学专业是否有关联却无所谓,盲目乱投档,美其名曰"广种薄收"。这一切都反映了他们就业的盲目性。但青年学生毕竟接受了多年学校教育,思维水平较高,善于学习,因此,许多人就业很慎重,即使出了差错也能及时纠正,这又反映了他们理智性的特点。

2. 求稳心态与冒险心理共存

面对职业选择的关键时刻,尽管毕业生的求稳与冒险心态共存,但由于不同主导动机的驱动,可能会采取不同的做法:一些人富于冒险精神,先选最符合自己理想的单位,当难以实现时才退而求其次;有的人一开始就采取较稳妥的做法,选择求职目标的中下策进行竞争。一般来说,成就动机强烈的学生富有冒险精神,成就动机较低的学生更求稳定;重点大学的学生风险意识较强,一般院校特别是专科学校的学生较多追求一次就业成功;家庭经济状况好的毕业生比家庭经济状况较差的学生后顾之忧少些,更敢冒险。因此,一个班或一个组的同学,面对同一竞聘单位,由于求稳与冒险两种态度实际上都有风险,可能往往会出现不同的结果,有的一开始就找到了工作,有的却一直没着落,这种矛盾状态也影响着个人的生活与学业。

3. 眼前需要和长远利益相悖

在就业过程中,毕业生势必面对眼前利益和长远利益的选择,两者往往难以兼得,必须有所选取和舍弃。一般来说,眼前需要是实在的,而实现长远利益尚有许多不确定因素。到底选择哪个呢? 有一位条件很不错的毕业生,就业一开始就报名去部队,经过面试被部队录取了。但在毕业前夕,某烟草公司来校招聘,该公司效益很好,又在该生的家附近。到烟草公司工作马上就能拿到实惠,但到部队当一名军事干部也是他多年的梦想。经过多次比较,他还是决定到烟草公司工作。与此相反,有的毕业生优先考虑长远利益,甚至不惜牺牲眼前一些可以得到的机会。例如,有的学生在别人不怎么看好国有企业时,却选择了国企,因为在他看来,国家大型企业有发展前途,随着经济体制改革的不断发展和良好经济秩序的建立,那些曾经不景气的国有企业就会成为众人瞩目的好单位。那么作为一名大学毕业生,是在现有条件优越的单位里无闻于众人,还是到一个前景光明的一般单位里尽情施展才华呢? 这个选择反映出毕业生对眼前利益和长远利益的认识问题。"风物长宜放眼量",树立职业的社会意识、长远意识,淡化个人的近期需求,调整就业与就业的价值取向,就能妥善地解决这个矛盾。

4. 理想与现实的矛盾

当代青年学生的理想丰富多彩,大学生在就业时对理想的追求更加强烈,更加远大。他们踌躇满志,豪情满怀,准备在社会上搏击一番。但由于他们涉世未深,对社会了解不够深刻,理想往往脱离客观条件,在就业上与社会需要存在着差距,个人理想往往脱离客观现实与主观条件。大学毕业生普遍留恋条件舒适的大城市,好高骛远,追求社会地位高、经济效益好的工作岗位,而不愿意到边远地区或条件较差的地区去工作。许多大学生都想成为大经理、大老板,想走商业巨子之路,他们并未真正思考理想和现实之间的差距,也较少考虑所定的目标是否有利于个人的发展,甚至不了解自己的气质、性格、兴趣适合于何种工作,因而出现理想与现实之间的矛盾。

5. 人生价值同艰苦创业之间的矛盾

大学毕业生在就业中都愿意根据自身的专业到祖国最需要的地方去,因为这些地方更能适合毕业生的发展,更能使毕业生有用武之地,发挥自己的特长,实现自身的价值所在。但这些地方也多是偏远、待遇较差的地方,生活的条件与沿海和经济发达地区相比还有较大的差距。到这些地方去工作,要求毕业生要有艰苦奋斗的决心和勇气,要有不怕辛苦,排除万难,扎根基层,无私奉献的魄力和胆识。然而现在的毕业生大多不愿意到艰苦的地方,不愿意到边远的地方,不愿意深入基层。他们希望走捷径,幻想成才的道路平坦笔直,一帆风顺;他们想涉足层次高、工作条件好的单位;他们想一举成名,一蹴而就。他们人生价值的体现是同自身利益至高无上的思想紧紧联系的。

6. 具有较强的自我观念与缺乏把握自我能力之间的矛盾

大学阶段,大学生的自我意识日趋完善,对自我的存在和意义有较明确的认识。他们在就业中意识到自己已经被社会视为人才,将为社会贡献自己的聪明才智。同时,他们也要求社会能够承认"自我意识中的我",并以此为就业标准。另外,由于大学生的人生观、价值观尚未最终定型,再加上社会大环境的影响,他们往往不能够客观地分析和评价自我。多数大学生对自己的评价偏高,时常产生自我欣赏、自我陶醉的心态,就业时期望值过高,缺乏承受挫折的心理准备。少数大学生自我评价较低,时常产生自卑自贱、自艾自怨的心态,就业时期望值过低,缺乏主动争取和利用机遇的心理准备。也有的毕业生常常处于上述两种情况的波动之中,就业时往往目标和行为不稳定,缺乏理智、冷静的心理准备。由于自我认识能力发展不足,继而在调动自我功能、实现自我方面显得不足。

7. 渴望竞争与缺乏勇气的矛盾

随着社会市场经济的建立,竞争的意识已经逐渐潜移默化地渗透到社会的每一个角落,就业体制的变革为毕业生通过公平、公正的竞争来赢取用人单位的青睐,提供了一个宽阔的舞台。毕业生意识到如果没有强烈的竞争意识,不通过竞争,就不可能成就事业。毕业生通过竞争来展现自己的能力、素质,为他们找到理想的工作提供了方便的途径。例如,一般院校毕业生通过国家公务员的考试,被国家有关部委录取。这种竞争在一定的程度上抑制了以往通过不正当手段来达到就业的情况的发生,毕业生的积极性被大大地提高了。但毕业生一方面渴望通过竞争来创造一个公平的环境,另一方面,在竞争面前,他们又胆怯又自卑,面对竞争缺乏必胜的信心和勇气。有的毕业生怕竞争失败丢了面子;有的怕竞争伤了和气;有的不善于调整目标、调整自己,而是压力重重,缺乏竞争的勇气。

8. 所学专业与未来工作的矛盾

不少大学生对自己的专业看得很重,在就业中只要是专业不对口就认为不适合自己,但在现实社会中,真正完全与所学专业对口的工作并不多,于是就产生了所学专业与未来工作的矛盾。其实,本科教育更多的是学习能力的教育,是接受新事物能力的教育,是适应环境能力的教育。因此,毕业生完全不必为学不能致用而苦恼。当前,许多大学都在强化对学生的基础知识的培养,一些高校对新入学的学生不设专业,这些做法都是在淡化在校所学的专业。国内许多大公司更是对专业看得很淡。

9. 就业工作与继续求学的矛盾

由于用人单位对人才的要求越来越苛刻,高校中考研的毕业生逐年增加。这一方面是因为大学生已经充分认识到知识的重要性,另一方面也说明学历在就业中仍然起着举足轻重的作用。但就业与继续求学之间常存在矛盾,一是时间上的矛盾,二是用人单位制造的矛盾。时间上的矛盾主要是指继续求学不仅使求学延滞,更可能使就业形势更加严峻。用人单位制造的矛盾主要是指如果毕业生向用人单位说明自己将来要考研的话,用人单位往往不予接收,使毕业生丧失良好的机会。如果这两个方面的矛盾解决不好,很可能既耽误了考研又延误了找工作。

10. 爱情与亲情的矛盾

亲情与爱情的矛盾也是毕业生经常遇到的烦恼。现在的大学生中独生子女增多,父母大多希望孩子大学毕业后能够回到他们身边,互相有所照顾,尤其是女生,家长更加不放心让她们独自在外地生活。那些在外地读书期间谈恋爱的大学生们,毕业时为了能够在一起,想尽了办法,但由于父母的期盼,又增添了许多的烦恼。男女双方都希望对方能够到自己家乡落户,即使双方妥协,双双留在外地,却伤了亲人的心。总之,即将走出校门的大学生,又遇到了心理上的震荡期,种种心理冲突和矛盾会时时袭扰他们,但这是发展中的冲突和矛盾,苦涩中带有甜蜜,在正确引导之后,大多数毕业生会顺利解决的。

第二节　大学生就业的心理特点

研究大学生的就业心理特点,就是为了帮助他们主动地适应就业制度改革,以利于他们自觉地维护心理健康。

一、大学生就业的心理压力

在就业过程中,每个大学毕业生的内心都要面临社会、家庭等外界的压力,都要承受来自个人主观意识方面的内部压力。认清这些压力有助于他们消除不良情绪。

(一) 社会因素导致的心理压力

1. 人事制度改革带来的压力

当前我国处在改革阶段,经济体制的改革导致了人事制度的改革,政府为了"减员增效"就要压缩编制,毕业生直接进入机关工作的机会因而大大减少。而许多国有企业的经济效益又暂时处在不太景气的时期,用人单位好中选好,优中选优,竞争之激烈是前所未有的,这又使大学生们望而却步。如何就业? 大学生内心承受着很大的心理压力。

2. 用人单位的用人条件带来的压力

双向选择过程中,一些用人单位过严过细,甚至不合理的用人条件,给一些毕业生带来压力。由于毕业生逐年增加,用人单位的挑选余地越来越大,聘任条件也越来越高、越来越刁。诸如,对性别的限制,造成女生就业比男生困难。他们的理由是女生麻烦事多,不好带去出差,以后要结婚、怀孕、哺乳,起码五年不能工作,不相信女生能够胜任重要的工作。又例如,对身高的苛求,有的用人单位莫名其妙地规定男性身高和女性身高,再优秀的毕业生也要过"身高关"。还有对血型、姓氏的限制，更是荒唐。除此以外，一些用人单位不合理地乱收费（报名费、考试费、试讲费、体检费等），使毕业生陷入了两难境地：不交，可能会丢掉一个求职机会；交了，又可能是"竹篮打水一场空"。

3. 不公平竞争带来的压力

据调查显示，67％的学生对不能就业于理想的工作单位不满意。他们认为原因主要是"不公平竞争"。一位法律专业的毕业生，学习成绩优秀，连续两年获得学校一等奖学金，却不能到公、检、法部门工作，只能去一所中等学校教书，他认为这完全是人际关系造成的。有的学生说："四年寒窗苦，不如有个好父母。"

（二）家庭因素导致的心理压力

1. 父母及家庭成员对毕业生工作的期望带来的压力

随着毕业时间的迫近，父母与子女的联系也日益频繁，父母的职业、社会地位、社交能力及榜样、期望，父母对子女专业及工作的关注、对各种职业的看法，以及家中其他成员的意见，都有形无形地影响着学生，也有意无意地给毕业生带来了压力。"十年寒窗苦"，一个"苦"字，不仅是个人学习奋斗之"苦"、攀登科学高峰之"苦"，另外也包含了家长的"含辛茹苦"。现今一个大学生的培养费每年高达上万元，使大多数家庭不得不节衣缩食，有的甚至靠借债度日。大学生对父母的养育之恩早已铭记在心，因而，今后如何给父母带来幸福，已成为多数毕业生的愿望，也是他们巨大的精神压力。

2. 传统的职业价值观带来的压力

不愿父母失望和邻居笑话也是毕业生心中无形的压力。其实，这正反映了他们内心对职业的价值评价。传统的职业评价犹如一块巨石压在毕业生的心头。大机关、国有企业、研究所历来是人们心目中的好单位；而民营企业、个体经营在人们心目中地位不高，乡镇企业地处乡下，更不被人看好。

（三）自我压力

1. 专业热门、冷门问题铸成的压力

近两年就业市场上最火爆的专业当属信息行业。而农、水、地、矿、哲学，仍为冷门专业，就业形势不容乐观，对学生造成的压力是沉重的。

2. 毕业后的预期社会生活形成的压力

大学毕业生的年龄平均在23岁，有的稍微大些，处在青年中晚期阶段。他们很自然地考虑到个人的婚姻问题。但是由于多年来处在消费者的地位，还缺乏经济基础，他们渴望凭着聪明才智获得高报酬，可以说，这是他们对工资水平普遍期望较高的主要原因。如果毕业后就业困难，高期望可能变成泡影，势必使生活计划陷入窘境，严重地伤害他们的自尊。毕业生面对社会转型、经济转轨、求职困难的情形，承受着就业的各种压力，常常会抱怨、不满，产生失落感，出现心理上的严重不平衡。

🔑 成长的烦恼

马上就要毕业的李某最近感到莫名的恐惧：我一想到要到社会上去，就觉得特别可怕，觉得外面的世界很复杂，自己恐怕无法应付。李某说自己更愿意一辈子待在校园里。

【案例分析】

对于择业的逃避往往和对世界的恐惧连在一起。有这样的压力往往出于两个原因：一是从未与外界接触，因为陌生产生紧张；二是之前受过挫折，害怕再次失败而感到恐惧。

二、大学生就业的影响因素

当前，在青年学生就业市场中仍然同时存在着"毕业生就业难"和"用人单位招聘人才难"两种互相矛盾的现象。而导致这一现象的原因除了市场机制的不完善外，主要是目前大学生对于职业选择还缺乏足够的思考和正确的认识。影响大学生职业选择的因素如下。

（一）客观因素

1. 政策法规

近年来，随着高等教育大众化进程的推进和毕业生就业制度改革的深入，国家有关部门针对新形势下大学生就业问题联合出台了一系列新的促进就业的政策和措施。这些政策规定和相关的法律法规在宏观上对毕业生就业起着调控作用，引导大学生的就业行为朝着稳定、规范的方向进行，自然而然引导毕业生的职业选择。

2. 社会需求

需求引导供给，社会的需求决定着高校毕业生的就业状况。它涵盖的内容包括劳动力市场状况、行业的供需状况、各地区各专业的人才饱和度、各地区的职业发展趋势等。社会需求影响着高等教育的发展方向，同样也影响着大学生的就业方向，它对于大学生了解社会，寻找自身与社会的结合点，起着重要的调节作用。

3. 家庭和社会关系

社会观念、家庭观念对大学生就业有着很大的影响。大学生接受高等教育，付出了很大的时间和经济成本，家长普遍希望大学生就业以后有高一点的回报，待遇适当好一点，这是无可厚非的，但是如果这个期待脱离了现实，脱离了就业市场的实际情况，最后吃亏的还是大学生自己。初次求职时怎样就业，目标定位在什么水平上，从总体上讲是一个难题，从个体上讲更是个难题，所以家长和孩子都面临着艰难的选择。高等教育毕竟已进入大众化时代，因此社会对大学生的就业期望、家长对孩子的就业预期就要不断更新。

（二）主观因素

1. 价值观

价值观是指人们认识和评价客观事物和现象对自身或社会的重要性时所持的内部标准。价值观在职业选择上的体现，就是"职业价值观"。它对大学生的职业选择决策起着指导和决定性的作用。

2. 毕业去向的选择

毕业生对于毕业后的去向选择是各不相同的，主要有就业、继续深造、待就业三种。这种多元化的毕业去向直接影响大学生的职业选择。

3. 个人偏好、理想、能力

大学生在就业过程中，往往会把自己的兴趣、爱好作为重要因素来考虑。个人的偏好在很大程度上影响着职业理想的就业定位，而能力作为实现理想的重要条件，不仅影响着个人的求职准备，也在一定程度上影响着自身的就业成功与否。对自我价值的评价、对社会职业性质的评价、对自己未来的设计、对自己同社会之间关系的认识折射出青年学生的就业心理特点。

三、大学生就业的心理特点

(一) 高自我评价

大学生就业中存在的高自我评价心理,是指大学生在就业时一味地追求那些经济收入丰厚、社会声望较高的职业和向往经济发达、生活环境优越地区的心理倾向。大学生就业的这一心理倾向,也为近年来诸多关于大学生就业行为的调查报告所证实。调查表明,大学生就业时选择的单位性质依次为外资企业(28.27%)、合资企业(13.84%)、事业单位(13.72%)、国有企业(13.6%)、党政机关(6.34%);大学生选择单位所在的地区依次为上海(32.25%)、北京(27.56%)、深圳(12.56%)、广州(6.85%)、大连(5.01%)。

在大城市、干热门工作、挣大钱的就业要求,说明多数大学生对自己的水平、能力及应有的社会地位和应享受的待遇估计得很高,不但远远高于农民、职工、市民、干部,也远远高于已在各条战线上工作多年的中老年专业技术人员。他们看到了自己年轻的优势,但忽略了不够成熟的弱点。不现实的自我评价必然产生不现实的就业要求,以这样的心态进入职场,很多人是要失望的。

(二) 高成就需要

调查表明,在大学生的就业标准中,"发展前景""施展才干"位居第一、第二,有37%的人选择;"工作环境"位居第四位,有13%的人选择。"发展前景"包括企业和个人的发展潜力、前途,"施展才干"表示岗位能最大限度地保证员工发挥作用、推动事业,"工作环境"包括激励员工团结协作、进步成功的人文环境。成就需要是人的高级需要,是促进人发展的不竭动力,位于需要层次的顶端,它是高尚的,有益于社会的。成就需要的满足会成为新的强大动力,推动人产生新的发展、新的成就。近年来,大学生在就业方面已经出现了多样化选择的特点。这边考研热、出国热继续保持高温,那边一些人又自己创业当老板忙得不亦乐乎。多数毕业生在今天求职时显得比过去更为成熟和理性,他们注意到了在现实提供的条件下,必须利用优势发挥特长,来谋求个人的发展。

(三) 高进取心

调查表明,大学生最愿意到上海、北京、深圳等大城市工作,到上海的占32.25%,到北京的占27.56%,到深圳的占12.56%。继深圳之后,我国改革开放的前沿又延伸到上海、北京,那里日新月异,发生着天翻地覆的变化,需要高素质人才去投身建设,一展才华。继改革开放之初的深圳热,现在大学生又选中上海、北京,乐意迎接现代化建设的挑战,去开眼界、增才干、做贡献,说明新一代大学生充满了进取心,他们敢闯、敢干、敢冒险,这是应当充分肯定的。现在的大学生就业观念也在更新,调查发现有82%的人在就业时并不强求专业对口,认为"只要工作合适就行",认为可以在今后的工作中发展已学的专业知识。另外,调查还发现,大学生的职业稳定性一般为一至三年,五年之内会有70%的人离开第一个工作单位。可见,由于市场经济社会中充满着机遇和挑战,打破职业稳定性是青年学生敢于应对风险、不断进取的表现。对于个人来说,一个人早期的职业选择不能决定终身的职业生涯。大多数人在17岁至29岁之间做出的选择,只是对自己的兴趣和价值观的一次初步确定,以后还需要经过时间的筛选,找到合乎自己实际的职业。死守一个摊位、一个饭碗已经成为过去。例如,在就业过程中,有位女生不是应聘,而是打出寻找创业伙伴的招聘广告;有学生跋涉千里从大西北赶到南方来应聘;一些毕业生主动申请到农村去做"村官";许多学生以亲手制作的富有创意的简历表、电脑硬件和多专业多学科的合格证书参加竞聘等,都有力而生动地证实了大学生们青春盎然,表现出强烈的高进取心。

(四) 高实惠追求

大学生很重视薪金报酬,选择热门职业的原因之一是报酬高,选择发展前景好的企业原因之一也是报酬高,选择上海、北京、深圳的原因之一还是报酬高。在他们的就业标准中排位第三的就是薪酬福利。可见大学生的观念已经从过去的重精神转到了重实惠,从重理想转到了重现实——适应市场经济。从这一角度看,能有这样的观念是可以理解的,也是可贵的。然而其务实无非是重视经济实力的作用,而他们所提工薪底线仍然是过于一厢情愿的"理想化"标准,脱离了中国经济实力的现实,脱离了中国人民生活水平的现实,脱离了大学生自身初出茅庐的现实。抱着这样的心态去求职,许多人难以如愿,即使有的如愿了,上岗之后看到别人的薪水远高于自己,又会感到不公平,以致挫伤工作的积极性。务实是必须的,劳动应该有相应的回报。大学毕业生劳动的知识含量高,为他们提供较好的生活条件、工作条件,从教育经济学的观点来看也是正常的。我们建设社会主义现代化,当然首先就是为了使人民富裕起来。但作为一个新时期的大学生,社会主义初级阶段中国土地上的青年学生,在追求物质待遇时,决不要忘记全国大多数人的生活水平还不高,还有数千万人处在贫困线之下。有人以这样一句话鞭策自己:"成事多在穷苦中,败事总在得意时。"青年学生有必要将这一条纳入自己的创业志中。

第三节 大学生就业中的心理障碍及其调适

一、大学生就业中的心理障碍

心理障碍是指影响个体正常行为和活动效能的心理因素或心理状态。经过大学几年的学习,大学生尽管专业知识都得到了掌握,但由于对社会了解甚少,价值观、人生观也没有完全成熟,他们在就业时,思想准备和心理准备都欠充分,使得一些大学生在即将毕业面对就业求职的难题时出现一些心理障碍。具体表现在以下方面。

(一) 焦虑心理

毕业前夕,绝大多数毕业生都在担心能否选择一个理想的工作岗位,能否在双向选择时正常发挥,恰当地表现自己的能力;用人单位会不会因为自己的学习成绩平平,或在校期间没有担任过学生干部,或自己没有特长,或因为是女生而不予录取;选择单位失误,造成"千古恨"怎么办;等等。这种担心是正常的。但一些学生由于这种担心,精神上负担过重、紧张烦躁、心神不宁、萎靡不振;学习上得过且过、穷于应付、反应迟钝;生活中意志消沉、长吁短叹、食不甘味、卧不安席。有些学生在屡遭挫折后,甚至产生了恐惧感,一提到就业就心理紧张。以上这些就不是正常的表现了,而是一种心理焦虑现象。

（二）急躁心理

这种心理障碍，不同的毕业生的表现不尽相同。性格外向者，就业期情绪始终处于亢奋状态，心急如焚、急于求成。所以，有的毕业生在并不完全了解用人单位的情况下，仅凭有关人员介绍就匆匆签约，一旦发现实际情况与原来了解的不符，便牢骚满腹，东奔西走，病急乱投医，不能冷静、客观地思考、分析问题，情绪处于难以自制的急躁状态。性格内向者，在就业期间唉声叹气，茶饭不思，彻夜难眠，终日为就业倍感焦急，忧心忡忡。

（三）自卑心理

一些大学生往往过低地估计自己，自己瞧不起自己，低估自己的能力。在求职就业中，往往缺乏自信心，缺乏勇气，不敢竞争，行为畏缩。在屡遭挫折之后，一些大学生容易产生强烈的自卑心理，胆小，畏缩，觉得自己事事不如人。在就业时，面对用人单位，有自卑心理的毕业生往往害怕暴露自己的弱点，不敢坦率地介绍自己，不敢大胆地推销自己，容易产生不知所措的惊慌，甚至表现得过于怯懦，不自觉出现脸红、低头、出冷汗、干笑等拙笨的动作，有的还会出现喉咙颤抖，吐字不清，甚至全身发软的现象。这种缺乏自信的自卑心理，往往给对方缺乏生气、能力低下、适应性差的感觉，从而减少成功的机会。

（四）自大心理

有自大心理的毕业生多自我感觉良好，自我估计较高，自认为事事高人一等。其主要表现为职业取向太高，严重脱离现实。反映在行为上往往表现为固执己见或自命不凡，自高、自傲、自满、盛气凌人。有这种心理的毕业生在就业时，对用人单位挑剔太多，看不上也瞧不起用人单位，挑三拣四，提出许多不切合实际的过分要求。自大心理的产生是毕业生缺乏客观的自我分析和自我评价的表现。一旦毕业生有了这种心理，他们就很容易脱离现实，用幻想代替现实，使自己的就业目标和现实产生很大的反差。倘若未能如愿，则情绪一落千丈，从而产生孤独、失落、烦躁、抑郁等心理现象。过高的自我肯定，好高骛远，将直接影响自己顺利就业和取得就业成功。

（五）从众心理

从众心理是指在社会群体的压力下，个人放弃自己的意见，而采取顺从行为的心理倾向。这是一种没有主见，人云亦云，随波逐流，"傻子过年看邻居"的心理。其特点是缺乏自主性和竞争意识，不顾主观条件和客观现实，跟着感觉走，盲目从众。这类毕业生往往赶时髦，喜欢围着别人转，别人说什么工作好，就把别人的选择作为自己的最佳选择。实际上是在就业时寻找安全保险的途径，为传统的价值观念和社会心理所左右。例如，有些毕业生受"从政""下海"风潮的影响，宁愿放弃三四年寒窗苦读换来的专业，千方百计地"改行"，这无疑与从众心理有关。

（六）依赖心理

高中毕业时的学生在生理和心理上都不成熟，许多学生都是由家长、老师帮助选择专业，在选择专业时，大都有盲目性和依赖性，他们对本专业与个人的兴趣、才能是否吻合，社会需要前景如何，是十分不明了的。四年后，学生的生理、心理逐渐成熟，渴望独立。面临就业制度的改革，许多学生为此高兴，因为有了更大的自由度和就业的机会；然而，他们又突然发现自己对专业缺乏足够的热爱和信心，对就业的到来十分茫然。所以，他们不敢也不愿意放弃传统的就业道路,表现出强烈的依赖性。在就业过程中,部分学生不能充分发挥个人的主观能动性,不善于独立地开拓自己的事业,缺乏勇气和进取心,在政策允许的范围内不能独立地选择自己的职业和人生道路,而是依赖文凭,依赖社会关系,依赖学校和老师,甚至依赖家长、亲戚为自己找工作。抱这种心理的学生一般性格内向,成绩平平,缺乏主见,他们认为有一个单位接收就行了,不适应独立地谋取职业和通过多种渠道就业的新形势。

(七) 虚假心理

学生在就业的过程中,从自身的实际出发做一些自我设计、自我包装本来无可非议。然而,部分学生由于求职心切,往往会产生一种虚假心理,认为在与用人单位联系、洽谈的过程中,不能太老实,应该把自己设计得完美一些,包装得华丽一些,否则会在竞争中吃亏,处于不利的地位。在这种心理的支配下,他们往往会过分夸大自己的学习成绩和工作能力,并制造一些虚假材料来欺骗用人单位,如添加获奖荣誉,复制各类证书,隐瞒不及格成绩等。毕业生的这种心理和行为不仅损害了学校的声誉,而且也不利于毕业生的正常就业。因为,用人单位在挑选人才时是非常谨慎的,除了看毕业生自带的推荐材料外,还要进行面试、笔试和向学生所在院系调查了解学生的德行表现、学习成绩是否属实等。对于弄虚作假的毕业生,用人单位一旦发现,自然将其拒之门外。

(八) 犹豫、怀疑心理

部分毕业生由于就业期望值较高,选择用人单位时容易产生犹豫不决的心理,在理想的单位出现之前,总是一山望着另一山高,要么认为地域不好,要么认为待遇不好,要么认为工作的压力较大等,从而错过许多良好的就业机会,造成终身的遗憾。一些毕业生不能正视自己就业的客观环境和自己的能力、素质,在就业过程中,处于盲目或左右徘徊的状态,没有主见,人云亦云,不能做到知己知彼。持这种心理的毕业生,在就业过程中要理智分析,不可感情用事,要熟悉就业政策,了解自己的优劣势,不要盲从,要从客观实际出发。

拓展阅读

临场心理训练

大凡不善于在众人面前讲话的人,在其诸多原因之中,最主要、最根本的原因是存在心理上的障碍,缺乏临场的心理训练。下面介绍一套简单易行的训练方法。

第一步,站立不语练习(练心)。练习者可请家人、同学、朋友做自己的观众,练习者则站在高于听众之处,目视听众而不开口。此时练习者要进入讲话的心理感受之中,进行心理体验。这一步是练心不练口。每次站立5～10分钟,直到练习者不觉得十分紧张为止。

第二步,随便说话练习(练口)。练习者在心理上已适应人前站立之后,即可进入说话训练。这时的讲话从内容和形式上,不要给予任何规定和限制。练习者要随心所欲,讲自己最熟悉的话。这时的练习者虽然心理上初步适应,但开口讲话还缺乏适应性锻炼,此时大脑或紧张或混沌一片,所以这一步练习只要求练者能开口讲话就可以了,至于内容则可非常随意。这一步是在练"心"的基础上练"口",讲话时间以3～5分钟为宜。练习者和听众可现场交流对话,轮流演练,直到练习者能在人前流利自如地讲话为止。

第三步,命题演讲练习(表达练习)。在前两步训练的基础上,练习者即可进入命题演讲练习。练习者和听众之间要反复交流,推敲练习者的有声语言和态势语言的力度、速度、表情等。此步练习以练习者在"台"上让听众听不出练习者是在背讲稿,也不是以"演"为目的,要求练习者能够达到真实自如、从容不迫地讲自己的心里话的地步。

第四步,即兴演讲练习(全面练习)。练习者的临场心理和讲话能力都有了一定的提高后,便可进行较高层次的即兴演讲练习。练习者以抽签来确定演讲的题目和内容,抽签决定后给予10分钟时间打腹稿。此时,练习者的思维处于调整运转状态,这对于提高练习者的谋篇布局、遣词造句能力都是很必要的。

二、大学生就业心理问题的自我调适

(一) 树立正确的就业观

大学生就业观的形成是建立在人生观形成基础之上的,是多种因素交错在一起的一个复杂的动态过程。高校教育工作者应该根据人才培养目标和大学生就业观现状,确立行之有效的教育措施,使大学生树立正确的就业观。

1. 对大学生就业目标的教育

大学生就业目标的确定受制于众多的主客观因素,而就业观的指导作用占有重要的地位。只有在正确的就业观指导下,大学生才能根据社会发展对人才的需要及自身的理想、特长,确立既有利于社会又有利于个人的就业目标。

2. 对大学生建立知识结构和培养能力的教育

社会的飞速发展对未来劳动者的要求越来越高。大学生要想在未来的就业竞争中取胜,达到个体与社会双向选择的和谐统一,就必须认识到文化知识、综合素质、能力结构对于就业的重要性。高校教育工作者需要用正确的、科学的就业观来引导大学生,从入学时就逐步引导大学生确定今后的就业和就业方向,自觉地把大学学习与今后的就业紧密联系起来,建立合理的知识结构,培养和提高创业与实践能力,以适应将来所从事职业岗位的需要。

3. 对大学生就业认知的教育

大学生就业观使大学生个体的就业行为带有一定的选择性和指向性,它既是大学生判断职业的性质,确定个人在职业活动中的责任、态度及行为方向的"定向器",又是大学生选择职业行为方式并进行制动的"调节器"。只有大学生知觉到某一职业信息的发生,然后才能在有关职业信息的基础上进行判断或选择。高校教育工作者应该教育大学生选择信息的方法、技巧,使大学生能够选择那些对社会和对自己有价值的职业信息。

4. 对大学生就业行为的教育

就业并不是悠然自得的休闲活动,要达到理想的选择目标需要付出艰苦的劳动,甚至要经历种种曲折。在当前自主就业、双向选择的情况下,高校教育工作者应该教育大学生要以自己的努力大胆地去"推销自己",让大学生能够克服各种难以想象的困难,为谋得一份自己心仪的工作而努力奔走。

5. 对大学生进行职业生涯规划教育

职业生涯规划是为大学生提供走向成功的技术与方法。通过职业生涯规划,大学生在充分认识自己、客观分析环境的基础上,科学树立目标,正确选择职业,并运用适当的方法,采取有效的措施,克服职业生涯中的困难和阻力,塑造前程远大的自我,追求事业上的成功。

也许有人会问,许许多多的政治领袖、文化名人、商界精英未必都进行了职业生涯的规划,却是那样地傲视群雄,灿烂辉煌!不错,也许这些人刚起步时的确没有进行职业生涯规划,但他们在追求事业成功的过程中,一定进行过无数次的规划,一个成功的人一定是目标明确并不懈追求的人。如果你进行了职业生涯规划,有了更强的目的性、更好的计划性,事业成功的把握会更大。人生一世,努力把握好有限的职业生涯,使人生变得积极、健康而有意义,正是我们进行职业生涯规划的动力。

(二) 大学生的就业心理准备

就业的心理准备是指大学生在就业前对求职就业目标的自我定位,对就业过程中可能出现的各种情况所做的估计与评价,以及为解决这些问题而树立的思想观念和展开的心理活动。良好的心理准备可以使大学生从容地面对各种求职就业机会,它是大学生取得求职成功的保证。如果缺乏良好的心理准备,就会在身临其境时紧张失措、无所适从、词不达意的,从而使自己的才智和能力在慌乱中失去应有的本色。对大学生而言,求职就业的过程既是一个竞争的过程,也是一个复杂的心理变化过程,要使自己在竞争过程中充分发挥主观能动作用,保持良好的竞争状态,就必须做好相关的心理准备。求职就业前的心理准备不同于其他的心理准备,它是贯穿于整个大学生活的一个全方位、全过程的较长时间的准备。应该从以下几个方面做好就业心理准备:

(1) 客观评价自己。每个人都有自己的优点和长处,也都有自己的缺点和短处,这就是人们常讲的"尺有所短,寸有所长"。所以每个毕业生对自己和自身能力都应有客观准确的认识,都应该明了自己能干什么和不能干什么,这就是所谓"知人者智,自知者明"。只有这样,毕业生才能树立良好心态,在求职中抓住机遇,从而避免盲目和减少失败。

(2) 正确认识社会。选择职业就是选择未来。毕业生正确地选择职业,就为未来的成功奠定了良好基础。随着我国经济持续高速发展,社会对大学毕业生的需求也在增加。但由于我国人口多,生产力发展水平较低,劳动力供给不断增强,而就业机会往往不能同步扩大,就业难仍是困扰政府的一大难题。为此,毕业生要把握好机遇,迎接挑战,争取迈好走向社会的第一步。

(3) 确定合理的目标。一个人的就业目标和本人具备的实力相符,有利于增强自信心,从而使自己在就业中占有主导地位。大学毕业生不能把就业期望值定得太高,应加强自我认识与分析,用冷静的思维面对重大的抉择,使自己的理想切合实际,这样才能在激烈的就业竞争中掌握主动权,从而找到理想的工作。就业、考研、出国是许多大学生面临的三种选择,对自己做何种选择,必须早做准备,未雨绸缪。

(4) 适时进行角色调整。根据社会心理学的角色理论,大学毕业生从学校进入社会,必然发生从学生角色到职业角色的转换,面对并进入角色冲突、角色学习、角色整合和角色适应等过程。因此,大学生有必要在开始职业生涯前,学习一些相关的理论知识,对自我、社会以及即将从事的职业进行深入细致的了解和把握,找出新角色的基本要求,这对于他们提高心理承受力和尽快实现角色转换都是非常必要的。

⚲ 成长的烦恼

小叶是金融专业的大学生,毕业时父母为他在老家找到了一份待遇优厚的工作,但是他梦想做一个大商人,于是和同学一起到北京来找寻更好的发展机会。刚开始,小叶找工作的目标不仅职位要高,而且要有巨大的发展潜力,但是在北京投了很多简历都没有回音。小叶感到很茫然,当初那么令大家羡慕的专业就这样被冷落了吗?回家还是继续北漂?他进退两难。

【案例分析】

小叶的问题是即将毕业的大学生常见的问题。在即将跨入社会时,往往会感到困惑和担忧,这就需要我们规划好自己的人生,选择适合自己的职业。

(三) 大学生的面试应对技巧

面试是用人单位通过面对面与求职者交谈进行考核的一种方式。它不仅能够考核应聘者的学识,了解应聘者的基本情况,而且还可以面对面地观察应聘者的口才、风度和应变能力。由于大学毕业生对这种场面经历不多,往往觉得心里没底、不知所措。因此,面试前,应聘者应在充分准备的前提下,注意观察对方心理,随机应变,争取主动,以求成功。

1. 深思熟虑,充分准备

对应试者来说,流利自如、文雅幽默的谈吐是面试成功的必要条件。大学生在平时就要有意识地加强语言表达能力的训练,逐渐养成与陌生人自如交谈的习惯。多参加集体活动,课堂讨论时大胆发言,有助于表达能力的训练。在面试之前,准备一个简短的自我介绍稿是必要的,同时也应该就一些典型提问准备好答案。此外,进行适当的模拟面试训练可能效果会更好。

2. 知己知彼,百战不殆

主考官提问的出发点往往与招聘单位有关。因此,面试前应尽可能多地了解一些招聘单位的情况,对招聘单位的性质、业务范围、发展情况等做到心中有数。另外,了解招聘单位具体岗位对知识和技能的要求也有利于有针对性地展示自己的特长。有一家沿海城市的家用电器公司是以质量第一享誉国内外的著名企业,他们在北京招聘应届毕业生时,总要问及一个问题:"你对我公司有何了解?"回答了解不多,或不了解的人很快就被"淘汰出局",那些对公司有深入了解的毕业生备受青睐。当然,做到这一点并不容易,需要大量的调查研究和精心准备。

3. 机智应变,从容应对

主考官往往将询问应试者的有关情况作为面试的切入点。这个问题看似简单,其实往往不是所有的人都能应付自如的。有时难免会在主考官出乎意料的询问下手足无措,张口结舌。面试中往往会设置"情景"试题,以测试应试者的个性特征、办事效率和应变能力。这就要求应试者沉着冷静、不急不躁,正确机智地回答,充分展示自己的素质能力。

4. 仪态端庄,整洁大方

好的开头是成功的一半。第一印象是第一次见面留给对方的印象,往往对招聘人员的心理产生较大的影响。一个整洁高雅、充满活力、诚实大方、精明干练的人总会使人打心眼里喜爱。良好的形象设计既要符合个性气质的特色,又要符合岗位性质的特色,要使招聘人员一眼就看出:这就是我们要找的人!服饰和装扮本身就是一种最直接的自我介绍,应聘时不一定要着装华丽、精致,但讲究三个协调:一是服饰整体的协调,比如穿一身西服就不要穿旅游鞋。二是服饰与工作角色的协调。三是细节的协调,如领带要长短适中,松紧适度;洗发、刮须、剪指甲都是出门前必须做的事;佩戴饰物要体现创意,面部化妆要淡而自然。浓妆艳抹、奇装异服、另类新潮、猥琐拖沓均不符合职场应聘氛围。

拓展阅读

反思面试的得失

面试结束后,要及时反思一下,一方面在于估计自己被录取的可能性;另一方面是为了改进面谈的方法和技巧,为下一次面谈做准备。反思总结的内容主要有以下几个方面:

(1) 外表是否让人满意? 外表包括服饰、容貌、化妆、姿势体态、发型及外表卫生等。

(2) 面谈过程是否表现得轻松自如? 是否产生过较多的尴尬场面? 对尴尬局面的处理是否恰当? 是否有失礼之处?

(3) 说话、回答问题是否热情、大方、流利? 语调是否平稳、缓和? 能否给主试者以充满信心而又不自高自大的感觉? 说话时是否吞吞吐吐? 回答问题时是否积极主动?

(4) 面试的时候,有哪些该说的没有说、该问的还没有问? 有哪些不该说的却说了,不适合问的却问了? 反思是否有出格的问题从你的嘴里说出。

(5) 主试者对你的回答是否满意? 交谈中对你的问题是否感兴趣? 对方有没有流露出很欣赏的神情?

(6) 和主试者谈论的问题是否过多地涉及工作条件、待遇等问题? 是否和主试者为了薪水、福利等问题而讨价还价?

(7) 你是否根据主试者的态度调整你的谈话方式、内容、语态以及神情? 你是否和主试者有不同的意见并且明显地暴露出来? 甚至是否因为不同的意见和主试者有过讨论或争执?

(8) 回顾一下面试的全过程,你的哪些方面表现非常好,给主试者留下了深刻的印象? 而哪些方面表现不够好,给主试者留下了不良印象?

(四) 大学生应正确对待求职过程中的挫折

挫折是试金石,生活中的挫折是造就强者的必由之路,是锤炼意志、提高能力的最佳机会。当求职者遇到挫折后,应该以积极的心态面对,应该重新分析自我,认识自我,更加完善自己的知识结构。

1. 积极端正心态

大学生就业时会遇到人生理想与社会现实的矛盾、自身行为习惯与社会角色要求的矛盾、主观愿望与客观实际的矛盾、所学专业与未来工作要求的矛盾等,这些矛盾会给大学生带来种种不适应。大学生应构筑良好的情绪情感,排除诸如不满、愤慨、嫉妒、焦虑、恐惧等情绪对正常思维和决策的干扰;打破传统意义上的"就业定终生"和"就业即从终"的观念,建立正确的就业观,强化就业的自主意识;正视自己的长处和短处,在竞争中扬长避短;改变错误、狭隘、扭曲的自我认知与社会认知,坚信"天生我才必有用"。良好心态的标志是:不害怕,不紧张,泰然自若,轻松自如。

2. 客观评价自己

当受到挫折后,一定要再次正确地认清自己,这有利于再次合理地就业、顺利就业和健康发展,有利于避免理想主义的感情色彩,及时调整就业期望值,不刻意追求最满意的就业结果。只有正确地了解、认识自己,恰当地评价自己,正视社会,接纳现实,才能站稳脚跟,找到真正改造世界、创造业绩的切入点。正确评价自己的办法就是要纠正不合实际的自我评价,多找自己的长处或短处。人既有所长又有所短,一个人的就业目标应与本人所具备的实力相当或接近,客观地分析自己,合理地设计求职目标,利用自己的优势以长补短,寻求成功的方法和经验,可以增强自信和防止自负,达到成功就业的目的。

3. 完善知识结构

人才成长离不开教育,教育是成才的基础,也是建立现代知识结构的重要途径。要根据现代社会的发展需要,不断塑造和完善自己,建立合理的知识结构,努力使自己尽快适应现代社会就业的要求。社会需要"复合型人才",要想使自己能够胜任工作、适应新环境,必须抛弃所谓的"通才即庸才"的错误观念,努力掌握基础的科学文化知识,诸如人才学、决策学、社会学、心理学和经济学等,既要讲究知识面的广泛性,又要注重知识点的专门性,如政治、社会、国际、专门的法律和规章条例等方面的知识,还要不断地根据工作需要学习新知识。随着社会的发展和国家的进步,国际交流与合作日益频繁,大学生务必要具备相应的外语水平,这样才能在面对相关情境时应付自如。

随堂演练

职业兴趣测试

请仔细阅读下面的问题,对于每一组测试内容,你只需要回答"是"或"否",然后把"是"的回答次数相加,统计出每一组的总次数填入表中。

第一组

(1) 你喜欢自己动手修理收音机、自行车、缝纫机、钟表、开关一类的器具吗?

(2) 你对自己家里使用的电扇、电熨斗、缝纫机等器具的质量和性能了解吗?

(3) 你喜欢动手做小模型吗?

(4) 你喜欢与数字、图表打交道一类的工作吗?

(5) 你喜欢制作工艺品、装饰品和衣服吗?

第二组

(1) 你喜欢给别人买东西充当顾问吗?

(2) 你热衷于参加集体活动吗?

(3) 你喜欢接触不同类型的人吗?

(4) 你喜欢拜访别人、与人讨论各种问题吗?

(5) 你喜欢在会议上积极发言吗?

第三组

(1) 你喜欢没有干扰地、有规则地从事日常工作吗?

(2) 你喜欢对任何事情都预先做周密的安排吗?

(3) 你善于查阅字典、词典和资料索引吗?

(4) 你喜欢按固定的程序有条不紊地工作吗?

(5) 你喜欢把事物分类和归档的工作吗?

第四组

(1) 你喜欢倾听别人的难处并乐于帮助别人解决困难吗?

（2）你愿意为残疾人服务吗？

（3）在日常生活中,你愿意给人们提供帮助吗？

（4）你喜欢向别人传授知识和经验吗？

（5）你喜欢防病治病和照顾病人的工作吗？

第五组

（1）你喜欢主持班级集体活动吗？

（2）你喜欢接近领导和老师吗？

（3）你喜欢在人多时当众发表自己的观点和意见吗？

（4）如果老师不在时,你能主动维持班级学习和生活的正常秩序吗？

（5）你具有强烈的责任感和工作魄力吗？

第六组

（1）你特别爱读文学著作中对人内心世界的细致描写吗？

（2）你喜欢听人们谈论他们的活动和想法吗？

（3）你喜欢观察和研究人的心理和行为吗？

（4）你喜欢阅读有关领导人物、政治家、科学家等名人传记吗？

（5）你很想了解世界各国的政治和经济制度吗？

第七组

（1）你喜欢参观技术展览会收听技术新消息的节目吗？

（2）你喜欢阅读科技类杂志吗？

（3）你想了解生机勃勃的大自然的奥秘吗？

（4）你想了解使用科学精密仪器和电子仪器的工作吗？

（5）你喜欢复杂的绘图和设计工作吗？

第八组

（1）你想设计一种新的发型或服装吗？

（2）你喜欢创作画吗？

（3）你尝试写些小说或编剧吗？

（4）你很想参加学校宣传队或演出小组吗？

（5）你爱用新方法、新途径来解决问题吗？

第九组

（1）你喜欢操作机器吗？

（2）你很羡慕机械类工程师的工作吗？

（3）你想了解机器的构造和工作性能吗？

（4）你喜欢交通驾驶一类的工作吗？

（5）你喜欢参观和研究新的机器设备吗？

第十组

（1）你喜欢从事具体的工作吗？

（2）你喜欢做很快就看到产品的工作吗？

（3）你喜欢做让别人看到效果的工作吗？

（4）你喜欢做那种时间短但可以做得很好的工作吗？

（5）你喜欢做有形的事情（如烧饭等）而不喜欢抽象的活动吗？

统计结果：

第一组——兴趣类型 1。

第二组——兴趣类型 2。

第三组——兴趣类型 3。

第四组——兴趣类型 4。

第五组——兴趣类型 5。

第六组——兴趣类型 6。

第七组——兴趣类型 7。

第八组——兴趣类型 8。

第九组——兴趣类型 9。

第十组——兴趣类型 10。

【结果解释】

答"是"的总次数越多，相应的兴趣类型就越符合你的职业兴趣特点；总次数越少，相应的兴趣类型越不符合你的职业兴趣特点。对照下面各种兴趣类型所对应的职业，看看你的职业兴趣在哪里。

兴趣类型 1——愿与事物打交道

这类人喜欢同事物打交道，而不喜欢从事与人或动物打交道的工作。相应的职业有制图员、修理工、裁缝、建筑工程、记账员、出纳员、会计等。

兴趣类型 2——愿与人接触

这类人喜欢做与他人接触的工作，他们喜欢销售、采访、传递信息一类的活动。相应的职业有推销员、营业员、记者、服务员等。

兴趣类型 3——愿做有规律的工作

这类人喜欢常规的、有规律的活动，在预先安排的条件下做细致的工作。相应的职业有图书管理员、办公室文员、档案管理员、打字员、统计员等。

兴趣类型 4——愿从事社会福利和助人的工作

这类人乐意帮助别人，试图改善他人的状况，喜欢独自与人接触。相应的职业有医生、护士、律师等。

兴趣类型 5——愿做领导和组织工作

这类人喜欢管理工作，喜欢掌握一些事情，他们在企事业单位中起着重要的作用。相应的职业有辅导员、行政人员、管理人员等。

兴趣类型 6——愿研究人的行为

这类人喜欢谈论涉及人的主题，他们爱研究人的行为举止和心理动态。相应的职业有心理咨询师等。

兴趣类型 7——愿从事科学技术事业

这类人喜欢分析的、推理的、测试的活动，长于理论分析，喜欢独立解决问题，也喜欢通过实验获得新发现。相应的职业有生物学家、化学家、工程师等。

兴趣类型 8——愿从事抽象性和创造性的工作

这类人喜欢需要有想象力和创造力的工作，爱创造新的式样和概念。相应的职业有演员、画家、设计师等。

兴趣类型 9——愿做操纵机器的技术工作

这类人喜欢运用一定的技术操纵各种机器,制造产品或完成其他任务。相应的职业有机床工、驾驶员等。

兴趣类型 10——愿从事具体的工作

这类人喜欢制作看得见摸得着的产品,希望很快看到自己的劳动成果,他们从完成的产品中得到自我满足。相应的职业有厨师、理发师、园林工等。

实践指导

SWOT 分析

实践目的

引导并帮助学生一起分析自我的优势、劣势,以及面临的机会和挑战。

实践过程

SWOT 是 4 个英语单词的缩写,S 代表优势,W 代表弱势,O 代表机会,T 代表威胁。

(1) 优势分析。找出自己出色的地方,特别是其他竞争对手可能没有的优势。

(2) 劣势分析。找出自己与其他竞争对手相比较落后的方面。

(3) 机会分析。找出有利于职业选择和职业发展的机会。

(4) 威胁分析。找出存在潜在危险的方面。

(5) 通过分析掌握自身情况,合理规划自己的个人生涯。

体验面试

实践目的

让学生模拟面试现场,学会在求职中的面试技巧。

实践过程

(1) 将学生分组,每组 8～10 人。其中,一人扮演面试官,其他人则扮演应聘者。

(2) 各组模拟面试过程,并派代表谈谈表演过程中的感受。

(3) 老师对活动进行总结,结合活动中出现的问题,给大家讲解"如何成功地进行面试"。

思考与练习

1. 大学生在择业过程中有哪些方面的心理表现?

2. 大学生如何做好择业的心理准备?

3. 大学生择业中常见的心理障碍有哪些? 如何调适?

4. 如何培养大学生良好的择业心理?

5. 大学生应掌握哪些应聘技巧?

第十二章
大学生生命教育与心理危机应对

📖 案例导读

2020 年 12 月 13 日这天凌晨,一位刚满 18 岁的在校大学生,从 6 楼宿舍走廊一跃而下,结束了自己短暂的生命,临走前他还用心写下了一封遗书。

不幸身亡的这个孩子姓廖,就读于广西机电职业技术学院机械专业,是一个刚走进大学校门不到三个月的新生。12 月 13 日凌晨,他的家人突然接到学校电话,听到了一个至今都不愿意去相信的消息。

由于伤势过重,孩子没能救回来。家人在万分悲痛之余也很难理解,一个 18 岁风华正茂的大学生为什么会毫无征兆地选择了死亡? 小廖在自杀前留下了一份遗书。他在遗书中有这样一段文字:

"自杀只是一时的念头,不过这次不大一样,我觉得自己真的太废物了,现在教的基本都听不进去,感到很迷茫,未来要干什么……"在这份遗书中,小廖一直说自己太脆弱,无法接受这个世界,还给家里的爸爸妈妈、姐姐弟弟都分别留了交代,也感谢了一些帮助过他的老师、同学和朋友。

18 岁,是一个长大了却又懵懂,成熟了却又迷茫,稚嫩却又热血的年纪。冬日负暄,人心向暖,只要心里有阳光,身处逆境也不会绝望。关注学生心理健康,帮助学生保持良好的心态,不仅是学校的事,也是社会和家庭的责任。另外,我们更想对那些处于迷茫期的青年朋友们说一句话,人生的故事还很长,请别现在就失望。因为这世上有一千种等待,最好的那一种,叫来日可期。

学习提示

生命教育是大学生教育的重要内容,对于大学生身心健康的发展、生命价值观的树立以及社会责任感的培养具有一定的促进作用。学校是大学生接受生命教育的重要平台,从学校的角度出发,我们提出加强校园生命教育文化建设的建议;此外,从家庭、社会的视角进行探析,搭建大学生生命教育三位一体的网络体系,促进多方合力,进而提高大学生生命教育的有效性。

2020 年春节后,面对新冠肺炎疫情引发群体性恐慌、焦虑悲观等不良社会心态,我们要增强自我安全控制感,缓解社会恐慌心理。当今社会严峻的就业形势、尚待完善的教育体系以及传统择业观念等因素对大学生毕业前夕的恐慌心理产生重要影响。要预防或克服择业恐慌心理,需从个体层面、学校层面以及政府层面等进行共同努力。

第一节 生命教育促进身心健康,培养健全人格

生命是人生存和发展的基础,生命教育对个人、家庭和社会具有重要意义。当前大学生的安全意识和生命意识淡薄现象日益严重,大学生安全事件、伤害事件和轻生现象时有发生。对此,高校应加强大学生的生命教育,引导大学生认识生命的价值,防止各类伤害事件的发生,构建和谐大学校园。

生命教育是引导学生思考生命的意义,寻求生命的定位与归属,使学生更加尊重生命的价值。生命是珍贵的,也是美好的,所以我们要珍爱生命,热爱生活。然而,纵观中外历史,漠视生命的事件时有发生。早在 20 世纪 70 年代,西方社会便多发凶杀、暴力和吸毒等漠视生命的行为;时至今日,美国大学校园枪击事件时有发生,如 2007 年弗吉尼亚工学院发生的恶性校园枪击案,造成包括犯罪嫌疑人在内的 33 人死亡和 17 人受伤。我国大学生的伤亡事件也有不少报道,如交通事故、溺水事故、实验室事故、自杀事件、杀人事件以及投毒事件等,这些充分说明了大学生生命意识的薄弱和高校生命教育的缺失。因此,对大学生进行生命教育不容轻视,迫在眉睫。

🔑 成长的烦恼

2018 年 11 月 4 日晚,湖南一高校女生谢某在校内毛塘湖溺水,虽经现场多名同学奋不顾身施救,该女生在送往医院后经医学鉴定已死亡。事发后,经当地警方立案侦查,证实谢某系因恋爱纠纷导致情绪过激跳水身亡,排除他杀是自杀,而死因则指向了"感情纠纷"。

对此,很多人感觉不可思议,毕竟只是感情里常遇到的"感情纠纷",即便没法解决,又怎至于以自杀来结束自己的生命呢?这样的追问,恐怕再正常不过。就算不是因为感情纠纷而自杀,站在"生命第一"的人生价值立场上,一个年轻而又鲜活的生命就这么轻易地消逝,都令人扼腕叹息。

【案例分析】

青少年自杀事件现象的频出反映出当下教育中生命教育严重缺失,在学校开展生命教育十分必要且迫切。在教育中,要积极引导学生珍爱生命、敬畏生命、感恩生命、享受生命的教育。生命教育所要达到的目标不仅是让学生学会生存,更要引导学生理解生活、思考生命的意义从而去追求幸福生活。

一、对大学生开展生命教育的重要性

(一) 开展生命教育有利于大学生身心和谐发展

随着年龄的增长,大学生生理发育逐渐成熟,心理发育却相对滞后,面对生活和学习的压力,个体心理状态容易失衡导致心理疾病,如抑郁、焦虑、强迫症等。这种心理疾病的加重,容易导致心理障碍和行为异常,部分人甚至会选择极端的方式伤害自己或他人的生命,严重阻碍了人的身心和谐发展。因此开展生命教育是大学生身心和谐发展的需要,同时也是贯彻马克思主义的终极关怀和价值追求的需要。大学生可以通过接受生命教育,学会在

遇到一些矛盾和状况的时候建立积极的心理机制,进行自身心理状态的调整,促进身心健康发展,培养健全人格。

(二) 开展生命教育有利于大学生树立正确的生命观

近些年新闻媒体报道大学生因为缺乏正确的生命观而做出损伤自己和其他生命的事件屡见不鲜。例如,新闻报道过某些大学生为了寻求刺激和博眼球,直播虐待动物的过程;部分女大学生为了追求美,过度地吃药减肥导致得了厌食症;部分大学生正处在"慢性自杀"的状态,他们熬夜成瘾,经常点外卖吃垃圾食品等。大学生正处在价值观形成的关键阶段,其观念很容易受外界的不良影响而产生错误的生命观。因此,生命教育对大学生来说是非常重要的,有利于他们树立正确的生命观,用成熟的思想去做正确的价值判断和价值选择,指导自己的行为。

(三) 开展生命教育有利于大学生增强社会责任感

作为社会人,大学生具有主体意识和社会属性,开展生命教育就是让大学生把主体意识上升为责任意识,在关爱自我生命的同时懂得主动承担社会责任,将个人价值和社会价值有机统一起来。因此,对大学生开展生命教育,引导大学生学会关爱自己和他人生命,做到保护、珍惜、尊重生命,使得这份社会责任感内化于心,外化于行,并得到不断强化。

二、生命教育的内涵及内容

(一) 生命教育的内涵

美国生命教育学者唐纳德·华特士(Donald Walters)指出:"生命教育是一套系统,是一种对个体生命状态进行的教育,使人在心灵与心智、身体与精神的各个层面上逐渐进步,最终让个体能够追寻到终极信仰的愉悦和幸福。"我国早期代表性学者叶澜教授指出:"教育是直面人的生命,通过人的生命,为提高生命质量而进行的社会活动。"国内学者对生命教育内涵的定义多种多样。目前具有代表性的是冯建军教授把国内学者对生命教育内涵的界定划分为三种:第一,狭义的生命教育是一种对生命问题的治疗性生命教育;第二,中义的生命教育是指向生命整体的发展性生命教育;第三,广义的生命教育是以生命为原点,对教育进行生命化解读。我们倾向中义的生命教育,因为生命教育不只是功利性和工具性,它应该以生命为出发点,是一种为了人的发展需要而进行的终身教育。生命教育在人生的不同阶段其教育侧重点也会有所调整。我们要针对大学生这一特殊群体,通过各种有效的生命教育理论学习和实践活动,使大学生更好地认识生命,培养正确的生命观,获得身心全面发展,追求生命价值和美好生活。

(二) 生命教育的内容

1. 认识生命

首先要让大学生科学认识人类生命的独特性:从生命的诞生开始,了解胎儿的孕育,分娩的痛苦;懂得人在各个发展时期的身心变化;认识到生命是有限的、不可逆的,树立正确的死亡态度,明白人最终走向死亡是自然选择。此外,大学生还要认识自己作为独立的个体与其他人的不同,了解自身的身体状况、性格特点、意志品质等,从而使个体生命获得更好的发展。

2. 珍惜生命

辩证唯物发展观认为"事物的发展是前进性和曲折性的统一"。人在生命发展进程中，必然会遇到不少成长考验。生命教育就是要让大学生树立珍惜生命的意识，把握好生命的发展，做好充足的准备，克服生命发展道路上的困难和挫折。大学生通过生命教育学习疾病的防御、性爱安全、预防毒品危害、诈骗陷阱的识别、求生的技能等，提高保护生命的能力，从而更好地珍惜生命。

3. 尊重生命

首先，大学生通过生命教育学会对自己的生命负责，树立积极的生活态度和生命观，充盈自己的生命。其次，生命教育要让大学生树立和谐意识，不伤害他人的生命，学会尊重和关心他人，处理好人际关系。在他人生命遇到危险的时候，能给予力所能及的帮助。最后，生命教育还应教育大学生尊重自然界的生命，不毁伤植物、不虐待动物，用行动尊重自然生命。当大学生学会善待生命、尊重生命，逐渐树立起对生命的责任意识，才能更好地创造自己的生命价值。

拓展阅读

尊重生命，敬畏生命

在 2003 年的春天，中国人经历了一段可怕而难忘的日子。349 人因非典而失去宝贵的生命。全世界共有 8 422 人被感染，涉及 32 个国家和地区，共有 919 人死亡。据说这场灾难是由一个喜欢吃野味的广东人吃了果子狸后感染引起的。

仅仅过了 17 年，一种名为新型冠状病毒的恶魔又在武汉肆虐。2020 年的春节突然失去了应有的味道，乡村道路被封闭，家家关门，街道空无一人。武汉一个非法出售野生动物的海鲜市场检出大量新型冠状病毒。可见，人类最大的教训是不接受教训，是既馋又贪的口舌之欲让我们遭受这场灾难。

事实上，很多大的瘟疫都跟人的嘴馋和虐待野生动物相关。

1976 年，扎伊尔一名中学教师外出时享用了当地的野味，突然患上了一种奇怪的病，发热、腹泻、呕吐，继而内脏出血，很快丧命。随后这种急性怪病感染了很多人，这种传染病就是埃博拉病毒引起的。

非洲一些部落的人异想天开地想变得像猩猩一样强壮，就跟黑猩猩交换血液，导致黑猩猩携带的病毒传给了人类，艾滋病可能是其中之一。

110 年前，我国东北曾爆发鼠疫，从 1910 年 10 月末持续到 1911 年 4 月中旬，东北 1 400 万人中死亡 6 万余人，感染者不计其数。医务人员在一个俄国人制造皮毛的窝棚里，检测到附着在土拨鼠皮毛上的大量鼠疫杆菌。原来，俄国人和东北人都喜爱用貂皮御寒，但貂太少，就有人用土拨鼠的皮毛代替貂皮，瘟疫通过皮毛商人扩散到东北三省。

乌干达的一些野生动物的栖息地遭到人们的破坏，无处藏身的野生动物们只好栖息于蝙蝠洞穴中，结果，一种叫果蝠的幽灵把马尔堡病毒携带出来。

不能不说人类遭受的很多灾难都是罪有应得！因为我们无视大自然，肆意残害野生动物，自然就会遭到大自然的报复。如果人类离野生动物远一点，杜绝食用野生动物，就能减少这样的灾难发生。爱护野生动物，其实就是保护我们自己，可惜很多人并不明白这些。

生命教育的内涵是丰富而多元的,至少包括四个范畴:生命历程教育、生命安全教育、生命关系教育和生命价值教育。疫情中的生命教育因其特殊背景而更具特色,至少有以下要点:

(1)认识生命宝贵。生命是美好的,拥有无限的可能性,但生命又是有终点的。随着疫情中死亡人数的上升,我们越来越多地感受到生命的脆弱和疾病的痛苦,认识到生命的不可逆性。每个人的生命只有一次,面对宝贵的生命,我们为何而活以及如何生活?

(2)发现生命关联。生命不是孤立的。在病毒的传播过程中,当看到"钻石公主号"上一个人生病,数百人被传染,数千人被隔离,我们不难发现,生命存在于关系之中,每个人都与周围生命个体和所处环境共生共存。一人强,则可能中国强! 我们如何看待个体与世界的联结并给予积极的影响?

(3)做好生命防护。有专家说,新冠肺炎是自限性疾病,同样染病,免疫力强的人更易治愈。那么,有哪些健康的生活习惯,可以让我们拥有强大的免疫力? 在疫情中,为了不被病毒入侵,我们应该怎样做,才可以有效地防护自己?

(4)感受生命平等。我们初步知道新冠病毒的中间宿主为野生动物。而近些年来,全球出现的新发传染病越来越频繁,非典肆虐,埃博拉横行,无一不是因为人类无底线的饕餮才引火上身。大自然中万物皆有灵。"君子仁人而爱物",我们要怎样与大自然和谐共处呢?

(5)欣赏生命力量。不是每个人在疫情面前都那么悲观丧气。在新闻中我们不仅看到一些患者在与病毒抗争,积极自救,更看到一些同龄人"一夜长大"。生命中有意外与无常,但可以选择积极面对,没有困难是不可克服及应付的。我们可以向那些乐观者学习什么? 我们自身又有哪些正向的资源?

(6)体悟生命意义。武汉封城,却有一批又一批人"逆行而上"。他们中有专家教授,有医生护士,有普通工人等,每个人都面临危险,每个人都义无反顾。这份担当与奉献也让我们反思生命的价值与意义。如何做才能展示生命的精彩,活出人生价值?

4.生命价值教育

首先,加强大学生心理健康教育。大学生自杀的主要原因之一是心理健康问题。高校应重视大学生的心理健康,建立心理咨询队伍,开展心理健康教育,提高大学生心理健康素质。其次,加强大学生人际关系教育。家庭影响、情感困境和人际交往是当前大学生面临的主要问题,面对大学生杀人和暴力伤人事件频发,高校应该关注大学生的人格培养。最后,加强大学生抗压能力教育。学业压力、就业压力和经济压力是当前大学生面临的主要问题,如果大学生没有良好的心理压力承受能力,或者没有良好的疏导压力途径,将会导致严重的后果。

生命教育是寻求以人的生命为基础,以尊重人生命的尊严和价值为前提,以对人生命的整体性、和谐性发展为目的的教育,它体现为生存价值与生活意义相统一,物质追求和精神追求相平衡,个体发展和社会发展相协调。生命教育是教育大学生认识生命历程中的所有问题,并找寻可能的解决策略或路径,使人生富有意义和价值。生命教育能使大学生正确地认识人的生命价值,理解生存和生活的真谛,培养其安全意识和仁爱情怀。

拓展阅读

司机考试

某公司准备以高薪雇用一名小车司机,经过层层筛选和考试之后,只剩下三名技术最优良的竞争者。主考者问他们："悬崖边有块金子，你们开着车去拿，觉得能距离悬崖多近而又不至于掉落呢？"

"两公尺。"第一位说。

"半公尺。"第二位很有把握地说。

"我会尽量远离悬崖，愈远愈好。"第三位说。

结果这家公司录取了第三位。被录取者的成功之道就是远离危险，珍爱生命。

感悟：其实真正的善摄生者处事的原则在于依道而行，顺遂自然，决不与危险较劲。心存"远离危险，珍爱生命"的理念就是善摄生者。要知道，世间一切事物中，人的生命才是最重要的，只有在保证生命安全的基础上再去创造人间奇迹，这才是合道的成功之路。

三、大学生心理问题的生命教育审视

生命教育是一种唤醒心灵、人文与精神并重的全人教育。大学生心理问题是其生命中生理、心理、社会性以及精神性等生命层面的一个反映。要深层研究并准确把握大学生心理问题的影响因素、产生机制和解决路径，就需要从大学生生命教育的整体性与系统性来剖析。这样才能够从生命教育的本源上预防与矫治大学生常见的异常心理，提高大学生心理素质与健康水平。

（一）生命价值认知模糊，自我意识偏差严重

由于受社会竞争压力的影响，较之以往，当代大学生生命存在意识更加强烈，更加强调自我生命的价值。他们对自我生命的关注远远高于对他人生命的关注，主要表现在利益面前的拜金行为、名利面前的功利思想、缺乏目标的短视思维和娱乐至死的享乐主义。马斯洛的需求层次理论认为："人的生命价值不仅仅体现为自我需要的满足，更体现为创造社会价值。"目前，我国当代大学生绝大部分坚持和践行"造就他人、成就自我"的价值观，在生活和学习中把追求自我理想建立在国家需要的基础上，个人价值建立在国家利益的基础上。然而，却也有数量不少的大学生，推崇利己主义和个人主义，沉湎于优越的家庭背景，追求奢华生活，荒废学业，过度娱乐，为了个人的利益甚至不惜践踏他人和集体的利益。还有部分大学生在生存压力的挤压下丧失信心，无意思考人生理想、人生目的、人生信仰等深层次的价值问题，而是把时间和精力更多聚焦到物质生活的满足，忽略内在精神世界的提升。没有思考就没有未来，这就导致部分学生不懂得自我价值与社会价值辩证统一的关系，表现在现实中就是凡事从自我出发，不考虑外界感受和需要，对所作所为的社会后果、家庭后果思考不足，不容易赢得信任和支持，导致自我意识出现偏差。

（二）生命责任意识淡漠，人际关系冲突增多

生命责任意识要求大学生在社会交往中，既珍惜自己的生命，也尊重他人的生命，做到不随意践踏与伤害自己与他人的生命；学会对自己的言行负责，对自己所处组织及社会负责，能够处理好师生关系、同学关系及恋爱关系等各种人际关系。个体只有培养出强烈的生命责任意识，并作为自己生命的内在动力，才能在人际交往中赢得尊重与信任。但部分大学生因为蝇头小利，对同学讽刺挖苦、谩骂冷落甚至大打出手。近年暴露的马加爵杀人案、复旦投毒案等极端事例显示了大学生对生命的漠视与残暴，缺乏对生命的基本尊重与关爱，也在一定程度上反映了当代大学生生命责任意识的缺失与淡漠，观照了大学校园人际关系紧

张的客观现实。究其原因,从自身来看,生活压力、考试失败及情感纠葛往往是导致大学生冷漠无情的罪魁祸首;从外界因素来看,社会小环境、家庭教养方式等种种消极因素亦是主要原因;从学校教育来看,心理健康教育、生命教育的实效没有得到有效发挥,也是大学生生命责任意识淡漠的一个主要原因。

(三) 生命理想信念缺失,心理危机事件突出

由于缺乏对自我生命价值和生命意义的深层理解,现在越来越多的大学生感到思想空虚迷茫,丧失了人生理想和目标追求。一方面觉得人生理想渺茫,遥不可及,另一方面觉得读书未必能改变自己的未来生活。正是这种对于生命价值和人生理想的质疑态度,让一些大学生无所适从,使他们处于空虚、迷茫、无聊等消极心理状态,激发不出生命的热情。再加上进入大学后,父母的管束不再严格,大学环境相对宽松,学习、生活可自由支配,使大学生突然有了海阔天空的感觉。这种在自我管理能力不强情况下的自由,让不少大学生盲目放松与放纵,知难而退,自甘堕落,以游戏、享乐和恋爱来逃避现实。

🔑 成长的烦恼

某高校一名大二的男生,因入学后放弃了学业,经常逃课,甚至考试缺勤,所以大部分科目成绩不及格。为此,学校让他留级复读一年,如仍不合格就要请他退学。他的心理压力很大,甚至想到了自杀。为摆脱心理困扰,他到心理咨询室咨询,并阐述了他的生死观。他向咨询员提出的第一个问题是:"人为什么要活着? 人总有一死,早死晚死都一样,与其苦苦地面对现实生活中的各种难题,还不如早点死掉。"

当咨询员问到他对人生意义的理解时,他说:"有人为了追求名利而生活,而我对名和利都不感兴趣,我认为名是虚的,对个人来说没有什么意思。而利呢? 我从小到大没缺过吃穿,生活需要父母都能提供,金钱对我也没有太大的吸引力。"问他父母老了怎么办? 他说,这正是他对人生意义感到渺茫的原因。父母活了大半辈子,为生活而辛苦奔忙,自己不愿再像他们那样,辛苦一生,包括现在的学习也很辛苦,目前又遇到了留级、复读甚至退学的难题,因此他想到了死。

【案例分析】

上述案例说明,对人生意义的正确理解,对青年心理的健康发展有着十分重要的意义。一个不知道为什么要活着,没有人生理想和信念的人,他的心理是很脆弱的。一方面他没有为什么要奋斗的动力,不愿为学习工作付出艰苦的努力;另一方面在遇到困难的时候,他没有勇气去面对,想到的只是逃避,而最彻底的逃避便是去死。

四、加强大学生生命教育的措施

由上述可知,生命教育对高校大学生的发展具有重要意义,但也存在许多问题。因此,为了更好地开展生命教育,我们提出以下相应措施。

(一) 加强大学生生命教育师资队伍建设

习总书记说:"教师是立教之本、兴教之源,承担着让每个孩子健康成长、办好人民满意教育的重任。"因此,大学生生命教育若想有良好成效,老师需要做好指导人,学校要组建高水准的师资队伍。高校可以引进相关专业的教师,保证教师的数量。此外,可以从校内的教

师中选拔对生命教育有相关研究的教师,进行专业培训,扩大生命教育师资队伍。此外,教师可以通过参加国内外生命教育研讨会或其他活动,不断提高自身生命教育知识素养、教学水平。还要完善考核机制,定时检查教育成果和教学能力。

(二) 完善校园生命教育课程设置

1. 开设专门的生命教育课程

学校应将生命教育列入教学计划,安排专业的课程,挑选合适的教材,设置一定的课时、教师,发挥专业课堂的作用,以获得更好的教学效果。条件允许的话,还可以根据本地区或本校的特点,编写生命教育校本教材,开设生命教育特色课程,开展生命教育实践。学校开设相关考核课程,让学生重视生命教育课程,以积极良好的态度对待课程学习。教师通过灵活的方式对学生进行考评,对教学进行反思,做好调整,从而更好地实施生命教育。

2. 与新媒体平台结合开展网络生命教育

生命教育除了可以利用传统的课堂教学作为主要教育阵地,还可以利用互联网这种便捷的方式开展生命教育。例如,可以提供生命教育网络课程,让学生有更加自由的时间和空间进行生命课程的学习。此外,在这个微信"朋友圈"时代,学校可以开设官方的大学生生命教育微信公众号,由专业团队根据大学生需求推送相关的生命教育文章。还有,如今一些新的 App 很受年轻人喜爱,如抖音,学校也可相应开设官方账号,制作生命教育主题的创意视频,宣传生命教育。

(三) 加强校园生命教育文化建设

1. 加强生命教育物质文化建设

学校应利用好各种设施,营建有利的生命教育育人环境。比如进行绿化改造,使得园艺体现生命特色,让学生养眼舒心;在校园放置雕塑,让学生感受人体之美与生命的力量;在有需要的地方放置灭火器或其他防灾工具,让学生得到安全保护。除了上述措施以外,还有许多校园设施可以根据生命教育的主题进行改造,让校园创造良好的生命教育物质文化。

2. 加强生命教育制度文化建设

校园的制度可以规范和约束人们的言行举止。因此,可以从本校实际出发,制定以人为本的制度,对学生进行人性化管理。尊重、关爱师生,建立关怀制度,对有疾病、生活困难、突发灾祸的人给予帮助。让校园的制度体现生命教育的理念,保障高校学生的生命教育顺利开展,促进校园和谐发展。

3. 加强生命教育精神文化建设

为了让校园生命教育精神文化变得浓厚,可以在教室贴上关于生命教育的标语或在校园内拉起横幅,以此营造良好的校风。此外,高校可以利用一些特殊的日子,如清明节、世界艾滋病日、国际禁毒日、大学生心理健康日等开展体现生命教育的文化活动;可以成立专门的大学生生命教育社团,开展与生命教育相关的活动,比如到烈士陵园、殡仪馆、戒毒所、养老院等地方开展志愿活动;还可以通过开展与生命教育相关的知识竞赛、文艺晚会、体育活动等,焕发生命教育的精神活力,让大学生在充满生命教育的精神文化活动当中得到启发。

(四) 家庭、学校、社会合力加强生命教育

1. 加强家庭生命教育

作为家长,首先自身要保持乐观的心态,营建有爱的家庭氛围;不避讳与孩子谈论生死

或关于青春期的性知识,并进行正面教育;经常与自己的儿女聊天,了解他们的心理健康状况,如有问题,应及时疏导教育或带他看心理医生。家长应增强生命教育意识,抓住各种机会为生命教育助力。

2. 加强学校生命教育

高校要发挥大学生生命教育的主体作用,充分利用课堂传授生命教育的知识,同时通过开展各种活动,营造良好的生命教育氛围。此外,学校可以成立片区家长委员会,有关领导和教师定期到各片区分会召开家长代表会议,汇报生命教育工作,听取家长意见,完善生命教育工作。这种形式能有效地解决大学生生源地域分布广泛所导致的家校合作难度大的问题,确保家长对学校教育教学工作的知情权和监督权。学校要弥补家庭生命教育的不足,并且根据一些特殊情况进行个别生命教育。

3. 加强社会生命教育

社会各方力量应给予生命教育广泛的支持。比如政府要发挥带头引领的作用,号召社会各界关注大学生生命教育,用实际行动制定和完善与生命教育相关的法律,进行资金的援助和平台的搭建。社会各种媒体资源,如报纸、电视等,都可以成为宣传生命教育的工具,使社会高度重视生命教育。

生命教育是一项复杂的系统工程,应发挥好家庭、学校、社会的部分作用,又要协调好三者之间的关系,形成家庭、学校、社会三位一体的格局,发挥强大的教育合力,提高生命教育的有效性。

第二节 战胜社会恐慌心理

一、增强自我安全控制感,克服社会恐慌心理

2020 年年初,新冠肺炎疫情确诊病例的增多,使广大民众产生了诸如恐惧、焦虑和无助等多种负性情绪,并引发群体性恐慌、焦虑悲观等不良社会心态。因此,如何引导广大民众和大学生科学面对疫情,合理疏导负性情绪,形成战胜疫情所需的积极乐观的社会心态,是彼时和今日需要认真做好的重点工作之一。当疫情蔓延的各种消息不请自来时,人们逐渐意识到自身已经对疫情失去了控制,于是启用了缓解恐惧的自我防御机制。这种机制主要表现为两点:其一是无意识形成的"过度恐惧",整天担心会被传染,对周围接触的人过于敏感多疑,影响到自己的日常生活和社会心理功能,所以他们会"失去控制"地了解关于疫情的各种消息。而自媒体时代,为了博得大家的眼球,很多信息会被反复传播并被扩大和夸张,结果轻信不实谣言,反而加剧了自身恐惧。其二是反向形成的"无所畏惧",明明近期去过疫情发生地或者接触过确诊、疑似病例,却隐瞒行程或病情,不如实报告、主动隔离,反而频繁外出活动,传播病毒,拒绝治疗,这些害群之马极大地破坏了控制传播途径的效果,增加失控风险。与此同时,为了断绝"无所畏惧"的后者传播病毒的途径,广大媒体发布的各种寻踪信息也在无形中刺激"过度恐惧"的前者,强化他们对疫情的恐惧和不安全感,这种恶性循环将加剧疫情防控的难度。事实上,恐惧的产生源于人们对新冠肺炎疫情失去控制感。心理学中的控制感,通俗地讲,是指个体对自我或者社会力量在特定情境下对事件的控制能力的自

我评估。当人们对自身的控制感受到威胁时,会表现出负性情绪(生气、愤怒),并通过某种行为来反抗,以满足自身诉求。如果失去控制感,很可能会经历以焦虑、气愤、无助甚至是生理疾病为表现形式的压抑状态。

当处在压力情境中,如果人们相信自己对这一应激事件能够有所控制,压力情境的负面影响就会减少。例如,在拥挤的电梯里,有人愿意站在靠近控制板的地方,在那里并不会觉得电梯拥挤,也不会感到焦虑。这是因为他们认为自身能控制这一情境。根据安全需要理论,安全需要可以分为确定感、安全感和控制感三个层次。只要达到个体能控制的水平,安全需要必然会得到最大限度的满足,因此控制感是个体安全需要的最高层次。在疫情防控的紧要关头,有效增强广大民众的控制感以满足他们的安全需要变得格外重要。对那些缺乏或失去控制感的人群,尤其是上述已经启动自我防御机制的"过度恐惧"和"无所畏惧"的两类人群而言,如果赋予他们较强的控制感,则能提升其生活质量和生活态度,进而提升心理健康水平。应如何增强广大民众和大学生面对疫情防控的控制感,来化解他们对疫情的恐惧呢?

(1)良好的心理状态是提高人体抗击病毒的"免疫力"。广大民众可以将对疫情的控制感转移到对"宅"生活质量的控制感,如学习、陪伴亲人、培养兴趣、静心休息、恢复体力等,坦然面对此次疫情带来的生活节奏的改变。相信困难是暂时的,把疫情经历当成重视身心健康的契机和今后面对挫折的勇气。

(2)健康的社会心态成为防控疫情的"心理口罩"。多关注疫情防控取得进展的积极信息,通过与周围人分享积极的生命故事,形成积极向上的心态。疫情当前,健康的社会心态有助于齐心协力战胜疫情。每位中国人都应该坚定信念,充满信心,相互信任,保持理性的判断力、定力和正面影响力,营造疫情防控所需的理性平和、积极乐观的社会心态。

(3)凝聚全国人民疫情防控的控制感是战胜疫情的"良药"。政府相关部门要树立自身的权威性,表现出足够的责任意识和担当意识,逐渐消除广大民众的恐惧,让全国人民增强战胜疫情的信心,增强疫情防控的控制感。例如,天津市疾控中心传染控制室负责人在疫情防控新闻发布会上进行全程脱稿的"福尔摩斯式"分析,公开透明,跟进及时,使民众看到政府有能力控制疫情的扩散速度,有效提升了广大民众对战胜疫情的控制感。

二、大学生毕业前夕择业恐慌心理的应对措施

当今社会严峻的就业形势、不完善的职业教育体系以及传统择业观念等因素对大学生毕业前夕的恐慌心理产生重要影响。要预防或克服择业恐慌心理,需从个体层面、学校层面以及政府层面等进行共同努力,其重点是高校必须进行职业形势教育、职业观念教育、职业能力教育以及职业规划教育。

随着社会经济的发展,我们国家的高等教育制度也在发生着深刻的变革,大学生就业问题成了社会各阶层关注的重中之重。2019年全国普通高校毕业生就业创业工作网络视频会议强调,各地各高校要切实增强责任感、紧迫感、坚定信心、迎难而上,以开阔的思路和务实的作风,全力做好2019年高校毕业生就业创业工作。消除大学生毕业前夕择业的恐慌心理,对于大学生寻找合适工作并合理规划职业生涯将起到举足轻重的作用。因此,探讨大学生毕业前夕的恐慌心理以及对策意义重大。

(一) 大学生毕业前夕择业心理分析

大学生在毕业前夕的择业中存在很多不同的心理状况,如自卑心理、焦虑心理以及从众心理等。

1. 自卑心理

很多大学生在毕业前夕寻找工作的阶段往往表现出特别的不自信,总是觉得自己一无是处,消极、负面的想法时刻困扰着自己,不愿意主动向企业推荐自己。

2. 焦虑心理

当大学生在毕业前夕看到别人都已经落实工作而自己的工作却毫无着落时,当大学生看到严峻的就业形势而且经过数次的面试均无结果时,当大学生被家长一遍遍地追问就业信息无言以对时,他们就会产生焦虑的心理。越临近毕业,焦虑心理越为严重,而焦虑心理又会助长恐慌心理。

3. 从众心理

很多大学生对自己的职业定位不明了,特别是同一专业的毕业生,认为自己的同学找什么工作,自己就应该找什么工作,同学找到月薪多少的工作,自己也要找到月薪多少的工作。盲目的攀比,使大学生在从众不成的情况下感觉自己很难找到工作。从众心理会造成更大的恐慌。

(二) 影响大学生毕业前夕择业恐慌心理的因素

不管是自卑心理还是焦虑心理,也不管是从众心理还是恐慌心理,都会影响大学生毕业前夕的择业,而恐慌心理更是重中之重。这里主要从大学生就业准备、传统就业观念影响、就业形势异常严峻、高校职业教育以及政府政策等几个方面来分析影响大学生毕业前夕择业恐慌心理的因素。

1. 大学生就业准备不够充分

大学生在毕业前的择业时期之所以产生恐慌心理和他们没有做好充分的思想准备和知识能力准备是有很大关系的。很多大学生认为自己是天之骄子,特别是一些重点大学的学生或者社会认可度较高专业的学生,他们自认为只要拿到毕业证就能顺利找到合适的岗位,而完全不需要相应的思想准备,他们会因为没有思想准备和严重缺乏实力而造成毕业前的择业时期的心理恐慌。

2. 传统就业观念影响

陈旧的择业观念支配着大学生和家长的就业思想,不仅大学生的择业观念和现实就业情况会发生严重偏差,大学生家长也经常按照自己的择业观念来引导子女择业,这会给大学生择业带来众多困扰。

3. 就业形势异常严峻

如今大学生的就业形势日益严峻,2021年大学生就业形势不容乐观。

4. 高校职业教育不完善

高校的职业教育不够完善,毕业前夕的大学生择业心理恐慌时期最需要的是心理辅导,高校的指导应多偏向于择业心理恐慌的预防与对策指导,当然也应该包括择业观念教育、职业规划教育以及职业发展前景教育等。

5. 政府政策不健全

现行的以"自主择业"为主的就业政策在具体的执行过程中缺乏有效的法律法规的支

撑,相关的配套政策不够完善,由此造成的大学生择业信息不对称、信息化服务不到位等问题极易引起毕业前夕大学生择业的恐慌心理。

（三）大学生毕业前夕择业恐慌心理应对策略分析

大学生就业已经成为政府、学校、家长以及学生个体共同关注的焦点。大学生毕业前夕的恐慌心理已经严重影响到大学生的择业。这里主要从个体层面、学校层面以及政府层面提出建设性对策,以帮助大学生避免或者克服毕业前夕的恐慌心理并实现就业。

1. 个体层面

大学生的择业过程是一个自我调适、自我完善和自我提升的过程,这是因为在大学生择业过程中往往伴随着自我认识不清晰、自信心不足、自我怀疑以及择业恐慌心理现象的产生。这就需要大学生重新树立择业理念和择业心态,也就是要合理定位、找准自我并充分自信、勇于挑战。

（1）重树择业理念:合理定位、找准自我。大学生在毕业前夕择业的紧张时期需要深入地自我剖析,通过自我认识的更新做到清楚地掌握自己的优势与不足,认识到自己可以从事哪一类工作以及不可以从事哪一类工作,找到自己的前进方向,找到自己的合适定位。

（2）调整择业心态:充分自信、主动出击。良好的择业心态能够应对择业过程中的各种心理问题,包括择业的恐慌心理。大学生在毕业前的择业过程中往往表现出自卑心理,而自卑心理是造成恐慌心理的重要原因。只有充分地认可自己才能充满自信,只有主动出击才能获取更多的就业机会,如此才能克服择业的恐慌心理。

2. 学校层面

大学生毕业前夕的择业恐慌心理对其个体发展会产生不良影响。因此,要从职业形势教育、职业观念教育、职业能力教育以及职业规划教育等四个方面进行努力,避免这一恐慌心理。

（1）职业形势教育。学校应在大学生毕业前夕开展系列的就业形势教育课程,使大学生深刻地认识当今的就业形势,只有面对现实才能理出思路,才能把现实和自身结合起来,才能真正地找到未来的发展方向。

（2）职业观念教育。重树观念、拒绝恐慌。观念为人类行为提供指导。传统的就业观念深刻地影响着大学生的择业过程。这个时候就需要优化大学生就业心理辅导资源,帮助大学生重树择业观念,让他们认识到不能仅限于一种就业方式,而要尝试不同的就业方式。

（3）职业能力教育。完善知识、提升能力。大学生获取知识的主要途径是学校,大学生的知识结构和能力层次受大学教育的影响巨大,而这些完善的知识结构和较高的专业能力能避免大学生毕业前夕的择业恐慌心理。

（4）职业规划教育。合理规划、有的放矢。高校开展的大学生职业规划教育并不是只能在毕业前夕进行,在大学生进入高校时就应开展起来。

3. 政府层面

完善的教育体系能够引导大学生择业,健全的就业法律法规能够保障大学生就业,因此政府必须加大力度构建完善的教育体系和建立健全保障就业的法律法规。

（1）完善职业教育体系,引导大学生择业。一个完善合理的教育体系是现在社会发展的迫切需要。完善教育体系可以优化大学生的知识结构,指明大学生职业发展方向,这不但能为当代大学生提供择业引导,还能够有效地避免大学生毕业前夕的恐慌心理。

（2）健全就业法律制度，保障大学生择业。有效地保障大学生择业是当今社会的重中之重。健全就业方面的法律制度在有效保障大学生择业的同时，还监管了人才市场，优化了用人制度环境。能够保障大学生就业的相关法律法规迫切需要健全，而健全就业法律制度需要从完善就业制度和自主创业制度等多个方面共同努力。

综上所述，大学生在毕业前的择业中普遍存在自卑心理、焦虑心理、从众心理以及恐慌心理等，它们之间会互相影响。要预防或克服择业恐慌心理需从个体层面、学校层面以及政府层面进行共同努力。具体来讲，个体需要转变择业理念与心态，高校必须进行职业形势教育、职业观念教育、职业能力教育以及职业规划教育，而政府需要加大力度完善职业教育体系和健全就业法律制度，给大学生提供就业保障。

📖 拓展阅读

如何在疫情防控期间抓好稳就业工作

稳就业是疫情防控和经济社会发展总体规划的紧迫任务之一。2020年2月23日，习总书记在"统筹推进新冠肺炎疫情防控和经济社会发展工作部署会议"上强调，全面强化稳就业举措，要实施好就业优先政策，根据就业形势变化调整政策力度，减负、稳岗、扩就业并举。

在防疫工作中如何做好稳就业工作？应该从何处发力确保大学毕业生的就业？人民网强国论坛2020年2月27日专访对外经济贸易大学公共管理学院李长安教授、中国社会科学院社会政策研究中心唐军秘书长，对此做了解读。

1. 线上招聘助毕业生就业

2020年高校毕业生数量达874万，创历史新高。春季招聘是往年高校毕业生应聘的高峰期。日前，国家人力资源和社会保障部（以下简称"人社部"）等五部门印发通知，暂停各类高校毕业生就业现场招聘活动，鼓励高校和用人单位利用互联网进行供需对接。

为减轻疫情对应届毕业生就业带来的不利影响，各高校纷纷"出招"，将招聘会转到线上。例如，清华大学、北京大学均开启线上春招，通过直播方式建立起用人单位和毕业生的沟通渠道；西南石油大学招生就业处搭建线上云平台，帮助用人单位和毕业生在线完成简历撰写、简历筛选、线上宣讲等工作。

强国论坛：如何促进高校毕业生就业？对于受疫情影响严重的湖北地区高校毕业生的就业有何建议？

李长安：高校毕业生就业居于就业工作的首位。现在正是应届毕业生求职、应聘的高峰期，但节奏受到疫情影响，需采取有针对性的政策加以应对。第一，现阶段可采取网上招聘、网上面试的形式，将招聘活动从线下转到线上。第二，以往春季是校园招聘的高峰期，可根据实际情况，适当延长面试、签约等时间和期限。第三，目前来看，疫情对互联网经济影响较小，可在相关领域为大学生提供更多就业或创业机会。

针对疫情严重的地区，可出台一些有针对性的政策，如设立更多公益性岗位，根据地区情况实行错峰招录、招考，缓解受疫情影响较大地区的高校毕业生的就业形势。

唐军：人社部提出鼓励网上面试、签约，但对于一些需要线下办理的手续，如盖章等还没有具体解决途径。因此，网上招聘、签约如何落实，还需相关部门尽快出台相关措施。

2. 多措并举扩大农民工就业

农民工群体是我国就业重点群体之一,也是返岗复工的主力军之一。据新华社报道,我国外出农民工约 1.727 亿人,本地农民工约 1.157 亿人,在疫情防控最吃劲的关键阶段,保障农民工群体安全有序返岗复工尤显重要。各地陆续开展农民工返岗服务保障工作,安排"返城"专车、专列、专机,打通返岗之路。

强国论坛:稳就业是"六稳"之首。当前,抓好稳就业工作,还应从哪些方面发力?

李长安:要抓好农民工就业的工作。受疫情防控影响,现在很多农民工被封在家里出不来,流动困难,导致出现开工的企业招不到人,想外出打工的人又出不去的两难境地。人社部等近期针对农民工返岗就业出台了相应政策。例如,采取点对点、一站式的直达运输服务,把农民工运出去。另外,当前招工信息有所停滞,村干部们可以提供更多就业信息给农民工。最根本的还是要疫情防控和招工两不误,在做好防控工作的同时,有条件的地方尽快复工,让农民工尽快就业。

随堂演练

心理自测:自杀态度问卷(QSA)

本问卷旨在了解个体对自杀的态度,以期为自杀预防工作提供资料和指导。在下列每个问题后,有 1~5 五个数字供你选择。数字 1~5 分别代表你对问题从完全赞同到完全不赞同的态度,请根据自己的实际情况,在相应的数字上画"√"。

1. 自杀是一种疯狂的行为。 1 2 3 4 5

2. 自杀死亡者应与自然死亡者享受同样的待遇。 1 2 3 4 5

3. 一般情况下,我不愿意和有过自杀行为的人深交。 1 2 3 4 5

4. 在整个自杀事件中,最痛苦的是自杀者的家属。 1 2 3 4 5

5. 对于身患绝症又极度痛苦的病人,可由医务人员在法律的支持下帮助病人结束生命(主动安乐死)。 1 2 3 4 5

6. 在处理自杀事件过程中,应该对其家属表示同情和关心并尽可能为他们提供帮助。 1 2 3 4 5

7. 自杀是对人生命尊严的践踏。 1 2 3 4 5

8. 不应为自杀死亡者开追悼会。 1 2 3 4 5

9. 如果我的朋友自杀未遂,我会比以前更关心他。 1 2 3 4 5

10. 如果我的邻居家里有人自杀,我会逐渐疏远和他们的关系。 1 2 3 4 5

11. 安乐死是对人生命尊严的践踏。 1 2 3 4 5

12. 自杀是对家庭和社会一种不负责任的行为。 1 2 3 4 5

13. 人们不应该对自杀死亡者评头论足。 1 2 3 4 5

14. 我对那些反复自杀者很反感,因为他们常常将自杀作为控制别人的手段。 1 2 3 4 5

15. 对于自杀,自杀者的家属在不同程度上都应负有一定的责任。 1 2 3 4 5

16. 假如我自己身患绝症又处于极度痛苦之中,我希望医务人员能帮助我结束自己的生命。
　　　　　　　　　　　　　　　　　　　　　　　　　1　2　3　4　5

17. 个体为某种伟大的、超过人生命价值的目的而自杀是值得赞许的。　1　2　3　4　5

18. 一般情况下,我不愿去看望自杀未遂者,即使是亲人或好朋友也不例外。
　　　　　　　　　　　　　　　　　　　　　　　　　1　2　3　4　5

19. 自杀只是一种生命现象,无所谓道德上的好与坏。　　　　1　2　3　4　5

20. 自杀未遂者不值得同情。　　　　　　　　　　　　　　1　2　3　4　5

21. 对于身患绝症又极度痛苦的病人,可不再为其进行维持生命的治疗(被动安乐死)。
　　　　　　　　　　　　　　　　　　　　　　　　　1　2　3　4　5

22. 自杀是对亲人、朋友的背叛。　　　　　　　　　　　　1　2　3　4　5

23. 人有时为了尊严和荣誉而不得不自杀。　　　　　　　　1　2　3　4　5

24. 在交友时,我不太介意对方是否有过自杀行为。　　　　1　2　3　4　5

25. 对自杀未遂者应给予更多的关心与帮助。　　　　　　　1　2　3　4　5

26. 当生命已无欢乐可言时,自杀是可以理解的。　　　　　1　2　3　4　5

27. 假如我自己身患绝症又处于极度痛苦之中,我不愿再接受维持生命的治疗。
　　　　　　　　　　　　　　　　　　　　　　　　　1　2　3　4　5

28. 一般情况下,我不会和家中有过自杀者的人结婚。　　　1　2　3　4　5

29. 人应有选择自杀的权利。　　　　　　　　　　　　　　1　2　3　4　5

【计分方法】

　　第1、3、7、8、10、11、12、14、15、18、20、22、28题为反向计分题,即选择"1""2""3""4""5"分别计5、4、3、2、1分;其余题项均为正向计分题,即选择"1""2""3""4""5"分别计1、2、3、4、5分。

　　对自杀行为性质的认识1、7、12、17、19、22、23、26、29项均分。

　　对自杀者的态度2、3、8、9、13、14、18、20、24、25项均分。

　　对自杀者家属的态度4、6、10、15、28项均分。

　　对安乐死的态度5、11、16、21、27项均分。

　　分别计算四个维度的均分,以2.5分和3.5分为两个分界值,将对自杀的态度归为以下三种情况:

　　得分小于或等于2.5,对自杀持肯定、认可、理解和宽容的态度;

　　得分在2.5到3.5之间,对自杀持矛盾或中立态度;

　　得分大于或等于3.5,对自杀持反对、否定、排斥和歧视态度。

实践指导

让生命飞翔

实践目的

引导学生把负面情绪表达出来,面对生命本身的不完美,使他们领悟到即使有所残缺,生命仍可以自由飞翔。

实践准备

一人一张白纸

实践过程

(1) 发给每个学生一张白纸,白纸代表一个完整的生命。让他们根据自己的内心感受,把生命中失去的部分和不愿意面对的部分,按照比例撕掉。然后,和大家一起,把残缺的白纸折成纸飞机放飞。

(2) 分享。如果生命不能飞翔,那么,沉重的不是生命,而是心灵。

体会生命的意义

实践目的

正确认识生命价值。

实践准备

每人1张白纸。

实践过程

(1) 生命价值观探索。

① 按每六人一组将大学生分组。

② 请大学生思考并将答案写在纸上:假设现在发生了火灾,情况危急,你只能从火海中带走三样东西,你会选择哪三样? 选择的顺序是什么? 为什么选择这三样? 它们有什么价值? 还有什么重要的物品不在抢救之列?

③ 小组内分享自己的选择。

(2) 生命的思考。

① 按每六人一组将学生分组。

② 请大学生思考并将答案写在纸上:由于某种原因,你即将面临死亡,在剩下的时间里,你只能做最后的五件事,你会做哪些事? 顺序是什么? 你觉得自己今生最成功的事是什么? 最遗憾的是什么? 然后写下你的遗嘱。

③ 小组内分享自己的选择以及感受。

(3) 团体分享今天训练的收获。

思考与练习

1. 生命的意义是什么? 为什么要对大学生开展生命教育?

2. 生命教育包括哪些内容?

3. 如何加强大学生生命教育?

参考文献

[1] Dennis Coon.心理学导论[M]. 13 版.郑钢,译.北京:中国轻工业出版社,2014.

[2] Richard J. Gerrig,Philip G. Zimbardo.心理学与生活[M]. 16 版.王垒,等,译.北京:人民邮电出版社,2014.

[3] David Myers.心理学[M].黄希庭,等,译.北京:人民邮电出版社,2014.

[4] Robin Dunbar,Louise Barrett, John Lycett.进化心理学[M].万美妏,译.北京:中国轻工业出版社,2017.

[5] Sigmund Freud.梦的解析[M].听泉,译.天津:天津社会科学院出版社,2013.

[6] Jerry M. Burger.人格心理学[M]. 7 版.陈会昌,等,译.北京:中国轻工业出版社,2014.

[7] Christopher Peterson.打开积极心理学之门[M].侯玉波,等,译.北京:机械工业出版社,2016.

[8] 皮连生.教育心理学[M].4 版.上海:上海教育出版社,2011.

[9] 彭聃龄.普通心理学[M].4 版.北京:北京师范大学出版社,2012.

[10] 林崇德.发展心理学[M].北京:人民教育出版社,2009.

[11] 全国 12 所重点师范大学.心理学基础[M].2 版.北京:教育科学出版社,2008.

[12] 黄希庭,郑涌.大学生心理健康教育[M].2 版.上海:华东师范大学出版社,2009.

[13] 冯忠良,伍新春,姚梅林,等.教育心理学[M].北京:人民教育出版社,2010.

[14] 江光荣.心理咨询的理论与实务[M].2 版.北京:高等教育出版社,2012.

[15] 黄希庭,郑涌.心理学导论[M].2 版.北京:人民教育出版社,2015.

[16] 张春兴.现代心理学[M].上海:上海人民出版社,2016.

[17] 刘建新.大学生常见心理问题及疏导[M].广州:暨南大学出版社,2005.

[18] 吕秋芳,齐力.大学生心理健康与调适[M].北京:华文出版社,2003.

[19] 宗文举,石凤妍,詹启生.现代心理学理论与实践[M].天津:天津大学出版社,2005.

[20] 佐斌.大学生心理发展[M].北京:高等教育出版社,2004.

[21] 武光路,李剑锋.大学生心理危机的预防与干预[M].北京:国防工业出版社,2016.

[22] 贾晓明.大学生心理健康:走向和谐与适应[M].2 版.北京:北京理工大学出版社,2010.

[23] 丁晋中,张媛媛.大学生综合素质培养[M].太原:山西人民出版社,2003.

[24] 徐光兴.学校心理咨询优秀案例集(修订版)[M].上海:上海教育出版社,2018.

[25] 白世国.心理学[M].北京:北京师范大学出版社,2019.

[26] 连榕,张本钰.大学生心理健康[M].北京:北京师范大学出版社,2016.

［27］李梅,黄丽.大学生心理健康十二讲［M］.北京:北京师范大学出版社,2012.

［28］阳志平,彭华军.积极心理学团体活动课操作指南［M］.2 版.北京:机械工业出版社,2016.

［29］田国秀.团体心理游戏实用解析［M］.北京:学苑出版社,2010.

［30］方平.自助与成长［M］.本科版.北京:教育科学出版社,2010.

［31］赵丹凤.神话原型心理剧［M］.吉林:东北师范大学出版社,2016.

［32］彭凯平.吾心可鉴:澎湃的福流［M］.北京:清华大学出版社,2016.

［33］邓志军.大学生心理健康教育［M］.北京:北京理工大学出版社,2010.

［34］胡华北,孙晓峰.大学生心理健康指导［M］.合肥:合肥工业大学出版社,2011.

［35］肖川,王凌云.大学生生命教育［M］.北京:人民出版社,2011.

［36］李锦云.大学生心理健康辅导［M］.北京:北京大学出版社,2010.

［37］吴本荣,陈金香,罗二平.大学生心理健康教育［M］.北京:高等教育出版社,2016.

［38］薛德钧,田晓红.大学生心理与心理健康［M］.北京:北京大学出版社,2007.

［39］冯建青.大学生心理健康［M］.北京:人民出版社,2011.

［40］周蓓,周红玲.大学生心理健康案例教程［M］.北京:人民邮电出版社,2009.

［41］张大均,吴明霞.大学生心理健康［M］.北京:清华大学出版社,2007.

［42］张玲.当代学校心理健康指导［M］.北京:教育科学出版社,2010.

［43］江远,张成山.新编大学生心理健康教育［M］.北京:清华大学出版社,2009.

［44］王哲,贾楠.现代大学生心理健康教育［M］.北京:机械工业出版社,2012.

［45］邓先丽.大学生心理健康教育［M］.北京:中国人民大学出版社,2011.